호텔 산업의 경쟁과 혁신들

Hotel Business Odyssey

호텔 비즈니스 오디세이

함 은 광

지식인

Profile

함은광

저자는 최근까지 미래에셋자산운용의 호텔투자 본부장으로 근무하며 미래에셋의 글로벌 호텔 투자를 주도해왔다. 이 시기에 미래에셋은 포시즌스 서울, 포시즌스 시드니, 페어몬트 샌프란시스코, 페어몬트 오키드 하와이, 하얏트 리젠시 와이키키, 코트야드 판교 등 국내 · 외의 대표적인 호텔들을 개발 또는 인수하며 전세계 호텔 투자 업계가 주목하는 글로벌 호텔 포트폴리오를 구축했다. 미래에셋에 합류하기 전에는 인터콘티넨탈 호텔 그룹(IHG) 미주지사에서 신규 사업을 담당하며 인터콘티넨탈과 호텔 인디고 브랜드의 확장에 주도적으로 참여했다.
저자는 서울대학교 건축학과에서 학사와 석사를 마친 후 건축가로서 사회에 첫발을 내딛었으며, 코넬대학교 호텔경영학과에서 석사를 마친 후 호텔 산업에 뛰어들어 오늘에 이르고 있다.

트위터 @hotelyst | **브런치** @hotelyst

호텔 비즈니스
오디세이

2018년 12월 15일 초판 1쇄 인쇄
2018년 12월 20일 초판 1쇄 발행

지은이 | 함은광
펴낸이 | 김종욱
펴낸곳 | 지식인
등 록 | 제301-2013-134호
주 소 | 서울시 도봉구 도봉로 180길 20 투웨니퍼스트 102동 602호
전 화 | 02)2266-8606 (대)
팩 스 | 02)2266-8607
E-mail | jisikin2013@naver.com
홈페이지 | www.jisikinbook.co.kr

ISBN 979-11-88105-29-8 (03320)

값 18,000원

호텔 비즈니스
오디세이

"호텔 펀드매니저의 시선으로 바라본 호텔 산업의 역사"

호텔 산업은 가장 오랜 역사를 가진 3차 산업의 하나로 거대한 역사의 흐름을 따라 끊임없이 진화해왔다. 비록 호텔 산업이 이러한 흐름을 만들어내거나 이끌어갔던 것은 아니지만, 수많은 산업들의 흥망성쇠 속에서 본류를 벗어나지 않으며 꾸준히 자리를 지켜온 명품 조연이었다.

고대에 생겨난 호텔 산업이 근대에 이르기까지 성장을 이어온 과정의 중심에는 생산과 소비의 패러다임이 지배했던 산업화의 거대한 물결이 있었다. 호텔 산업은 그 흐름을 이끌었던 기술의 발전을 재빠르게 흡수했고, 이 과정에서 새로이 탄생한 산업의 언어를 장착하며 성장해왔다.

산업화의 물결이 잦아들면서 생산과 소비의 패러다임은 자본과 투자의 패러다임으로 바뀌어갔다. 그리고 또다시 그 흐름의 중심부에 접근하며 자본의 언어를 흡수하여 장착했다. 그리고 이를 통해 전통적인 산업의 영역에서 무대를 옮겨와 몸집을 더욱 키워낼 수 있었다.

건축가로, 글로벌 호텔 브랜드의 호텔 사냥꾼으로, 호텔 전문 부동산 펀드매니저로 호텔 산업을 경험하고 지켜봐 온 저자는 격변하는 역사 속에서 호텔 산업이 성장을 이어온 근원을 찾아 시간을 거슬러 올라간다. 그리고 그렇게 발견한 것들을 거대한 역사의 흐름 속에서 설명한다.

오늘날 4차 산업혁명으로 통칭되는 기술적 혁신들은 한창 거대한 변화의 에너지를 발산하고 있다. 그리고 호텔 산업은 언제나 그래왔듯이 이러한 변화의 에너지를 빨아들이고 있다. 저자는 호텔 산업의 역사에서 찾아낸 파편들을 맞추며 호텔 산업의 앞날에 대한 시야를 확보해가고 있다.

프/롤/로/그

왜 호텔인가?

여행이라는 단어가 대부분의 사람들에게 불러오는 일차적인 감흥은 설렘과 즐거움이라 할 수 있을 것이다. 이는 아마도 꽉 짜인 일상생활을 잠시나마 벗어나, 제한적이기는 하지만 일탈과 자유로움을 누릴 수 있을 것이라는 기대 때문일 것이다. 그리고 호텔은 이러한 기대의 커다란 부분을 차지하고 있다. 어질러진 방을 직접 정리하고 청소해야 하는 중압감과 식사를 직접 요리해서 먹어야 하는 부담으로부터 벗어나 안전하고 쾌적하게 주어진 자유에 충실할 수 있도록 해주는 요소이기 때문이다. 마침 빠르게 발전한 장거리 교통수단과 널리 보급된 여권은 국경을 넘는 여행마저 대중화했고, 호텔을 인류의 가장 보편적 소비재들 중 하나로 만들어냈다.

그러나 호텔 소비가 많은 이들에게 설레고 즐거운 기억으로만 받아들여지는 것은 아니다. 우선 수많은 호텔들 중에 자신의 여행 목적과 필요에 맞아떨어지는 호텔을 정확하게 골라내는 것이 결코 만만한 일은 아니다. 호텔을 선택하는 과정에서 공항이나 주변 여행지들로의 교통은 편리한지, 호텔의 객실과 침구들은 청결한지, 조식은 어떤 메뉴가 어떻게 제공되는지, 호텔의 임 · 직원들은 친절하게 투숙객들의 고충을 해결해 주는지의 여부를 알아내고자 수많은 여행 후기들을 뒤지는 것은 일상적인 일이 되었다. 또한 날마다 달라지는 호텔의 요금체계는 비교적 여행을 자주 다니는 이들에게도 정확하게 이해되지 않는 경우가 많다. 물론 같은 호텔 객실에 굳이 남들보다 비싼 가격을 지불할 이유는 없지만, 수많은 유통채널들 중에 어디에서 가장 저렴한 가격에 예약할 수 있을 것인지를 알아내는 일 또한 그리 간단하지만은 않다.

이처럼 호텔의 소비에 수반되는 고충들에도 불구하고 인류는 미지의 세계에 대한 탐험을 멈추지 않고 있다. 때로는 일탈과 자유로움을 찾아, 그리고 때로는 이러한 일탈과 자유로움을 가능하게 해 줄 돈을 벌기 위해 점점 더 자주 여행하고 점점 더 많은 호텔들을 소비한다. 역사상 가장 오래된 3차 산업의 하나인 호텔 산업이 여전히 성장을 이어갈 수 있는 이유라고 할 수 있다.

호텔을 비롯한 다양한 소비재들의 소비를 가로막는 유일한 장애물은 제한된 소득이라고 할 수 있다. 고성장의 시기를 살아온 세대들은 대체로 현업에서 은퇴하여 그동안 구축한 자산을 기반으로 비교적 높은 구매력을 유지하고 있다. 다만, 한정된 자산에 비해 늘어난 평균수명은 미래에 대한 두려움을 확산시켰고 이들은 소비를 줄였다. 반면, 고성장의 후폭풍 속에서 저성장의 시기를 살아온 세대들은 소득과 자산의 모든 측면에서 제대로 된 소비의 기반을 형성하지 못하면서 소비시장의 활력을 살려내지 못하고 있다. 이처럼 과거와 다른 소비의 패턴은 전반적인 소비의 위축을 불러왔고, 다양한 산업의 생산자들은 생산과 소비의 순환구조를 지켜내기 위해 동분서주하고 있다.

한편, 정체된 산업의 성장은 소득의 불균형이라는 자본주의의 부작용이 표면으로 드러나는 계기로 작용했다. 국가 간의 분업 체계와 자유무역은 이러한 현상을 지연시키는 효과를 거두었지만 근본적인 해결책이 되지는 못했다. 저성장은 전세계 공통의 문제로 자리 잡았고, 인류는 자산을 확보하는 것이 불확실한 미래를 위해 얼마나 중요한 일인지를 실감하게 되었다. 뒤늦게 많은 이들이 미래의 소비 기반으로서 자산을 확보하고자 나섰지만, 정체된 산업의 성장은 이미 자산의 진입장벽을 견고하게 구축하고 난 뒤였다. 그럼에도 불구하고 많은 이들이 등떠밀려 이러한 물결에 몸을 싣고 비이성적인 움직임을 보이면서 자산과 소득의 불균형은 더욱 심화되는 양상을 보이고 있다.

가장 보편적인 소비재의 하나인 호텔은 분명 가장 쉽게 접근할 수 있는 투자 자산으로서의 잠재력을 가지고 있다. 생산과 소비의 동향을 누구나 쉽고 빠르게 인지할 수 있기 때문이다. 그러나 현실은 그렇지 못하다. 투자 자산으로서 호텔은 일반 투자자들에게는 물론 전문 투자자들에게 있어서도 아직 고난도의 자산으로 받아들여지는 경우가 많다. 가장 큰 이유는 부동산이 자산의 가장 큰 부분을 차지하는 부동산 투자의 성격을 가지고 있으면서 일반적인 부동산과는 다른 성격의 리스크를 보이기 때문이다. 이는 상대적으로 복잡한 상품의 속성, 가격과 유통의 체계, 산업의 가치사슬이 아직 많은 투자자들에게 친숙하지 않다는 사실에 기인하는 바가 크다고 할 수 있다.

물론 호텔 산업이 일반적인 부동산 투자의 관행과 부합하지 않는 측면을 가지고 있는 것은 분명하다. 부동산이 자산의 가장 큰 비중을 차지하지만 자산의 전부라고 할 수는 없다. 하루를 단위로 하는 소비의 패턴은 일반적인 부동산에 비해 훨씬 탄력적인 반면, 공급이 비탄력적이라는 데에는 차이가 없다. 이로 인해 호텔의 소비와 유통은 생산과 투자로부터 분리되어 움직이며 평행한 시장을 형성하게 되었다. 그러나 일반적인 오해와 달리 호텔의 현금흐름에서 나타나는 변동성이 예측과 통제의 범위 바깥에만 존재하는 것은 아니다. 오히려 다른 어떤 산업보다 규칙적인 패턴을 보여왔고, 이를 완화시킬 수 있는 투자의 메커니즘 또한 여러 성숙한 시장들에서 이미 안정된 단계에 진입했다.

호텔 산업이 전세계의 산업화 과정에서 중심부를 차지했던 적은 없지만, 우리나라에서는 충분한 가능성을 가지고 있는 것으로 보인다. 우선 호텔 산업은 자산의 구성에 있어 부동산이 절대적인 비중을 차지하는 대표적인 자본집약적 산업이다. 즉 시장의 변화에 대처가 유연하지 못할 수 있지만, 산업 생산의 기반이 쉽게 흔들리지 않는다는 특징이 있다. 이러한 점에서 불확실성의 시대를 헤매는 시장의 유동성이 정착할 대안이 될 수 있다. 또한 호텔 산업은 생산에 있어 대규모의 인력을 필요로 하는 대표적인 노동집약적 산업이기도 하다. 물론 이로 인해 유연성이 취약해지는 부분이 있지만, 소득의 불균형에 대한 해법의 하나로 사회 전반의 소비 기반을 재건하는데 기여할 수 있다. 마지막으로, 우리나라의 호텔 산업은 외수시장 기반의 3차 산업으로 성장이 정체된 우리나라의 수출 중심 산업구조가 성장의 실마리를 놓치지 않도록 안내할 수 있다. 산업화에 의한 고성장과 뒤를 이은 산업구조 고도화의 진통을 우리보다 늦게 겪고 있는 중국은 이 부분에서 오히려 우리보다 훨씬 민첩한 움직임을 보이고 있다.

호텔 산업의 발전과 관련하여 지금 우리의 발목을 잡고 있는 요인은 여전히 시행착오를 거듭하는 시장과, 이처럼 우왕좌왕하는 시장에 명확한 방향성을 제시하지 못하는 정책에 있다. 호텔 산업의 많은 생산자들은 한류 붐을 타고 찾아온 호텔시장의 호황을 장기적인 산업 기반 구축의 기회가 아니라 재빠르게 이익을 실현하기 위한 기회로만 활용했다. 이 과정에서 아직 온전하게 구축되지 못한 산업의 가치사슬이 왜곡됐고, 이제는 제법 큰 수술을 필요로 하는 듯 보인다. 그 와중에 정부는 이를 통제하여 장기적인 산업구조의 안정성을 지켜내기보다 기형적인 정책을 통해 이를 오히려 부추겼다. 그리고 결과적으로 발생한 문제들에 대해서는 손을 놓은 채 골든타임을 허비하고 있다.

얕은 경험과 지식에도 불구하고 이처럼 주제넘은 글을 써보겠다고 덤벼든 것은 우리나라의 미래가 저성장과 소득 불균형의 덫에 발목을 잡히지 않았으면 하는 절박함 때문이다. 이는 오늘을 살아가는 세대의 문제일 뿐만 아니라 우리 아이들의 문제이기도 하다. 가뜩이나 우리 아이들의 세대에 많은 빚을 넘겨주고 있으면서 그들이 씩씩하게 고난을 해결해 갈 실낱같은 기회마저 발로 차버리는 건 지나치게 가혹한 일이다. 그리고 안정적인 호텔 산업의 기반은 우리가 그들에게 넘겨주어야 하는 중요한 자본, 즉 부채여서는 안 되는 자산이라고 할 수 있다. 이러한 점에서 이제는 소비자로서 호텔 상품의 소비가 주는 유쾌함은 간직한 채 호텔 산업의 본질에 대한 근본적인 질문을 던지고 접근해가야 할 시점으로 생각된다.

이 책의 구성

언어는 사고의 틀이라고 할 수 있다. 그리고 어떤 언어도 이를 사용하는 개인이나 집단의 역사적 맥락에서 자유로울 수 없다. 그러나 역사는 그다지 친절하지 않다. 역사를 들여다보는 것은 수천 아니 수만 개의 조각으로 이루어진 퍼즐을 맞추는 것과 같다. 그리고 그 퍼즐을 맞추어내는 것은 오롯이 개인과 집단의 몫이다. 산업의 언어를 이해하기 위해 산업의 역사를 들여다보고 자본의 언어를 이해하기 위해 자본의 역사를 들여다보는 것은 결국 그 개인과 집단의 몫이라고 할 수 있는 것이다.

호텔 산업은 가장 오랜 역사를 가진 3차 산업의 하나로 거대한 역사의 흐름을 따라 끊임없이 진화해왔다. 사실 호텔 산업이 이러한 흐름을 만들어 내거나 이끌었던 1등 산업은 아니었다. 그러나 산업의 흥망성쇠 속에서 수많은 1등 산업들이 자리를 차지하고 넘겨주는 동안 호텔 산업은 본류를 벗어나지 않으며 꾸준히 2등의 자리를 지켜왔다. 오히려 역동적인 전개에도 불구하고 본류가 끊기지 않도록 해준 가장 꾸준한 조연이었다고 할 수 있다. 호텔 산업의 본질을 이해하는 데 있어 거대한 역사의 흐름이 중요한 이유이기도 하다.

이 책은 거대한 역사의 흐름 속에서 호텔 산업이 진화해온 길을 따라 그 본질에 접근해가는 것을 목표로 한다. 이를 위해 특정한 부분에 대한 깊이 있는 지식보다는 전반적인 맥락에 대한 포괄적인 이해를 추구한다. 따라서 부분의 정독精讀보다는 전체의 통독通讀이 이상적이라고 할 수 있다. 다만, 거대한 역사의 흐름을 비교적 광범위하게 다루고 있기 때문에 먼저 눈이 가는 곳에서 시작하는 것이 효율적일 수는 있다. 구체적으로 이 책은 다음과 같은 3개의 부분으로 구성되어 있다.

PART 1 과거에서는 호텔이 소비재로서 갖는 특징과 보편적인 소비재로 자리 잡게 된 과정을 다루고 있다. 그리고 호텔 산업의 선구자들이 이 과정에서 어떤 역할을 수행하며 호텔 산업의 성장에 어떻게 기여했는지를 살펴볼 것이다. 고대에 생겨난 호텔 산업이 근대에 이르기까지 성장을 이어온 과정의 중심에는 생산과 소비의 패러다임이 지배했던 산업화의 거대한 물결이 있었다. 호텔 산업이 거대한 물결을 만들어낸 적은 없었지만 그 흐름을 충실하게 따라왔고 항상 중심부에서 멀지 않은 곳에 위치했었다. 거대한 물결을 이끌었던 기술의 발전을 재빠르게 흡수했고, 이 과정에서 새로이 탄생한 산업의 언어를 능숙하게 구사했다.

PART 2 현재에서는 호텔이 투자 자산으로서 갖는 특징과 투자를 통해 오늘의 호텔 산업이 성장을 끊임없이 이어가는 메커니즘을 다루고 있다. 그리고 호텔 투자의 혁신가들이 이 과정에서 어떤 역할을 수행하며 호텔 산업의 성장에 어떻게 기여했는지를 살펴볼 것이다. 산업화의 물결이 잦아들자 생산과 소비의 패러다임은 자본과 투자의 패러다임으로 바뀌어갔다. 그리고 그 중심에는 미국이 주도했던 신자유주의의 거대한 물결이 있었다. 호텔 산업은 또다시 그 흐름의 중심부에 가까이 접근했고 자본의 언어를 흡수하여 능숙하게 구사했다. 이를 통해 전통적인 산업의 영역에 속했던 호텔은 무대를 옮겨 더욱 몸집을 키워낼 수 있었다.

PART 3 미래에서는 오늘의 호텔 산업이 마주한 도전과 가능성을 다루고 있다. 이른바 4차 산업혁명으로 통칭되는 기술적 혁신들은 한창 거대한 변화의 에너지를 발산하고 있다. 그리고 호텔 산업 또한 이러한 변화의 에너지로 가득하다. 특히 인공지능과 블록체인은 오늘의 호텔 산업이 드러내기 시작한 고질적 문제들의 해결에 있어 직접적인 영향을 미치게 될 것으로 기대된다. 다만, 미래가 어떤 모습일 것인지를 단정하는 것만큼 오만한 일은 없을 것이다. 따라서 무한한 가능성을 가진 호텔 산업의 미래에 있을 수 있는 시나리오의 하나를 픽션의 형식을 빌어 표현했다.

이 책은 다양한 역사적 사건들과 최근의 동향, 그리고 미래에 대한 기대를 담고 있다. 이들은 저자의 경험과 주관적 견해에 기초한 것들도 있지만 다양한 전문가들의 견해와 통계 자료에 의존하는 바가 크다. 다만, 이러한 부분이 독자들의 시선을 교란하는 것은 이 책이 목표로 하는 바와 부합하지 않는 일이라고 판단되어 본문에서의 직접적인 인용을 최소화하고 주석으로 처리했음을 미리 밝혀둔다. 또한 이 책의 특정 부분에 국한되지 않고 광범위하게 영향을 준 저술, 보고서, 기사, 웹문서 등은 참고문헌에 별도로 정리했다는 점 또한 독자들의 양해를 미리 구하는 바이다. 참고문헌의 원문에 대한 저자의 해석이 서투르거나 잘못되었다고 판단되는 경우에는 이를 바로잡을 수 있는 기회가 허락되었으면 한다. 저자의 미숙함과 부족한 능력이 우리의 미래를 위한 중요한 논의에 있어 방해가 될 수는 없기 때문이다. 마지막으로, 유쾌한 소비의 대상인 호텔에 대해 다소 무겁게 꺼내든 얘기에 귀를 기울여준 독자들께 진심으로 감사의 마음을 전한다.

PART 1

과 거

PART 2 현 재

PART 3 미 래

PART 1

과 거

CHAPTER 01

소비재로서의 호텔

‘용량’의 생산과 소비

생산과 소비의 역학

> *호텔 상품이 생산하는 가치와 소비되는 가치에는 차이가 존재하며, 그 차이의 근원에 ‘시간’이라는 요소가 자리 잡고 있다.*

자신 또는 타인의 ‘소비’를 전제로, 유형 또는 무형의 가치를 만들어내는 것을 ‘생산’이라고 한다. 그러나 인류의 역사를 돌아보면 생산과 소비가 완벽하게 일치했던 적은 없다. 오히려 역사는 이 불균형을 해소하려는 끊임없는 노력의 연속이었다고 할 수 있다. 생산이 소비를 초과하면서 교역이 발생했고, 생산이 소비에 미치지 못할 때는 수탈이 자행되기도 했다. 간혹 생산과 소비가 양적인 균형을 이루었더라도 이들의 이동이 원활하지 못해 불균형이 발생하는 경우들 또한 있어왔다. 그러나 수많은 시행착오를 거치면서 인류는 생산과 소비를 효율적으로 통제하며 균형을 이루어내는 방법을 찾아가기 시작했다. 이 과정에서 혁신적 기술이나 제도가 탄생했고, 인류는 생산과 소비의 불균형 해소에 있어 여러 성취들을 이루어낼 수 있었다.

생산과 소비의 역사를 통해 드러난 사실들 중 하나는, 대체로 소비에 대한 욕구가 생산을 견인해왔다는 것이다. 그리고 이러한 역학 관계는 '산업'이라는 형태로 제도화되었다. 산업이란 특정 가치를 소비하려는 수요를 기반으로 유사한 재화나 용역을 생산하여 공급하는 일련의 활동들을 통칭하는 개념이다. 따라서 소비에 대한 수요, 즉 많은 사람들이 공통적으로 갖는 욕구에서 출발한다고 할 수 있다.

매슬로우Abraham Maslow는 인간의 공통적인 욕구를 크게 생리적 욕구, 안전의 욕구, 사회적 욕구, 존경의 욕구, 자아실현 욕구라는 5개의 층위層位, Layer로 구분했는데, 인간은 이 순서에 따라 단계적으로 욕구를 충족해간다고 하였다. 이렇게 인간의 욕구가 다양한 층위를 갖는 것처럼, 세상에는 이를 충족시키기 위한 무수히 많은 산업이 존재한다. 또한 인간의 욕구가 시간의 흐름이나 주변의 환경에 따라 변화하는 것처럼 다양한 산업들이 생겨나고 사라져갔다.

산업은 낮은 단계의 욕구를 충족시키는 데에서 점차로 높은 단계의 욕구를 충족시키는 방향으로 진화해왔다. 이를테면, 소비를 위한 재화가 생산된 것에 그치지 않고 더 높은 단계의 욕구를 충족시키기 위해 다양한 소비의 방식이 또다른 산업으로 발전해왔던 것이다. 일반적으로 높은 단계의 욕구를 충족시키기 위해서는 더 많은 노력과 복잡한 과정을 필요로 한다. 따라서 소비자들은 일반적으로 높은 단계의 욕구를 충족시켜주는 산업의 생산에 더 많은 가치를 부여하게 된다. 바꾸어 말하면, 높은 단계의 욕구를 충족시켜주는 산업의 비중이 클수록 산업 전체가 생산해내는 가치의 총량이 커진다는 의미이기도 하다. 그리고 이 과정을 이끌어온 선구자들의 성취는 '산업화', 즉 산업의 성장과 고도화라는 결과로 나타났다.

클라크Colin Clark는 이러한 산업화의 단계를 설명하기 위해 산업을 크게 3가지로 분류했다. 그에게 산업구조의 고도화란 전체 산업의 무게 중심이 낮은 단계의 욕구를 충족하는 산업에서 높은 단계의 욕구를 충족하는 산업으로 이동해가는 것을 의미했다. 우선 1차 산업에는 자연으로부터 생산된 물자를 있는 그대로 소비자에게 공급하는 농업, 임업, 수산업 등이 포함되며 산업화의 초기 단계에서 높은 비중을 차지한다. 2차 산업에는 1차 산업에서 생산된 물자를 가공하여 생산한 제품을 소비자에게 공급하는 제조업이나 건설업 등이 포함되며, 산업화가 활발히 진행되는 단계에서 높은 비중을 차지한다. 3차 산업은 소비자가 1차 산업이나 2차 산업의 생산품을 더 효율적이고 우아하게 소비할 수 있도록 도와주는 식·음료업이나 도·소매업 등이 포함되며 산업화의 성숙 단계에서 높은 비중을 차지한다.

호텔 산업은 환대歡待, Hospitality 산업의 한 갈래로 클라크의 분류 체계에 따른 3차 산업에 속하며, 다른 산업들과 마찬가지로 소비가 전제된 가치를 생산해낸다. 호텔이 소비자에게 제공하는 가치의 핵심은 '집을 떠나 안전하고 쾌적하게 체류할 수 있는 안식처'라고 할 수 있다. 즉 주택과 마찬가지로 안전의 욕구가 호텔 산업의 출발점으로 작용했던 셈이다. 그러나 한시적인 체류를 전제로 하기 때문에 주택과 달리 소비자의 영구적이거나 장기적인 점용占用, Occupancy, 그리고

'이웃'들과의 적극적인 교류가 전제되지 않는다는 차이를 갖는다. 이러한 점에서 호텔은 주택에 비해 좁은 스펙트럼의 욕구를 충족시키는 소비재라고 할 수 있다.

그럼에도 불구하고 호텔이 시간의 흐름에 따라 점점 높은 단계의 욕구를 충족시키는 방향으로 진화해온 것은 사실이다. 예를 들어, 업무 목적으로 특정한 도시에 출장 중인 사람은 업무 관련 목적지에 오가기 편리한 위치의 호텔을 찾아 짐을 풀고 업무 상대방과의 미팅을 위해 호텔에서 옷을 다리기도 하고, 업무를 마치고 나서는 호텔의 러닝머신에 올라 피로를 풀기도 한다. 한편, 휴가를 맞아 가족들과 해변으로 여행을 온 사람은 해변을 이용하기 편리한 위치의 호텔에 묵으며 호텔의 수영장에서 가족들과 시간을 보내기도 하고, 아이들을 호텔의 키즈 클럽에 맡기고 스쿠버다이빙을 즐기기도 한다. 즉 안전의 욕구를 넘어 부분적으로나마 사회적 욕구나 존경의 욕구는 물론 자아실현 욕구까지 충족시킬 수 있는 소비재로 그 스펙트럼을 넓혀왔던 것이다.

호텔로 생산되는 가치

소비재로서의 호텔이 스펙트럼을 넓혀갈수록 호텔 산업의 생산자에게는 다양한 소비자의 욕구를 더욱 정밀하게 이해할 필요가 생겨났고, 이들을 호텔의 핵심적 가치에 따라 유형화하기 시작했다. 가장 먼저 '집을 떠나 체류해야 하는 이유'에 따라 유형화가 이루어졌다. 호텔의 소비자는 소비 목적에 따라 크게 상용商用, Commercial 소비자와 여가餘暇, Leisure 소비자로 분류될 수 있다. 한편, 안전하고 쾌적한 안식처를 담보하기 위해 수용해야 할 소비자의 단위 규모를 유형화할 필요가 있었다. 호텔의 소비자는 단위 규모에 따라 크게 개인個人, Transient 소비자와 단체團體, Group 소비자로 분류될 수 있다. 이들을 조합해보면,

호텔의 소비자는 다음과 같이 4가지 유형으로 분류된다.

- 상용 – 개인Commercial Transient : 개별적 업무 목적으로 출장 중인 개인
- 상용 – 단체Commercial Group : 업무상 워크숍 또는 컨퍼런스 목적의 집단
- 여가 – 개인Leisure Transient : 여가 목적으로 여행 중인 개인 또는 가족
- 여가 – 단체Leisure Group : 업무 이외의 사적인 행사 또는 휴양 목적의 집단

생산자에게 소비자의 유형화가 주는 이점은, 생산하는 가치를 소비자의 욕구에 맞추어 최적화할 수 있다는 것이다. 이러한 점에서 위의 분류 체계는 지나치게 포괄적일 수 있고 실제로 오랜 기간에 걸쳐 진화해온 호텔 소비자의 유형은 수용할 수 있는 가격이나 사용하는 유통채널 등에 따라 더욱 세분화될 수 있다.[1]

그러나 위의 분류 체계 이상의 세분화는 호텔의 영업 및 마케팅 영역에 속하는 것으로, 소비재로서의 호텔이 갖는 속성을 포괄적으로 이해하기 위한 범위를 넘어선다. 오히려 소비자의 유형 분류가 생산자와 소비자 모두에게 의미를 갖기 위해서는 이러한 소비자의 욕구들이 어떠한 과정을 통해 충족되어왔고, 이 과정에 어떠한 한계들이

존재해왔던 것인지를 살펴보는 것이 유용할 것으로 생각된다.

우선 호텔이라는 소비재가 생산해내는 가치는 재화나 용역 어느 하나로 구현되는 것이 아니라 이들이 균형을 이루며 융합하여 나타나는 결과물이라고 할 수 있다. 즉 호텔은 생산이 완료된 유형有形, Tangible의 가치인 제품製品, Product이 아니라, 거래를 목적으로 하는 유형 및 무형無形, Intangible의 가치들이 복합된 상품商品, Goods의 성격을 갖는다. 따라서 호텔 상품은 유형 및 무형의 요소들로 구성되는데 구체적으로 호텔 상품을 통해 창출되는 가치는 유형의 가치인 '장소'와 '공간', 그리고 무형의 가치인 '서비스'로 이루어진다.

호텔(생산되는 가치) = f(장소, 공간, 서비스)

호텔 상품을 구성하는 3가지 요소들은 각각 독립적으로 존재하는 것이 아니라, 각 요소들 간에 긴밀한 영향 관계가 존재한다. 즉 온전한 독립 변수가 존재하지 않는 셈이지만, 그나마 '장소'가 이들 중에 가장 독립적인 요소라고 할 수 있다. 장소는 호텔이 들어선 위치를 말하는데, 소비자의 목적에 부합하는 교통의 편리성, 소비자의 욕구를 최대한 담아낼 수 있는 규모, 호텔에서 제공하지 못하는 각종 편의시설에 대한 접근성, 쾌적한 체류를 위한 주변의 경관과 조망 등의 가치를 포함한다.

대체로 장소는 호텔 상품의 가치를 결정하는데 있어 가장 먼저 확정되는 변수라고 할 수 있다. 장소가 결정되는 순간 공간은 이로부터

자유로울 수 없게 되며, 도입할 수 있는 규모와 범위가 제한되기 때문이다. 호텔은 장소의 유형에 따라,

다음과 같은 6가지 유형으로 분류될 수 있다.[2]

- 도심Urban 호텔 : 대도시 내의 인구 밀집지역에 위치한 호텔
- 교외Suburban 호텔 : 대도시 인근의 교외 또는 위성도시에 위치한 호텔
- 소도시Small-town 호텔 : 인구 15만 명 이하의 소도시에 위치한 호텔
- 공항Airport 호텔 : 공항 인근에서 환승 등의 수요를 대상으로 하는 호텔
- 고속도로Interstate 호텔 : 고속도로변에 위치한 경유자 대상의 호텔
- 리조트Resort 호텔 : 휴양이나 관광 수요가 지배적인 지역에 위치한 호텔

이 분류 체계는 서로 배타적인 수요를 기반으로 하기 때문에, 생산자의 기획 초기 단계에서부터 수용 대상의 수요는 물론 주변의 경쟁 현황까지 비교적 정확하게 파악할 수 있는 틀을 제공한다. 물론 이 분류 체계는 미국의 호텔들을 기준으로 설정되었기 때문에, 규모와 성격이 다른 모든 시장에 일률적으로 적용되기에는 무리가 있다. 예를 들어, 전국이 1일 생활권 안에 들어가는 우리나라의 경우 고속도로변에 호텔시장이 활성화되어 있지 않는 대신 고속도로 휴게소가 유사한 역할을 수행하는 것으로 볼 수 있다.

호텔 상품을 구성하는 또다른 유형의 가치인 공간은 땅 위에 놓인

물리적 구축물을 말하는데, 객실, 레스토랑, 연회장 등 소비자가 체류하는 동안 필요로 할 수 있는 다양한 형태의 시설을 의미한다. 특히 객실은 호텔 공간의 가장 핵심적인 부분이라고 할 수 있다. 호텔이 처음 생겨난 배경이 장거리 여행자들의 숙박에 대한 필요였고, 오늘날 호텔 상품의 소비자들이 가장 많은 시간을 보내는 곳 또한 객실이라는 점을 감안하면 객실은 호텔 상품의 근간을 이루는 셈이다.

단위 객실의 규모는 소비자들이 투숙하는데 필요로 하는 편의와 설비의 범위에 따라 결정된다. 여기에는 침대의 크기와 수, 욕실의 크기와 욕조의 설치 여부, 수납공간과 소파, 테이블 같은 가구들의 설치 여부, 그리고 간단한 취사 설비의 설치 여부 등이 포함된다.[3] 단위 객실의 규모가 결정되면 정해진 장소에 들어갈 수 있는 전체 객실의 수가 결정될 수 있다. 물론 비교적 큰 단위의 소비자들을 수용하기 위해 확장된 객실을 도입하는 경우 전체 객실수가 줄어들 수 있다.[4]

전체 객실수는 호텔의 생산성을 결정하는 지표인 동시에 호텔에 도입되는 다른 시설의 규모를 결정하는 기준으로도 작용한다. 전체 객실수가 결정되었다는 것은 이 호텔이 수용할 수 있는 소비자의 규모가 결정되었다는 의미이며, 기대할 수 있는 매출의 범위가 결정되었다는 의미이기도 하다. 또한 소비가 이루어지기까지 투입되어야 하는 원가와 인력의 규모를 판단하는 기준으로 작용한다. 객실 외의 다른 시설들 또한 기본적으로는 객실과 동일한 규모의 수요를 수용할 수 있어야 하지만, 기대되는 호텔 전체의 생산성에 따라 조정될 수는 있다.[5] 객실 이외의 시설에 객실 소비자들뿐만 아니라 외부의 소비자들까지 흡수하고자 하는 경우 객실 이외의 시설이 더욱 확대될 수 있다.

호텔의 공간은 객실 외에 추가로 포함되는 시설의 범위에 따라 다양하게 분류될 수 있지만, 가장 큰 범주에서의 구분은 호텔 내에 식사가 제공되는 시설을 구비하고 있는지의 여부에 따른다. 물론 이는 장소가 담아낼 수 있는 공간의 규모, 용도, 구성 등의 제한을 받기도 하지만 대체로 호텔에서 제공하려는 서비스의 범위에 따라 결정되는 바가 크다.

호텔 상품을 구성하는 무형의 가치, 서비스는 소비자가 낯선 장소와 공간에서 경험하게 될 수 있는 고충苦衷, Hassle을 해결해주는 것으로, 호텔의 임·직원들이나 전산시스템 등을 통해 소비자에게 제공되는 편익便益, Benefit을 의미한다. 예를 들어, 간단하게는 매일 침대보와 욕실의 타월을 바꾸어 주는 것에서부터, 미리 정한 시간에 모닝콜을 해주거나 업무로 인해 시간을 내기 어려운 소비자를 위해 가족들의 선물을 대신 구매해 주는 것에 이르기까지 호텔에서 소비자에게 제공하는 모든 형태의 편익이 여기에 포함된다. 호텔 상품의 유형은 공간과 서비스의 조합에 따라 무궁무진할 수 있다. 이들을 종합해보면, 다음과 같이 단순화할 수 있다.

- 종합적 서비스Full-service 호텔 : 객실, 식·음료, 연회장 등의 시설이 구비된 호텔
- 선별적 서비스Select-service 호텔 : 객실 및 소규모 식·음료 시설이 구비된 호텔
- 제한적 서비스Limited-service 호텔 : 객실 외에 별도의 부대시설이 없는 호텔

생산자가 대상 수요와 경쟁 현황을 정확하게 판단할 목적으로 사용하기에는 분류가 세부적일수록 유용하겠지만, 분류의 모집단이 일정한 규모 이상이 되지 않을 경우에는 실질적인 의미를 갖기 어렵다. 따라서 기본적인 유형 분류 이상의 세분화는 시장의 개별적인 상황에 따라 판단하는 것이 현실적이라고 할 수 있다. 다만, 종합적 서비스 호텔의 경우 이러한 세분화가 유용한 경우들이 있는데, 대규모 국제회의 시설에 인접하여 위치한 컨벤션 호텔 또는 대규모 카지노를 보유하고 있는 카지노 호텔 등은 특수한 소비자의 필요를 기반으로 하기 때문에 일반적인 종합적 서비스 호텔과 구분할 필요가 있다.

호텔 상품이 생산되는 과정을 요약하면, 생산자가 우선 호텔이 들어설 장소를 결정하고 이 장소에 도입할 수 있는 객실의 구성과 규모를 결정한 후 그 밖에 제공하려는 서비스의 범위와 이를 가장 효율적으로 담아낼 수 있는 공간을 정의하는 순서를 거치게 된다. 즉 호텔 상품의 3개 구성요소들에 대한 유형을 순차적으로 선별하고 결정해 가는 과정인 것이다.

앞서 설명한 장소의 유형에 따른 6가지 분류와 공간 및 서비스의 유형에 따른 3가지 분류를 종합하면, 호텔 상품은 크게 18가지 유형으로 나누어질 수 있다. 그러나 주변에 다른 편의시설이 없는 고립된 리조트에서의 제한적 서비스 호텔은 소비자에게 실질적인 가치를 제공하기 어렵다. 고속도로변의 호텔이 연회장을 가지고 있는 것 또한 아직까지는 실질적인 효용이 있다고 보기 어렵다. 물론 아직까지 공급에서의 공백으로 남겨진 이러한 유형의 호텔들도 소비자의 욕구 변화에 따라 언제든 생산자에게 기회로 바뀔 가능성을 동시에 가진다.

호텔에서 소비되는 가치

호텔 상품을 구성하는 요소들이 균형을 이루며 생산해낸 가치가 직접적으로 소비자가 얻게 되는 가치를 의미하지는 않는다. 오히려 호텔이라는 상품을 통해 창출된 가치의 흐름이 이제 막 시작되었다고 할 수 있다. 가치 창출의 완결은 호텔 상품으로 생산된 가치가 소비자에게 전달되어 소비자가 이를 수용하는 때에 이루어진다.

호텔 상품의 생산자는 단위 시간에 소비될 수 있는 한도가 제한적인 상품을 반복적으로 생산하여 공급한다. 예를 들어, 300실 규모의 호텔이 365일 동안 소비자에게 공급하는 상품은 총 109,500개의 객실이라고 할 수 있다. 이때 소비자의 입장에서는 동일한 객실이라고 하더라도 소비의 시점에 따라 전혀 다른 상품이 될 수 있다. 이를테면, 이 호텔에서 5월 9일의 1803호 객실은 8월 15일의 1803호 객실과 전혀 다른 상품이라고 할 수 있다. 그리고 소비자가 필요로 하는 상품은 단순히 1803호 객실이 아닌 8월 15일의 1803호일 수 있는 것이다.

호텔 상품으로 생산되어 소비되는 가치의 속성은 용량容量, Capacity의 개념으로 설명될 수 있다. 일반적으로 용량은 단순히 저장 가능한 부피의 최대한도를 의미하기도 하고, 규칙적인 에너지 흐름이 일정한 시간에 만들어내는 에너지의 총량을 의미하기도 한다.[6] 차이점은 시간의 개념이 포함되어 있는지의 여부라 할 수 있는데, 호텔 상품의 속성을 설명하는 데에는 시간의 개념이 포함된 후자가 더 적합하다. 일반적으로 특정한 시점에 소비되지 않은 용량은 상품으로서의 가치를 잃고 소멸된다. 예를 들어, 8월 15일의 1803호 객실은 당일에 소비되지 못할 경우 그 가치가 소멸되고, 8월 16일이 되면 전혀 다른 상품으로 판매되어야 한다.

이러한 점에서 호텔 상품의 유통流通, Distribution은 분양이나 장기간 임대를 전제로 하는 부동산들과 달리 일반적인 소비재의 유통과 유사한 속성을 갖는다. 동시에 재고의 개념이 존재하지 않기 때문에 일반적인 소비재의 유통과도 다소 차이가 있다. 이를테면, 유통기한이 하루인 제품을 유통하는 셈이라고 할 수 있다. 결국 호텔이라는 상품으로부터 소비자가 궁극적으로 얻게 되는 가치는 유형의 가치인 '장소'와 '공간', 그리고 무형의 가치인 '서비스'와 '시간'의 함수로 표현될 수 있다.

호텔(소비되는 가치) = f(장소, 공간, 서비스, 시간)

여기에서 주목할 부분은 호텔 상품이 생산하는 가치와 소비되는 가치에 차이가 존재하며, 그 차이의 근원에 시간이라는 요소가 자리 잡고 있다는 점이다. 즉 동일한 호텔 상품이라고 하더라도 소비되는 시점에 따라 얼마든지 가격이 달라질 수 있는 것이다.

호텔이 다른 유형의 부동산이나 일반적인 소비재와 구분되는 독특한 가격체계를 갖게 된 데에는 이러한 상품의 속성이 원인으로 작용했다. 호텔 산업의 가격체계가 결국 제한된 용량의 활용을 극대화함으로써 가격을 극대화하는 방향으로 발전해왔기 때문이다. 또한 호텔 상품의 복잡한 유통체계 또한 시간이라는 요소에 기인하는 바가 크다. 〈유통과 시장의 권력투쟁〉에서 더 구체적으로 살펴보겠지만, 호텔 상품의 유통체계가 생산되는 가치와 소비되는 가치의 격차를 해소하기 위한 방향으로 발전해왔다는 사실은 이를 뒷받침한다.

물 들어올 때 노 젓기

경쟁의 풍경

근대 산업의 급격한 성장과 고도화는 자본주의라는 토양에 뿌리를 두고 있다. 생산의 과정에 육체적 또는 정신적 노동을 제공하며 참여한 주체들은 창출된 가치의 일부를 근로소득으로 취하는데, 이는 자본주의와 공산주의가 다르지 않다. 자본주의가 공산주의와 다른 점은 생산의 과정에 자본을 제공하며 참여한 주체가 창출된 가치의 잉여를 자본에 대한 이익, 즉 이윤利潤, Profit으로 취할 수 있다는데 있다.

이윤의 개념은 산업의 생산자들이 소비자에게 수용되는 가치를 극대화하려는 강력한 동기로 작용했다. 더 나아가 산업혁명 시기의 국가들이 산업화에 필요한 자본을 끌어들이고, 건국 초기의 미국이 광활한 영토를 빠르게 개척해가는 강력한 동기가 되기도 했다. 그러나 수많은 생산자들이 동시에 이윤을 추구하게 되자, 이들 간에 '경쟁'이 발생했다. 사실 소비자의 입장에서는 생산자들의 경쟁이 바람직한 것이라 할 수 있다. 소비자는 항상 더 나은 가치를 더 낮은 가격에 원하는 가치를 원하는 때에 얻고자 한다. 따라서 항상 최대한 많은 선택지를 원하게 되고 경쟁이 사라지는 것을 원하지 않는다.

자본주의 경제 이론의 아버지로 불리는 스미스Adam Smith는 『국부론』을 통해 경쟁을 적극적으로 옹호하는 입장을 취했다. 스미스는 다수의 소비자와 생산자가 자유로운 경쟁을 통해 자신의 이익을 추구할 때 '보이지 않는 손'에 의해 가격이 형성되고, 이렇게 형성된 가격이 소비자와 생산자의 이익 모두를 극대화할 것이라고 생각했다. 그리고 기업의 자유로운 경쟁을 방해하는 제도의 철폐를 주장했다. 그러나 자유로운 경쟁이 모두에게 이익을 가져다주기 위해서는 경쟁에 참여하는 모든 이들의 선의가 전제되어야 하는데, 스미스는 이 전제의 성립에 의심을 품지는 않았었다.

생산자들 간의 치열한 경쟁은 시장에서 거래되는 상품의 가격을 통해 나타난다. 소비를 전제로 시장에서 거래되는 어떤 것이든 생산자와 소비자가 만나는 접점에 가격이 있기 때문이다. 시장에서 가격이 결정되는 가장 기본적인 메커니즘으로 '수요와 공급의 법칙'이 널리 알려져 있다. 이는 시장에서 다른 조건이 일정하다는 전제 하에 수요가 증가하면 가격은 상승하고, 수요가 감소하면 가격은 하락하는 현상을 의미한다. 이에 따르면, 가격은 수요와 공급이 일치하는 지점에서 결정될 것이고 이렇게 결정된 가격을 균형가격均衡價格, Equilibrium Price이라고 한다.

한편, 시장에의 참여가 자유롭고 상품의 생산 능력에 차별성이 없으며 거래에 대한 인위적 제약이 없다면, 다수의 생산자와 소비자들은 대등한 위치에서 서로의 필요를 충족시키기 위해 최선을 다하게 될 것이다. 이 경우 거래의 성사는 오로지 가격이라는 변수에 의해서만 이루어지게 되는데, 이를 완전경쟁完全競爭, Perfect Competition 시장이라고 한다.

자유로운 경쟁은 자본주의를 성장시킨 가장 중요한 연료였지만, 생산자의 입장에서는 이윤을 끊임없이 위태롭게 만드는 장애물이기도 했다. 이들은 소비자가 경쟁자에게 이탈하거나 가격이 하락하여 이윤이 줄어드는 상황을 원하지 않았다. 그들은 소비되는 물량과 가격을 오롯이 통제하기를 원했고 독점을 추구하기 시작했다. 특히 이러한 독점의 야욕은 대규모 자본을 보유한 생산자들에게서 두드러지게 나타났다.

이들은 우선 작은 규모의 경쟁자들이 감당하기 어려운 수준까지 가격을 내려 경쟁자들을 고사시킨 후 흡수했다. 이렇게 주변을 정리한 몇몇 대규모 생산자들은 카르텔을 결성하고 가입 요건을 까다롭게 하여 진입장벽을 높게 쌓았다. 카르텔의 바깥에 존재하는 영세한 생산자들은 안정적인 공급을 원했던 소비자들로부터 외면당하기 시작했고 생존을 위해 고군분투해야 했다. 한편, 시장을 독점한 생산자들은 공급을 자유로이 통제해가며 가격을 원하는 대로 통제했지만, 이 시점에 이르러서는 소비자들에게 다른 선택의 여지가 없었다.

그러나 생산의 독점은 부메랑이 되어 이들의 존립 기반이었던 산업을 붕괴시키고야 만다. 생산자가 일방적으로 결정하는 가격은 마침내 소비자들이 수용할 수 있는 범위를 넘어섰고, 소비자들은 적극적으로 소비를 줄이기 시작했다. 다른 한편에서는 더욱 저렴한 가격에 비슷한 가치를 제공할 수 있는 대체재들이 끊임없이 등장했다. 뒤늦게 상황이 녹록치 않다는 것을 깨달은 독점적 생산자들은 궁여지책으로 비용 절감에 나섰다.

이들은 여기에서마저 실수를 범하게 되는데, 자신들의 이윤을 희생하지 않으려고 노동자들의 급여에 가장 먼저 칼을 댔던 것이다. 많은 노동자들이 거리로 내몰렸고 살아남은 이들조차 제때에 임금을 받지 못했다. 이는 소비 주체의 소득 감소로 이어지며 소비를 더욱 위축시키는 결과를 불러왔다. 결국 대공황을 통해 생산과 소비의 불균형, 그리고 소득과 부의 불균형이라는 자본주의의 위험 요소가 적나라하게 드러났다.

이런 상황에서 초점은 산업의 성장과 안정을 위해 자본주의의 딜레마인 자유, 특히 탐욕의 자유를 어떻게 통제할 것인지에 있다. 그리고 독점이 불러오는 참담한 결과를 생각한다면 이는 단지 소비자나 정부의 문제일 뿐만 아니라 생산자의 문제이기도 하다. 이에 대해 포터Michael Porter는 점유율로부터 결코 자유로울 수 없는 생산자 스스로가 점유율의 최적화에 관심을 둘 필요가 있다고 주장했다.

포터는 생산자의 수와 생산 수량이 적어 생산자가 가격을 통제할 수 있는 산업의 경우 생산자들 스스로 진입장벽을 낮추며 유익한 경쟁자들을 유인할 필요가 있다고 생각했다. 반대로, 생산자들의 품질에 차이가 크지 않고 새로운 기술의 도입이 가격상승으로 직결될 여지가 많지 않은 산업이라면, 생산자 간의 이동장벽을 낮추고 이합집산을 통해 점유율을 최적화할 필요가 있다고 생각했다.

그는 최적 점유율이 경쟁자가 적대적으로 공격할 동기를 부여하지 않는 수준에서 결정될 수 있다고 했는데, 각 산업의 특수성과 시장의 변화에 따라 달라지는 속성 때문에 일률적인 지표를 설정하는 데에는 현실적인 한계가 존재한다. 결국 이 부분은 국가의 역할에 해당하는 것으로 볼 수 있으며, 자본주의 이념이 발전해온 역사 또한 이러한 국가의 역할이 변화해온 역사라고 할 수 있다.

가격의 두 얼굴

호텔이 '보편적' 상품으로서의 면모를 갖추기 시작한 것은 산업혁명 후기에 들어서였다. 그전까지 대부분의 호텔들은 상품으로서의 구성요소들을 온전히 갖추지 못했거나 광범위한 시장에서 불특정 다수의 소비자들을 대상으로 하는 거래가 전제되지 않은 것들이었다.

1829년 보스턴에 개관한 트레먼트 하우스Tremont House는 최초로 호텔에 배관을 도입하여 소비자에게 수도, 화장실, 욕실을 제공했다.[7] 또한 체크인 및 체크아웃을 일괄적으로 처리하는 리셉션의 개념이 도입했고, 소비자의 짐을 객실까지 옮겨주는 벨보이를 등장시켰다. 즉 처음으로 장소, 공간, 서비스의 3요소를 온전히 갖춘 호텔이 생겨난 것이다. 보스턴을 찾는 이들은 누구나 이 호텔에 머무르기를 원했고, 이를 모방한 수많은 호텔들이 생겨났다. 이 시기에 이르러 호텔은 불특정 다수의 소비자들이 언제든 소비할 수 있는 보편적 상품이 되었고, 비로소 호텔 상품을 거래하는 시장이 형성되었다.

그러나 상품의 속성이 복잡해지면서 호텔의 가격체계 또한 복잡한 구조를 갖게 되었다. 이처럼 복잡한 가격체계는 앞서 언급한 시간이라는 요소에서 그 원인을 찾을 수 있다. 사실 호텔 상품의 복잡한 가격체계는 시간의 흐름과 함께 소멸되는 상품의 용량을 최대한 효율적으로 활용하기 위한 방편이었던 것이다.

호텔 상품의 가격체계가 갖는 기본적인 원칙은 제한된 용량을 가장 많이 판매할 수 있는 시점에 최대한 높은 가격으로 판매하여 제한된 용량으로부터 창출되는 가치를 극대화하는 것이다. 즉 물이 들어올 때 노를 젓는 셈이다. 이때 복잡한 가격체계를 함축하여 호텔 상품의 가격을 포괄적으로 나타내는 대표적인 지표가 객실당 평균 판매요금Average Daily Rate 또는 ADR이다.[8]

ADR은 객실의 정찰 가격이나 개별적인 판매 가격이 아닌 다양한 판매 가격들의 평균값이다. 앞서 예로 들었던 1803호 객실로 돌아가 보자. 1803호 객실을 찾는 소비자가 8월 15일에 몰리는 상황이라고 하면 생산자는 8월 15일의 1803호에 판매될 수 있는 최대한의 가격을 책정하여 판매하게 된다. 반대로 수요가 많지 않은 5월 9일의 1803호는 비록 가격을 낮추어서라도 소비의 의사가 확실한 소비자를 찾아 판매하게 된다. 즉 동일한 객실이라 하더라도 성수기와 비수기에 따라 가격의 차이가 발생하는 것이다.

이처럼 시간에 따라 수요가 다른 패턴을 보이고 이로 인해 가격이 달라지는 것을 계절성季節性, Seasonality이라고 하는데, 호텔 산업에서는 계절성이 뚜렷하게 나타난다. 예를 들어, 2012년 서울시 중구의 관광호텔 운영 실적을 보면 성수기인 10월 일반적인 객실의 평균 판매 가격이 181천 원이었던 것에 비해, 비수기인 1월에는 153천 원이었다. 이때 ADR은 2012년 전체에 대한 평균 판매 가격인 173천 원을 의미한다. 이처럼 수요에 따라 가격이 탄력적으로 책정되는 것을 가변가격可變價格, Dynamic Pricing 정책이라고 한다.

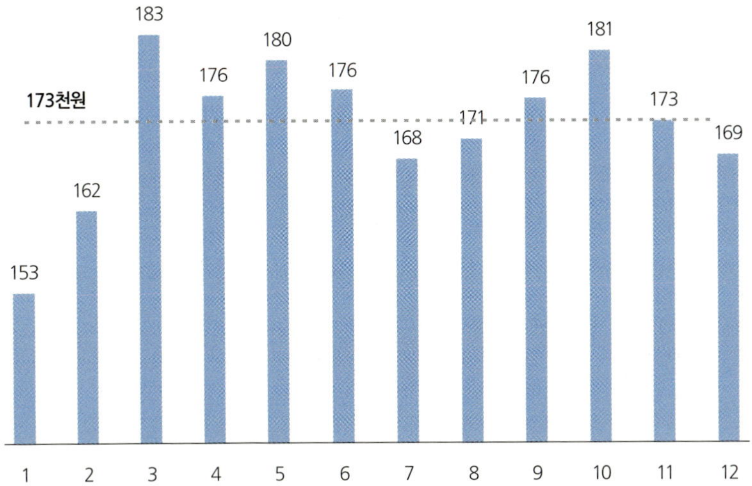

그림 1 **호텔 객실 요금의 계절성**

서울시 중구 관광호텔 전체의 2012년 월별 판매객실 평균요금 변동 추이로 최저 153천 원(1월)에서 최고 183천 원(3월) 범위 내에서 움직이는 계절성을 나타내고 있으며, 2012년 전체 평균은 173천 원을 기록했다. [출처 : 관광지식정보시스템]

ADR은 호텔 상품의 유형적 가치인 장소와 공간, 무형적 가치인 서비스와 시간은 물론 경쟁 환경에서 상품이 갖는 경쟁력에 대한 정보 또한 함축하고 있다. 스미스여행연구소에서는 시장에 존재하는 수많은 호텔들의 가격 카테고리를 시장에서의 ADR 수준에 따라,

다음과 같은 5가지로 분류하고 있다.

- 최고가Luxury : ADR이 시장 상위 15%에 속하는 호텔들
- 고가Upscale : ADR이 시장 상위 15~30%에 속하는 호텔들
- 중가Midprice : ADR이 시장 상위 30~60%에 속하는 호텔들

- 중저가Economy : ADR이 시장 상위 60~80%에 속하는 호텔들
- 저가Budget : ADR이 시장 하위 20%에 속하는 호텔들

다양한 시장에 존재하는 다양한 호텔들을 보면 비교적 일관된 가격의 격차가 존재하고 있음을 관찰할 수 있는데, 특히 글로벌 브랜드 호텔들에서 이러한 포지셔닝이 더욱 두드러지게 나타난다. 예를 들어, 샌디에고 다운타운에 위치한 고가 호텔의 일반 객실을 예약하고자 하는 경우 코트야드가 140불 수준의 가격에 예약이 가능하다면, 인디고는 대략 145불 수준의 가격에 예약이 가능할 것이라고 추정할 수 있다.[9] 시장을 막론하고 유사한 입지의 두 호텔 브랜드들이 대략 5불 정도의 가격 차이를 일관되게 유지하기 때문이다.

한편, ADR로 대표되는 호텔 상품의 가격이 소비자에게 선택의 기준으로 작용하는 의미를 갖는 반면, 궁극적으로 이윤을 목적으로 하는 생산자에게는 소비될 수 있는 용량 전체를 반영한 실질實質, Effective 가격이 더 큰 의미를 갖는다. 예를 들어, 300실 규모의 호텔에서 하루에 판매된 객실들의 ADR이 200천 원이었고, 같은 날 경쟁 호텔들의 ADR 평균이 150천 원이었다면 ADR만 놓고 봤을 때 이 호텔은 양호한 실적을 보인 셈이다. 그러나 이 호텔이 그날 판매한 객실이 30실이 뿐이었던 반면, 경쟁 호텔들이 평균적으로 용량의 80%를 판매했다면 얘기가 달라진다. 이 호텔의 전체 용량에 대한 실질 가격이 20천 원인 반면, 경쟁 호텔들의 실질 가격은 120천 원이기 때문이다. 따라서 생산자 입장에서는 판매 가격보다 실질 가격이 이윤에 직결되는, 즉 더욱 의미 있는 지표라고 할 수 있다.

호텔 상품의 실질 가격을 나타내는 지표는 가용 객실당 수입Revenue per Available Room 또는 RevPAR이다. RevPAR는 판매 가능한 '객실'의 하루 평균 매출액을 의미하며 판매된 객실의 평균 가격인 ADR과 판매된 객실의 비율인 객실 이용률Occupancy의 곱으로 산출될 수 있다. 300실 규모의 호텔이 365일 동안 판매할 수 있는 용량 109,500실 중 87,600실이 판매되었다고 하면 이 호텔의 객실 이용률은 80%가 된다. 그리고 365일 동안 판매된 87,600실의 ADR이 150천 원이었다고 하면 365일 동안의 RevPAR는 120천 원이 된다. 이때 RevPAR는 해당 기간 평균 150천 원에 판매된 87,600실과 판매되지 못한 21,900실을 가중 평균하여 산출한 전체 용량 109,500실의 실질 가격이라고 할 수 있다. 앞서 설명한 가변가격 정책은 사실 ADR이 아닌 RevPAR의 극대화를 목적으로 한다.

이윤을 추구하는 생산자의 입장에서 호텔 상품의 가격이 생산에 지속적으로 소요되는 비용을 감당해내는 것은 중요한 문제이다. 그러나 앞서 언급한 가변가격 정책도 이러한 가격의 '장기적' 안정성을 직접적으로 보장하지는 못한다. 이는 생산 기반인 자산에서 부동산이라는 고정자산이 절대적인 비중을 차지하는 데에 가장 큰 원인이 있다.

부동산, 특히 호텔처럼 단기간 소비를 목적으로 하는 부동산의 수요는 빠르고 역동적으로 변화하는 반면, 상품의 공급에는 상당한 기간이 소요될 수밖에 없다. 바꾸어 말하면, 호텔 상품에 대한 수요가 급격하게 증가하더라도 이를 수용할 수 있는 상품이 시장에 공급되기까지는 상당한 시차가 발생하는 것이다.[10]

이로 인해 부동산 시장에서는 실질 가격이 주기적으로 등락을 반복하는 패턴을 보이는데, 호텔시장에서는 이러한 주기성週期性, Cyclicality이 더욱 뚜렷하게 나타난다. 여기에 9·11 테러나 중증급성호흡기증후군SARS처럼 예측하기 어려운 부정적 요인이 더해질 경우에는 부침이 더욱 심해진다.

생산자가 시장의 공급을 독점하지 않는 한 이러한 주기성을 통제할 방법은 없다. 오히려 시장의 주기성을 가능한 한 정확하게 예측하고 RevPAR에 대한 영향을 최소화할 수 있는 방안을 모색하는 것이

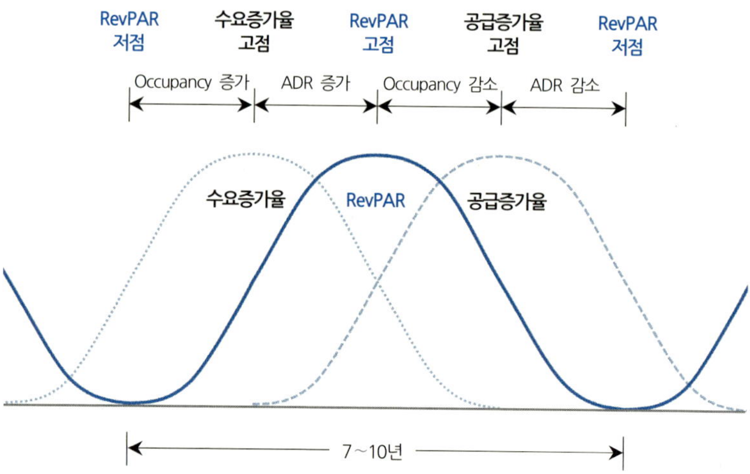

그림 2 **호텔 RevPAR의 주기성**

수요 증가율이 공급 증가율을 초과하게 되면 RevPAR가 증가하게 된다. 그러다가 공급 증가율이 수요 증가율을 초과하면서 RevPAR는 하락하게 된다. 일반적으로 수요 증가율이 고점에 이른 시점에서 공급 증가율이 고점에 이르기까지는 대략 4~5년이 소요되며 RevPAR의 고점은 이들 사이에서 형성된다. RevPAR 저점에서 상승세로 전환하게 되는 첫 번째 신호는 Occupancy의 상승이며, Occupancy 상승이 둔화되면서 ADR이 상승세를 보이기 시작하면 RevPAR가 고점에 가깝다는 시그널로 볼 수 있다.

현실적이라고 할 수 있다.

호텔시장의 RevPAR 변동 추이는 시장의 주기성을 파악할 수 있는 지표가 된다. 일반적으로 호텔시장의 RevPAR는 대략 10년을 주기로 고점과 저점이 반복되어왔다. 뉴욕과 같이 성숙한 시장에서는 이러한 패턴이 확연하게 드러나며, 우리나라의 경우에도 유사하게 10년을 주기로 반복적인 패턴을 형성해가는 것으로 보인다. 다만, 최근에는 호텔시장의 RevPAR 주기가 점차로 짧아지는 경향을 보이는데, 이는 빠른 회전을 요구하는 투기성 자본의 유입이 늘어나고 기술의 발달로 인해 수요와 공급의 시차가 줄어든 결과로 보인다.

지구상에 존재하는 다양한 호텔시장들은 각각 다른 주기성을 갖는다. 시장에 따라 다른 수요의 기반을 가지고 있으며 공급과 관련한 기술적 격차가 존재하기 때문이다. 그러나 대체로 내수 수요 중심의 시장과 외수 수요 중심의 시장이 확연히 구분되는 패턴은 공통적으로 나타난다. 내수 수요 중심의 시장은 부침이 훨씬 덜하고 비교적 정확한 예측이 가능한 안정적 패턴을 보여왔다. 뉴욕이나 도쿄 같은 비교적 성숙한 시장에서 공통적으로 나타나는데, 이러한 시장에서는 RevPAR와 국내총생산Gross Domestic Product 또는 GDP의 상관관계가 높게 나타난다.

반면에 외수 수요 중심의 시장에서는 부침이 훨씬 크게 나타나며 불규칙한 패턴을 보이는 경우가 많다. 따라서 주기성에 대한 예측 또한 훨씬 난이도가 있다. 이러한 패턴은 홍콩이나 싱가포르 같은 시장에서 나타나는데, RevPAR가 환율과 높은 상관관계를 갖는다. 서울 또한 외수 수요 기반의 시장으로 외국인 방문객이 전체 호텔 수요의

70% 이상을 차지한다. 서울 호텔시장의 RevPAR가 고점을 형성했던 2012년까지는 엔고의 영향으로 일본인 관광객들이 가장 큰 비중을 차지했었다. 그러나 엔저로 돌아선 이후 일본인 관광객이 급격하게 감소했고, 중국인 관광객들이 그 자리를 채웠다.

전쟁의 서막

호텔시장의 계절성과 주기성은 호텔이 생산해내는 용량의 효율적인 활용에 가장 큰 위협 요인이라고 할 수 있다. 생산자들에게 있어 위협이란 '시장의 경쟁에서 도태되어 사라지게 될 수 있는 상황'을 의미했다. 이러한 상황에서 생산자들은 생존을 위해 경쟁자들보다 더 많은 소비자들을 확보하고 이윤을 안겨줄 수 있는 가격을 지켜내야 했다. 그리고 전장에서 이들에게 주어진 선택지는 상품의 차별화를 통해 소비되는 가격을 올리거나 상품의 가격을 유지하면서 점유율을 높이는 것뿐이었다.

호텔 산업의 역사를 보면, 생산자들이 가장 먼저 초점을 맞춘 부분은 상품의 차별화를 통한 가격의 인상이었다. 이들은 넓은 범위의 소비자들을 세분하여 유형화하기 시작했고, 호텔 상품을 그에 따라 정교하게 차별화하기 시작했다.

예를 들어, 상용 소비자들에게는 편리하게 업무 목적지들을 오갈 수 있는 장소가 중요한 요소일 테지만, 이동을 최소화하면서 다양한 여가 활동을 즐기려는 여가 소비자들에게는 맞지 않을 수 있다. 또한 단체 소비자들을 수용하기 위해서는 상대적으로 많은 객실이 필요한 반면, 객실수가 적은 호텔들은 더욱 높은 수준의 서비스를 원하는 개인 소비자들에게 적합한 공간의 형태라고 할 수 있다. 이처럼 다양한 소비자들의 필요에 따라 소비자의 유형을 세분화하고 상품을 그에 맞추어 차별화함으로써 생산자들은 소비되는 가격의 상승을 이끌어 낼 수 있었다.

그러나 생산자들이 상품을 차별화하는 것만으로는 용량 활용의 효율성에 대한 문제를 온전히 해소하지 못했다. 예를 들어, 단체 소비자들을 많이 흡수할수록 규모의 경제에 따른 이윤을 기대할 수 있게 되지만, 객실수가 많다는 것은 비수기에 판매하지 못한 용량에 대한 부담이 늘어난다는 의미이기도 했다. 상용 소비자들이 즐겨 찾는 도심의 호텔들은 주말이나 휴일의 용량 활용이라는 문제에 노출되어 있었고, 성수기에 용량의 활용을 극대화해야 하는 리조트 호텔들은 날씨나 기후에 따른 용량의 비효율적 활용 위험에 노출되어 있었다.

다시 1803호 객실로 돌아가 보자. 5월 9일의 1803호 객실보다 8월 15일의 1803호 객실이 더 높은 가격에 판매될 수 있다는 것을 알게 된 생산자는, 이제 8월 15일의 1803호 객실을 누구에게 판매하고 5월 9일의 1803호 객실은 누구에게 판매할 것인지의 문제에 봉착했다. 판매되는 시점은 물론 해당 시점의 소비자 유형에 따라서도 받을 수 있는 가격이 달랐기 때문이다.

생산자들의 선택은 8월 15일의 1803호는 가장 높은 가격을 지불하는 소비자에게 판매하고, 5월 9일의 1803호는 가장 많은 객실을 필요로 하는 소비자에게 묶어서 판매하는 것이었다.[11] 그리고 경우에 따라서는 원하는 유형의 소비자를 경쟁자들로부터 빼앗기 시작했다.

호텔 산업의 대량생산

혁신의 수명

포터가 얘기한 것처럼, 산업에 참여하는 생산자들이 최적화된 점유율을 유지하면 생산자들 간의 건강한 경쟁 관계가 형성되고, 이를 통해 산업 전체의 생산성 향상을 기대할 수 있게 된다. 그러나 경쟁의 속성은 오히려 이러한 임계점을 넘지 않는 범위에서 끊임없이 균형을 깨뜨리고 다시 질서를 찾아가는데 있다.

균형의 파괴는 대체로 특정한 생산자의 차별화에 의한 가격의 상승이나 영구적인 원가절감이라는 형태로 나타난다. 차별화는 상대적으로 높은 단계의 욕구를 충족시키는 산업의 생산자가 욕구 충족의 단계를 더욱 고도화시켜 가격상승을 이끌어내는 경우를 의미한다. 반면, 원가절감은 상대적으로 낮은 단계의 욕구를 충족시키는 산업의 생산자가 동일한 수준의 가치를 생산하기 위해 소요되는 비용을 영구적으로 낮추는 경우를 의미한다.

물론 차별화와 원가절감을 추구해야 하는 산업이 항상 분리되어 존재하는 것은 아니다. 차별화 전략이 효과적일 것으로 여겨지던 산업에서 원가절감의 영역을 발굴해내거나 원가절감 전략이 효과적일 것으로 여겨지던 산업에 차별화된 상품이 진입하는 경우들이 비일비재하다. 그리고 이러한 창조적 시도들이 산업의 지형을 성공적으로 바꾸며 산업의 안정성 강화로 이어지는 경우들을 어렵지 않게 찾아볼 수 있다.

예를 들어, 일본의 유명 시계 브랜드인 세이코는 스위스의 시계 장인들이 지배하던 오토매틱 무브먼트 일색의 손목시계 산업에 저렴한 가격으로 대량생산이 가능한 쿼츠 무브먼트를 들고 진입했다.[12] 이를 통해 세이코는 단숨에 시장에서의 독보적인 점유율을 확보할 수 있었고, 생산량이 제한될 수밖에 없던 스위스의 시계 장인들은 전멸 위기에 놓였다. 그러자 스위스의 시계 장인들은 시계가 단순히 시간을 확인하기 위한 기능적 가치 외에 소비자의 사회적인 지위 같은 형이상학적 가치를 갖는다는 점을 부각시키며 디자인을 고급화했다.

슘페터Joseph Schumpeter는 이러한 균형의 파괴, 즉 혁신이 경제 발전의 원동력이라 여겼다. 그는 고요한 평화 상태를 유지하는 산업에서 수요가 지속적으로 줄어들면서 생산에 미치지 못하게 되는 현상을 목격했다. 그러나 그는 평화를 깨뜨리는 혁신적인 기업이 새로운 수요를 창출하면서 생산과 소비는 다시 균형을 찾아갈 것이라고 생각했다. 이러한 과정이 반복되면서 '경기의 순환'이 발생하게 되는데, 그에게 있어 불황은 경제 발전의 과정에서 발생하는 자연스러운 '조정' 과정일 뿐 결코 공과功過를 따질 대상은 아니었다.

슘페터의 관점을 조금 더 확장해보면, 산업 생산의 결과물인 제품 또한 일정한 생애주기生涯週期, Life Cycle를 갖는다고 할 수 있다. 생애주기는 하나의 제품이 시장에 진입하여 소비자들에게 보급되었다가, 새로운 제품이 시장에 진입하면서 점차로 수요가 줄어드는 일련의 과정을 의미한다. 상품의 생애주기는 일반적으로 도입기, 성장기, 성숙기, 쇠퇴기의 4단계로 구성된다.

도입기에는 상품에 대한 낮은 인지도로 소비되는 양이 생산에 소요되는 비용에 미치지 못하는 경우가 많다. 성장기에 들어서면 높아진 인지도로 소비되는 양이 늘어나고 이윤이 발생하기 시작한다. 경쟁자들이 속속 시장에 진입하면서 점유율이 하락하기는 하지만 여전히 수요가 생산량에 비해서는 월등히 많다. 성숙기에는 수요가 정점에 이르면서 시장이 팽창하고 원가 구조가 안정되면서 이윤은 가파르게 성장한다. 반면에 경쟁이 심화되면서 생산량이 수요를 따라잡고 점차 추월하기 시작한다. 쇠퇴기에 이르면 생산량이 정점에 이르지만 수요가 줄어들기 시작하면서 이윤이 감소한다. 이 단계에서 생산자는 기존 상품의 연속선상에서 개선된 상품을 출시할 것인지, 이 시장에서 철수할 것인지를 선택하게 된다. 여기에서 개선된 상품의 출시는 이미 형성된 시장을 활용할 수 있어 도입기를 최소화할 수 있지만 대규모의 재투자가 전제되어야 한다.

성장기는 소비자에게 유사한 가치를 제공하는 대체재들이 시장에 대거 유입되는 시기이기도 하다. 사실 이 단계에서의 대체재는 생산자에게 유리하게 작용하는 '유익한 경쟁자'일 경우가 많다. 아직은 생산량이 빠르게 늘어나는 수요를 채우기에 역부족이고 생산 설비를 확충하기에는 수요의 규모가 충분하지 않기 때문에 함께 시장을 키워낼 유익한 경쟁자들을 필요로 하는 것이다.

그러나 성숙기에 이르러 수요가 충분히 성장하고 생산 설비까지 확충하고 나면 대체재를 공급하는 경쟁자들은 골칫거리가 된다. 경쟁자들 간에 품질의 차이가 줄어들고 가격 경쟁이 심화되면서 이윤에 대한 압박이 급격하게 증가하기 때문이다. 대체로 이 시기가 되면 점유율이 전략의 지상 과제가 되고 유익한 경쟁자의 범위가 현격하게 좁혀진다. 동시에 점유율 확보를 위한 경쟁이 치열한 이 시점에 차별화나 원가절감 전략이 가장 강력한 힘을 발휘하게 된다.

브랜드, 제국의 탄생

소비자에게 유사한 가치를 제공하는 대체재, 이른바 카피캣Copycat은 생산자에게 있어 두 얼굴을 갖는 뜨거운 감자라고 할 수 있다. 카피캣이 생산자에게 제공하는 유익한 점은 우선 유익한 경쟁자로서 시장을 개척해가는 비용을 분담하며 전체적인 수요를 증가시켜 산업의 성장을 유도해줄 수 있다는 것이다. 그리고 소비자에게 비교의 기준을 제공하면서 상품의 가치와 가격에 대한 정당성을 부여하고 소비자의 신뢰를 끌어낼 수 있는 계기를 제공하기도 한다. 또한 카피캣은 시장의 수요를 더욱 세분함으로써 생산자가 더 높은 이윤을 가져다주는 유익한 수요에 집중하도록 해줄 수 있다. 마지막으로, 생산자가 생산 과정이나 상품의 품질을 끊임없이 개선해가는 동기로 작용할 수도 있다.

그러나 전장의 생산자들이 마주하는 현실세계의 상황이 항상 이처럼 평화롭고 호혜적이지만은 못하다. 생산자들 간의 치열한 경쟁은 공동의 생존을 위한 협력보다 강자가 약자를 희생시키며 생존을 도모하는 약육강식의 양상으로 전개되는 경우가 더욱 빈번하다. 이러한 상황에서 일부 생산자들이 경쟁자들에 앞서 소비자의 신뢰를 얻어내기 위해 창안해낸 방법이 상품의 가치를 명확하게 진술하고 느슨하게나마 '보장'하는 것이었다.

이처럼 생산자가 제공하려는 가치를 구체적으로 명문화하여 소비자에게 제시하는 것을 가치 제안價値提案, Value Proposition이라고 한다. 가치 제안은 생산자가 소비자에게 제품의 가치에 대하여 일종의 약속이므로 생산자의 책임이 늘어나게 되지만, 생산자가 제공하려는 가치에 대한 소비자의 이해와 신뢰를 끌어올릴 가능성은 높아진다.

생산자가 소비자에게 제공하는 가치는 소비자에 의해 정확하게 이해되고 '인증'되지 않으면 생명력을 갖지 못한다. 특히 소비자에게 정확하게 이해시키는 부분은 생산자가 효과적인 의사소통을 통해 어느 정도 통제할 수 있는 반면, 소비자의 인증을 받는 것은 소비자의 직접적인 경험을 통하는 수밖에 없다. 즉 최대한 많은 소비자들에게 경험의 기회가 제공될 필요가 있는 것이다.

이합집산으로 점유율의 균형을 확보한 생산자들은 이를 위해 본격적으로 자신들의 가치 제안을 복제하고 재생산해내기 시작했다. 물론 생산자에 따라 속도의 차이가 발생했기 때문에 점유율의 격차가 발생하기는 했지만, 급격한 산업화와 이에 따른 가파른 성장이 지속되던 초창기에는 경쟁자의 점유율을 빼앗아오는 것보다 새로운 소비자들을 시장에 편입시키는데 우선적인 초점이 있었다. 즉 시장을 키워내는 만큼 점유율이 따라서 상승하게 되는 것이었다.

생산자가 보장하는 가치 제안을 소비자가 수용하게 되면 생산자는 궁극적으로 소비자의 장기적 충성을 기대할 수 있게 된다. 쉽게 말하면, 생산자가 출시하는 제품에 충성도가 높은 단골 고객을 확보하게 되는 것이다. 물론 여기에는 생산자의 가치 제안이 충실하게 이행되었음을 소비자가 인증하는 과정이 선행되어야 한다. 이러한 인증의 과정이 완료되면 소비자는 제품을 구입하기 전에 이미 제품으로부터 기대할 수 있는 가치를 비교적 정확히 판단할 수 있게 된다. 즉 생산자와 소비자 간에 견고한 신뢰 관계가 형성되는 것이다.

이러한 일련의 과정을 통해 충성도가 높은 소비자라는 안정적인 수요 기반을 확보한 기업은 경쟁자들에 비해 월등한 사업의 안정성을 확보하게 되고 이는 경쟁우위로 이어진다. 특히 설비의 가동률이 이윤과 직결되는 자본집약적 산업에서 안정적 수요 기반의 중요성은 더욱 두드러지게 나타난다.

브랜드는 생산자의 가치 제안과 소비자의 충성도가 유기적으로 결합하여 탄생한 결과물이라 할 수 있다. 따라서 브랜드는 많은 양의 정보를 동시에 함축하고 있으며 시간이 흐를수록 그 힘이 증가하는 특성을 갖는다. 브랜드에 담긴 정보는 제품의 성능, 디자인, 효용성, 가격의 안정성은 물론 소비자의 특성과 생산자의 신뢰도에 이르기까지 넓은 범위를 포함한다.

또한 브랜드는 특정 제품의 차별화된 가치를 소비자들에게 각인시키며 충성 고객군을 확보하지 못한 경쟁자들을 점차 도태시키기도 한다. 이때 브랜드를 성공적으로 구축해낸 생산자는 갈 곳을 잃은 소비자들을 흡수해가며 수요의 기반을 확대해갈 수 있게 된다. 즉 구축된 브랜드는 생산자에게 지속적인 성장의 동력이 되는 것이다.

지금은 브랜드를 떼놓고 호텔 상품을 생각하기 어렵지만, 호텔 산업에 오늘날과 같은 브랜드의 개념이 확립된 것은 1900년대에 들어서라고 할 수 있다. 리츠Cesar Ritz는 1906년 두 번째 리츠 호텔을 런던에 개관했고, 스태틀러Ellsworth Statler는 1927년까지 7개에 이르는 스태틀러 호텔들을 연이어 개관했다. 즉 이 시기에 들어 생산자의 가치 제안이 복제되고 재생산되기 시작했던 것이다.

그러나 지속적인 성장의 동력으로서 브랜드가 구축되기 시작한 것은 1946년 힐튼 호텔 주식회사가 설립된 시점부터라고 할 수 있다. 가치 제안이나 소비자의 충성도라는 측면에서 미완이었던 리츠나 스태틀러의 호텔들과 달리 힐튼에 이르러 이들의 완결성과 균형을 바탕으로 지속적으로 성장해갈 수 있는 기틀이 구축되었기 때문이다.

사실 호텔 브랜드는 수많은 카피캣들의 흥망성쇠 속에서 자라난 열매라고 할 수 있다. 그러나 모든 카피캣들이 성공적이었던 것은 아니다. 이들의 성패를 가른 가장 큰 요인은 사실 무형의 가치였다. 눈에 보이는 유형의 가치들은 비교적 쉽게 모방이 가능했지만, 눈에 보이지 않는 무형의 가치들은 그렇지 않았다. 생산자의 입장에서 유사한 가치를 생산하여 제공하는 호텔이라 하더라도 소비자의 입장에서는 전혀 다른 가치로 받아들여지는 상품들이 쏟아져 나왔던 것이다.

힐튼은 이러한 과정에서 넘어진 카피캣들을 지속적으로 흡수하며 브랜드로 성장해갔다. 오늘날 지구상에는 브랜드로 통칭할 수 있는 270여 개의 호텔 기업들이 존재하고 있으며, 이들은 각각 독자적인 가치 제안을 들고 충성도가 높은 소비자들을 더 많이 확보하기 위해 치열한 전쟁을 벌이고 있다.

호텔 브랜드의 로열티 프로그램Loyalty Program[13]은 브랜드들이 벌이는 전쟁의 최전선이라고 할 수 있다. 충성도가 높은 소비자는 브랜드의 가치에 직결되는 요소이기 때문에 브랜드들로서도 결코 빼앗길 수 없는 영토인 셈이다. 그러나 브랜드들의 생각과 달리 로열티 프로

그림 3 **주요 호텔 브랜드사의 로열티 프로그램**

2015년 말 기준 주요 호텔 브랜드사의 로열티 프로그램 회원수로 매리엇과 스타우드의 합병 전 자료이며, 합병 후 매리엇 계열 로열티 프로그램 회원수는 75백만 명에 이른다. [출처 : Skift]

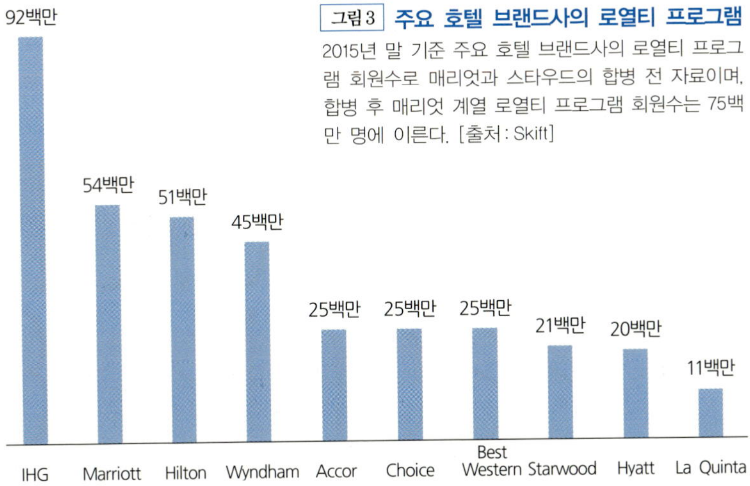

그램의 규모가 브랜드의 가치를 측정하는데 있어 그다지 유용한 정보를 제공하지는 못하는 것으로 보인다. 이는 브랜드들의 치열한 경쟁이 대부분의 소비자들로 하여금 복수의 로열티 프로그램에 회원으로 이름을 올리도록 했고, 결과적으로 실질적인 충성도를 확보하지 못했기 때문이다. 그렇지만 퇴색한 듯 보이는 로열티 프로그램은 브랜드들이 소비자들의 고충을 해결해주는 가장 첫 번째 창구가 될 수 있다는 점에서 언제든 기회의 땅으로 바뀌게 될 잠재력을 가지고 있는 것으로 생각된다.

현 시점에서 호텔 브랜드의 가치를 측정하는데 있어 일반적인 지표로 사용되는 것은 각 브랜드의 평균 RevPAR라고 할 수 있다. 즉 경쟁 관계에 있는 브랜드와 비교하여 소비자들에게 받아들여지는 가치를 대변하는 지표인 셈이다. 그러나 이는 경쟁 브랜드들이 동일한 시장에서 비슷한 품질의 호텔 상품을 제공하는 경우에 한해 의미를 갖는다.

예를 들어, 비슷한 품질을 갖는 두 브랜드를 생각해보자. 하나는 상대적으로 최근에 생겨난 브랜드로 현재 뉴욕이나 런던처럼 기본적으로 높은 RevPAR를 유지하는 시장들에 이제 막 진입한 상태다. 반면에 이미 성숙기에 접어든 다른 브랜드는 비슷한 품질의 호텔을 시장 전체의 RevPAR가 상대적으로 낮은 마닐라나 호치민에서도 제공하고 있다. 이러한 상황이라면 브랜드의 평균 RevPAR는 당연히 첫 번째 브랜드에서 높게 나타날 것이다. 그러나 브랜드의 가치는 두 번째 브랜드에서 더 높게 나타날 가능성이 크다. 더욱 넓은 범위의 시장에 두터운 소비자들을 확보하고 있기 때문이다.

변방의 새로운 영토

브랜드들이 가치 제안을 복제하고 재생산하기 시작하면서 호텔 산업은 급격한 성장 시기에 접어들지만, 동시에 상충되는 두 가지의 양상을 불러오기도 했다. 하나는 대량생산 체계를 통해 호텔 상품들의 품질이 평준화되었고, 다른 하나는 호텔 상품의 보급을 통해 소비자의 범위가 확대되면서 소비자의 욕구가 다양해진 것이었다. 다양한 계층의 소비자들이 호텔시장에 편입되면서 호텔 상품에 대한 다양한 욕구들이 생겨났지만, 천편일률적인 상품들로는 이들을 더 이상 충족시킬 수 없는 상황이 된 것이었다. 이는 상품의 생애주기 단계 중 성숙기에 일반적으로 나타나는 범용화汎用化, Commoditization의 덫이었다.

앞서 언급한 바와 같이 호텔 상품은 구성요소에 따라 크게 18가지로 분류될 수 있고, 여기에 가격의 요소까지 더하면 이론적으로 90가지로 세분될 수도 있다. 그러나 생산자들은 이론적으로 존재하는 이 모든 유형의 호텔들을 공급하기보다 수요가 집중되는 일부 유형들에 집중해왔다. 사실 여기에는 이윤을 추구하는 생산자들 나름의 이유가 있었다.

예를 들어, 호텔에서 가장 생산성이 높은 부분이 객실이기 때문에 제한적 서비스를 제공하는 호텔일수록 운영 효율이 높게 나타난다. 그러나 식·음료 부분과 같은 객실 외의 편익이 충분히 제공되지 않을 경우 소비되는 가격에는 한계가 존재하게 된다. 즉 제한적 서비스 호텔일수록 소비되는 가격이 낮아지는 것이다.

호텔 상품의 품질이 평준화되면서 소비자의 선택은 점차 가격에 의존하게 됐고, 생산자들은 점점 더 점유율에 매달렸다. 그리고 생산자들의 치열한 점유율 전쟁은 전반적인 상품의 가격 하락으로 이어

표 1. 호텔 유형별 객실수 비중

구분	도심	교외	소도시	고속도로	공항	리조트
종합적	10.3%	9.4%	2.4%	0.7%	2.6%	8.9%
선별적	1.9%	4.9%	3.1%	1.0%	1.0%	1.4%
제한적	4.3%	23.4%	10.7%	8.0%	3.2%	2.7%

2016년 기준 미국의 호텔들 중 분류가 불가능한 호텔과 50실 미만의 호텔을 제외한 433만 실을 유형에 따라 분류한 객실수의 비율. 특정 유형에 대한 집중화 현상이 상당 부분 완화되긴 했지만 여전히 교외 호텔이 가장 큰 비중을 차지하며, 이들은 대부분 제한적 서비스를 제공하고 있다. 반면에 상품의 가격이 상대적으로 높은 도심 호텔과 리조트 호텔의 비중 또한 상대적으로 높게 나타나는데, 이들은 대체로 종합적 서비스를 제공하고 있다. [출처: STR Global, Lodging Econometrics]

졌다. 점유율에 매달리게 된 생산자들은 결국 비용 절감의 문제로부터 자유로울 수가 없었다. 그리고 생산자들의 지속적인 비용 절감은 소비자의 입장에서 받아들이는 상품의 실질적인 가치를 하락시켰다. 즉 품질의 평준화, 상품의 가격 하락, 생산의 비용 절감, 소비되는 실질적 가치의 하락이 악순환의 고리를 형성하게 된 것이다. 진퇴양난에 빠진 브랜드들의 틈에서 일부 생산자들은 차별화의 카드를 꺼내 들며 브랜드들을 역공했다.

이러한 차별화의 대표적인 사례가 '부티크 호텔'의 등장이었다. 1980년대 접어들면서 맨해튼의 '스튜디오 54'라는 나이트클럽으로 젊은이들에게 새로운 삶의 방식을 선보인 슈래거Ian Schrager와 루벨Steve Rubell은 범용화의 문제로 고전 중인 호텔시장에 주목했다. 그들은 호텔도 나이트클럽과 마찬가지로 생동감 넘치는 젊은이들이 밤새도록 파티를 즐기거나 수다를 나눌 수 있는 곳이어야 한다고 생각했다. 그들은 1927년에 지어진 낡은 호텔을 사들여 프랑스의 가구 디자이너 푸트먼Andree Putman에게 그들이 원하는 생동감의 주입을 맡겼다.

이렇게 해서 1984년에 개관한 모건스 호텔Morgans Hotel은 부티크 호텔이라는 새로운 유형의 호텔 상품을 시장에 소개했다.[14] 부티크 호텔의 광범위한 파급효과는 그동안 도심의 호텔들로부터 배제되어 왔던 젊은 여성들을 시장으로 끌어내면서 힘을 발휘했다. 즉 경쟁자들의 점유율을 빼앗기보다 시장 자체를 키워낸 것이었다. 슈래거와 루벨은 '군더더기 없는 시크함No-frills Chic'을 추구하는 젊은 여성들의 욕구에 부응함으로써 호텔을 피로에 지친 출장자들의 안식처가 아닌 생동감 넘치는 생활의 중심으로 탈바꿈시킬 수 있었다.

그림 4

모건스 호텔 객실에 위치한 욕실 내부

모건스 호텔의 특징적인 요소인 흑백의 체크무늬 욕실 타일은, 일반적인 경우보다 작은 크기로 반복되면서 실제보다 넓어 보이는 시각적인 효과를 만들어내고 있다. [출처 : Morgans Hotel]

그러나 부티크 호텔은 생애주기의 단축이라는 블루오션Blue Ocean의 함정에서 자유롭지 못했다는 한계를 보였다. 블루오션은 기존 시장에서 치열한 경쟁에 시간, 비용 및 에너지를 소모하는 대신, 경쟁을 피하면서 시장과 산업을 새로운 영역으로 확장시키는 것을 의미한다.

블루오션은 새로운 수요를 끌어들여 시장의 규모를 키워낸다는 점에서 슘페터의 혁신과 유사한 점을 갖는다. 즉 이들은 공통적으로 불변의 가치를 표방하는 브랜드의 대척점對蹠點, Antipodes에서 출발한다. 그러나 혁신이 주로 기술적인 분야에 초점을 두었던 반면, 블루오션은 이를 산업 전체와 인간 욕구의 영역까지 확장하여 새로운 수요창출의 메커니즘을 설명한다는 차이가 있다. 따라서 블루오션을 표방하는 생산자는 산업의 경계를 넘나들면서 이론적으로 산업과 시장의 영역을 무한하게 팽창시킬 수 있게 되었다.

블루오션 전략은 기존 시장의 치열한 경쟁을 회피하는 대신 또다른 경쟁의 리그를 양산해낸다는 문제를 드러냈다. 즉 하나의 기업이 동일한 산업 내에 존재하는 다른 기업들과의 경쟁이 아니라, 기하급수적으로 늘어가는 경쟁 산업들과 생존을 다투어야 하는 상황이 된 것이다. 이는 기업들로 하여금 경쟁자들보다 빠르게 블루오션을 만들어내고 또한 빠르게 새로운 블루오션으로 옮겨 다니도록 부추겼다.

결국 제품과 산업의 생애주기가 단축되었고, 기업은 새로운 사업에 진출하기 위하여 투입하는 자본의 규모를 축소했다. 블루오션 전략의 보편화가 불러온 가장 큰 부작용은 제품이나 산업의 짧아진 생애 주기와 기업의 과도한 투자 축소로 전체적인 시장의 변동성變動性, Volatility이 증가했던 것이다.

한편, 부티크 호텔의 돌풍으로 간담이 서늘해진 기존의 호텔 브랜드들은 상품의 라인업을 더욱 빠르고 폭넓게 다각화하기 시작했다. 인수합병을 통해 대형 호텔 브랜드로 자리 잡아가던 스타우드Starwood Hotels & Resorts는 1998년 부티크 호텔의 가치 제안을 표방하며 W 브랜드를 출범시켰다. 매리엇Marriott International은 2007년 부티크 호텔의 개념을 만들어낸 슈래거와 함께 에디션Edition 브랜드를 출범시켰고, 같은 해에 하얏트Hyatt Hotels Corporation는 안다즈Andaz의 출시를 발표했다. 재정난으로 인해 한동안 어려움을 겪었던 힐튼Hilton Worldwide은 상대적으로 늦은 2014년 이들보다 낮은 가격대의 캐노피Canopy를 출범시켰다.

대형 호텔 브랜드들은 부티크 호텔의 가치 제안을 표방하는 상품의 출시에 그치지 않고, 독자적인 인지도를 확보한 독립 호텔들을 상품 라인업에 편입시키고자 '컬렉션'이라는 느슨한 형태의 브랜드로 더욱 확장해갔다. 스타우드는 1992년부터 시장에서 개별적인 인지도를 보유한 최고급 호텔들을 럭셔리 컬렉션Luxury Collection으로 제공하고 있었고, 매리엇은 2009년 상대적으로 가격대가 낮은 독립 호텔들을 묶어 오토그래프 컬렉션Autograph Collection을 출범시켰다. 힐튼은 부티크와 컬렉션의 속성을 결합한 큐리오 컬렉션Curio Collection을 2014년에, 태피스트리 컬렉션Tapestry Collection을 2017년에 잇달아 출시했고, 하얏트는 2016년 언바운드 컬렉션Unbound Collection을 출시하며 뒤를 이었다.

유통과 시장의 권력투쟁

생산자와 소비자의 심리전

오늘날 존재하는 수많은 산업들과 각각의 산업에서 치열하게 경쟁하는 수많은 기업들, 그리고 각각의 기업이 생산해내는 다양한 상품들 틈에서 소비자가 수용하여 처리해낼 수 있는 정보의 양에는 한계가 있다. 바꾸어 말하면, 생산자가 상품의 가치를 얼마나 효율적으로 소비자의 마음속에 각인시키는지의 여부가 사업의 성패를 판가름할 수 있는 것이다. 동시에 소비자의 마음속에 각인되는 가치에 따라 상품의 성능, 디자인, 가격 등이 조정되어야 할 수도 있다. 이처럼 생산과 소비의 유기적인 상호작용에 따라 상품의 속성을 결정하고 조정하는 마케팅의 형태를 포지셔닝Positioning이라고 한다.

애초에 포지셔닝은 광고 분야에서 시작된 개념으로 새로운 제품의 가치를 효율적으로 소비자에게 이해시키기 위한 광고 전략을 의미했다. 사실 특정한 상품을 가장 먼저 출시하는 선도 기업의 경우 별다른 포지셔닝 전략이 필요하지 않다. 오히려 산업 자체를 키워내기 위해 유익한 경쟁자들을 편입시키면서 업계 리더로서의 포지셔닝을 잃지 않으면 된다.

포지셔닝 전략은 유사한 가치를 제공하는 상품들이 이미 존재하고 있으며 이들과 경쟁하고자 하는 경우에 더욱 효율적으로 작동한다. 비교 대상의 상품들이 있고, 이들의 가치가 이미 소비자들에게 각인된 경우라면 경쟁하는 상품들과 비교하여 차별화된 가치를 이해시키는데 집중할 수 있기 때문이다. 그러나 새로운 상품이 시장에 진입하는 시점부터 업계의 리더 또한 포지셔닝으로부터 자유로울 수 없게 된다. 그러면서 선도 기업과 추종 기업 간에 치열한 포지셔닝 전쟁이 막을 올리게 된다.

자칫 유행에 그칠 수 있었던 포지셔닝의 개념이 마케팅에 있어 확고한 입지를 구축할 수 있었던 것은 포지셔닝의 성과가 객관적으로 측정될 수 있다는 특징 때문이다. 포지셔닝의 목적이 상품의 가치를 효율적으로 소비자에게 이해시키는 것이므로 이에 대한 소비자의 수용 여부는 우선 판매되는 양으로 나타난다. 그러나 소비자의 반응이 신통치 않을 경우 기업은 가격을 내려 정상적인 판매량을 확보한다.

결국 최종 가격은 정상적인 판매량이 확보되는 수준에서 결정되는데, 이때의 가격을 통해 포지셔닝의 성과가 측정될 수 있는 것이다. 특히 품질이 완벽하게 균등한 경우가 거의 없고, 상품의 수급에 대한 정보 또한 온전히 공유되지 않기 때문에 실제로 수요와 공급의 법칙에 따라 가격이 결정되는 경우는 극히 드물다. 여기에 포지셔닝의 의의가 있다고 할 수 있다.

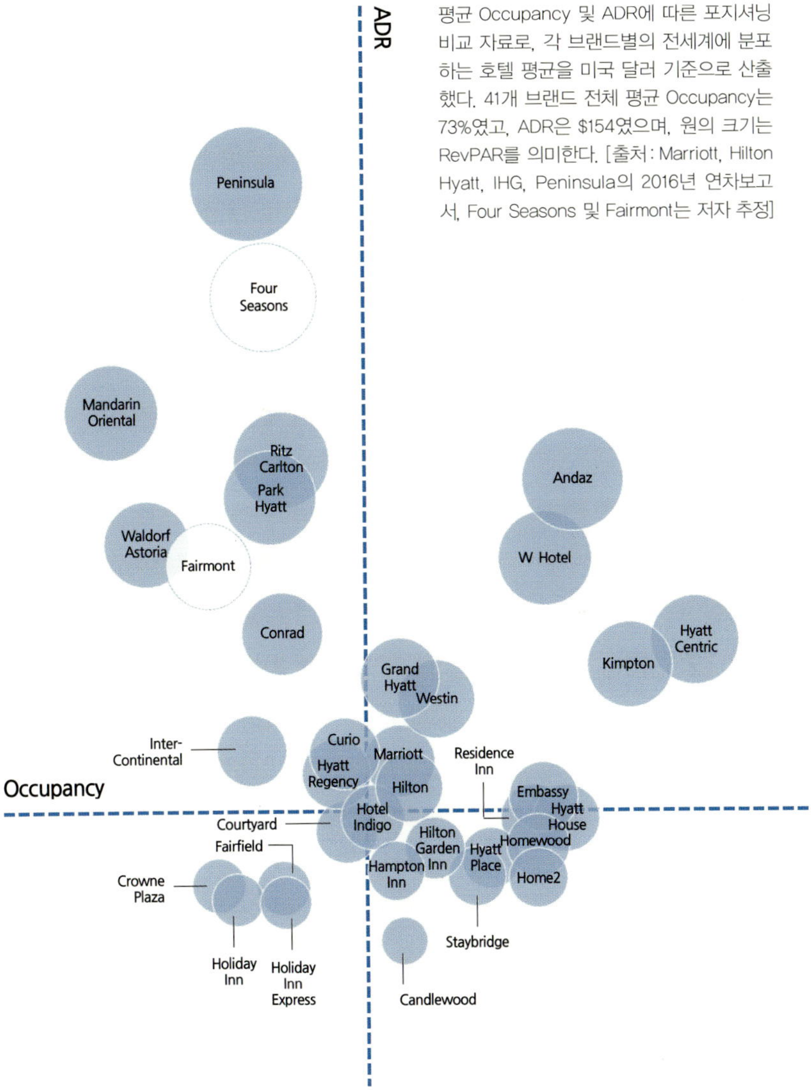

그림 5 **주요 호텔 브랜드의 포지셔닝**

2016년 말 기준 주요 글로벌 브랜드 41개의 평균 Occupancy 및 ADR에 따른 포지셔닝 비교 자료로, 각 브랜드별의 전세계에 분포하는 호텔 평균을 미국 달러 기준으로 산출했다. 41개 브랜드 전체 평균 Occupancy는 73%였고, ADR은 $154였으며, 원의 크기는 RevPAR를 의미한다. [출처: Marriott, Hilton Hyatt, IHG, Peninsula의 2016년 연차보고서, Four Seasons 및 Fairmont는 저자 추정]

한편, 이에 대해 소비자들은 생산자에게 근본적인 문제를 제기할 수 있다. 최초 가격과 최종 가격이 다르다면, 생산자가 일방적으로 결정하는 최초 가격은 가치에 대한 판단의 오류일 뿐이므로 결코 신뢰할 필요가 없다는 것이다. 가격에 대한 신뢰의 문제로 출시된 상품이 전혀 판매되지 않는다면 생산자 입장에서도 최종 가격을 결정할 수 있는 기반을 더 이상 확보할 수 없게 된다. 즉 제품의 가치에 대한 생산자와 소비자의 의사소통 문제가 상당한 자본이 투입된 사업을 좌초시킬 수 있는 것이다.

이에 생산자들은 새로운 제품을 출시하기 전에 경쟁 제품들의 성능과 가격을 출시하려는 제품과 비교하여 최초 가격에서의 시행착오를 줄이는 방법을 도입했다. 오히려 포지셔닝이 출시된 제품의 판매보다 제품의 기획 단계에 더 효과적으로 활용되는 도구가 된 셈이었다.

그러나 대공황의 여파는 생산과 소비의 역학 관계뿐만 아니라 생산자와 소비자 간의 신뢰 관계에도 심각한 영향을 주었다. 산업화의 시대를 거치며 소비자들은 원하는 가치를 저렴한 가격에 공급해주는 생산자들에게 열광적인 지지를 보냈다. 그러나 대공황을 통해 드러난 것은 생산된 가치를 기만적으로 부풀려온 생산자들의 민낯이었다. 소비자들은 생산자가 일방적으로 제시하는 가격에 의구심을 품기 시작했고, 폐허 속에 살아남은 생산자들은 자신이 창출한 가치를 소비자들에게 합리적으로 설득해내야 했다. 소비자들의 관심은 궁극적으로 소비하고자 하는 가치에 부합하는 최적의 가격을 선택하는 쪽으로 옮겨왔고, 생산자들은 소비자의 선택을 받아낼 또다른 가격 결정의 메커니즘이 필요해졌다.

소비자의 일격, 호텔 등급

호텔 산업 또한 이러한 상황으로부터 자유로울 수 없었는데, 호텔 상품의 복잡한 속성과 가격 체계는 소비자의 효과적인 선택을 가로막는 장애물로 작용하는 측면이 있었다. 소비자가 호텔 상품의 구성 요소들을 개별적으로 판단하고 소비의 목적에 최적화된 균형을 찾아내는 것이 당시의 상황에서는 불가능했던 것이다. 이러한 상황에서 소비자들의 고충을 해결하고자 등장한 것이 호텔의 등급평가 체계였다. 흔히 별의 개수로 표현되는 호텔 등급은 다양한 호텔들의 장소, 공간, 서비스를 종합적으로 비교하여 유사한 품질의 호텔들을 단일한 척도로 나타낸다.

호텔의 등급평가 체계는 미국의 정유회사인 모빌에 의해 시작되었다.[15] 모빌은 다른 정유회사들과의 경쟁에서 우위를 확보하기 위해 1958년 모빌 여행 가이드 Mobil Travel Guide를 발간했다.[16] 주유소의 주된 소비자인 자동차 여행객들이 장거리로 여행할 때 필요로 하는 숙박 정보를 무료로 제공하여 더 많은 소비자들을 모빌 주유소로 유인하려는 목적이었다. 물론 이전에도 호텔의 위

그림6 **모빌 여행 가이드**
모빌 여행 가이드의 1966년 지면 광고 [출처: Vintage Adventures]

치를 안내하는 책자들이 있기는 했지만, 모빌은 이들과 달리 전문가들을 통해 각 호텔을 평가하고 등급까지 매겨 제공했다. 이들은 호텔 산업으로부터 한걸음 떨어진 위치에 있었기 때문에 철저하게 소비자의 관점에 충실한 자료를 만들어내는데 주력할 수 있었다.

소비자의 관점에 충실하기 위해 이들이 도입한 방법은, 소비자를 가장한 전문가가 경험한 바를 평가하는 '미스터리 쇼핑'이었다. 장소와 공간에 대한 1차 평가를 통해 최대 별 3개까지의 등급을 받은 호텔들 중 특히 점수가 높은 호텔을 대상으로 2차 서비스 평가를 진행했다. 2차 평가에서는 전문가가 방문 목적을 알리지 않은 채 일반 소비자를 가장하여 호텔에 투숙하고, 소비자의 입장에서 예약에 소요되는 시간, 프런트 데스크 직원의 친절도, 체크인 시 수하물을 객실로 옮겨주는데 소요되는 시간, 룸서비스가 객실로 제공되는데 소요되는 시간 등을 평가했다. 그리고 2차 평가를 성공적으로 통과한 호텔들은 얻은 점수에 따라 별 4개에서 별 5개의 등급을 부여받았다.

이렇게 시작된 호텔 등급평가 체계는 여러 시장에서 다양한 형태로 발전해갔다. 우선 1967년 영국 자동차협회에 의해 모빌과 유사한 별점 방식의 호텔 등급평가가 시행되었고, 1977년 미국 자동차협회는 별점이 아닌 다이아몬드 방식의 호텔 등급평가를 시작했다. 2007년에는 유럽 24개국 호텔 협회들이 통일된 호텔 등급평가 체계를 구축하는데 의기투합하여 호텔스타 유니언Hotelstars Union을 결성했다. 호텔스타에 의한 등급평가 또한 기본적으로 별점 방식에 기초를 두고 있었으나, 참가국들의 다양한 상황을 고려하여 필수 항목과 선택 항목을 구분하여 평가했다. 다만, 선택 항목들까지 모두 충족한 호텔에는 별점 뒤에 'S'를 함께 표기했기 때문에 실질적으로 10개의 등급으로 구성되었다.

최근에는 트립어드바이저TripAdvisor와 같은 온라인 여행 후기 사이트들이 이러한 기능을 대체해가고 있다. 동시에 전통적인 호텔 등급 평가 체계는 퇴색해가고 있는데, 가장 큰 이유는 본질이 다른 정보들이 유사하게 포장되어 제공되면서 오히려 소비자들을 혼란스럽게 한 측면이 있기 때문이다. 또한 시간이 흐르면서 전문가들에 의한 평가 체계가 생산자들의 압력으로부터 자유롭지 않게 된 것 또한 소비자들의 신뢰를 떨어뜨리는 요인이었다. 결국 소비자들은 혼란스럽고 의심스러운 전문가들의 의견 대신 자신들이 직접 평가한 결과를 공유하는 방법을 찾았고, 때마침 보급된 인터넷이 이를 가능하게 해주었다.

유통, 끝나지 않는 전쟁

생산자가 호텔 상품을 포지셔닝하고 소비자가 호텔 상품의 등급을 매기는 것은 사실 생산된 가치가 소비자에게 효과적으로 전달되고 수용되도록 하기 위한 생산자와 소비자의 노력이었다. 또한 호텔이라는 상품에 대하여 생산자가 부여하는 가치와 소비자가 받아들이는 가치의 격차를 해소하기 위한 노력이기도 했다.

그러나 이들 모두 어느 한쪽의 일방적인 시도였을 뿐 상호간의 접점을 만들어내지는 못했다는 한계를 가지고 있었다. 그럼에도 불구하고 현존하는 가장 오래된 3차 산업의 하나인 호텔 산업이 다양한 산업들의 흥망성쇠 가운데서 살아남아 성장을 이어갈 수 있었던 데에는 지속적으로 변화하는 수요를 따라 유기적으로 발전해온 유통체계의 힘이 있었다. 그린Cindy Green과 로마노Mark Lomano의 보고서는 이러한 발전의 과정을 비교적 명료하게 정리하고 있다.[17]

> 1970년대 말까지 호텔 상품의 유통은 독자적인 체계를 갖추지 못한 채 전체 여행 상품의 일부로서 여행사에 의존하는 형식이었고, 상대적으로 규모의 경제를 확보한 브랜드들이 예약의 중앙 집중화를 통해 비용 절감을 도모하는 수준이었다. 당시 여행사들은 항공사의 온라인 유통체계인 글로벌 유통체계Global Distribution System 또는 GDS를 여행상품 유통의 플랫폼으로 활용했는데, 이러한 전산 예약 방식이 다른 상품의 유통에까지 확대할 수 있을 것이라는 생각을 갖게 된다.
>
> 그러나 호텔 업계에서는 GDS가 항공 예약서비스를 목적으로 설계되었기 때문에, 호텔 예약에는 적합하지 않을 것이라는 경계심이 존재했다. 사실 전체 좌석의 용량을 관리하기 위해 호텔을 끼워 파는 항공사들에게 있어 호텔 예약을 적극적으로 취급할 이유는 없었다. 그러나 호텔 브랜드들은 여행사의 예약 수요를 흡수하기 위해 울며 겨자 먹기로 막대한 자본을 들여 GDS와 연동되는 인터페이스를 구축할 수밖에 없었다.
>
> 호텔 산업의 유통체계가 독자적으로 성장하기 시작한 계기는 1989년 17개의 호텔 브랜드들이 GDS로부터 유입되는 예약 물량의 가격 통제를 목적으로 The Hotel Industry Switch CompanyTHISCO를 설립하면서였다.[18] 그리고 1994년 하얏트가 업계 최초로 브랜드

웹사이트를 개설하면서 호텔이 여행사를 거치지 않고 소비자에게 직접적으로 유통되기 시작했다.

이후 1996년까지 대부분의 주요 호텔 브랜드들이 독자적인 브랜드 웹사이트를 개설하며 뒤를 이었다. 2000년에 이르러서는 인터넷을 통한 예약 물량이 급격한 증가세를 보였는데, 이 시기에 인터넷은 고객과의 직접적인 커뮤니케이션은 물론 다양한 호텔과 여행지에 대한 정보 제공에까지 영역을 확대해갔다.

그러나 이때까지만 해도 여행사들은 여전히 호텔 유통의 가장 큰 창구로 전체 호텔 예약 물량의 20% 이상을 차지하고 있었다. 당시 여행사들은 표면적으로 여전히 GDS에 의존하고 있었지만, 이면에서 커다란 변화를 진행시키고 있었다. 당시 항공사들로부터 독립한 GDS 회사들은 가장 큰 고객군인 여행사들을 붙잡기 위해 이들에게 모든 여행상품을 한꺼번에 예약할 수 있는 일종의 인트라넷을 제공하고 있었다.

이는 고객과의 접촉을 여행사가 전담하고 상품의 공급자와 유통업체의 연결을 GDS 회사가 관리하는 기존의 유통 방식과 달리 단일 공급자가 이 두 가지를 모두 관리할 수 있도록 했다. 그러나 이러한 변화는 GDS 회사들의 입지를 약화시키는 결과를 불러왔고, GDS 회사들로 하여금 고객과 직접 접촉하는 인터넷 플랫폼들을 인수하도록 만들었다.

1980년부터 2000년에 이르는 20년 동안 호텔 예약에서 GDS 물량은 10배로 증가한 반면, 인터넷을 통한 물량은 1999년에서 2004년까지 불과 5년 동안 약 15배로 증가하며 압도적인 폭발력을 과시했다. 바야흐로 호텔 산업의 유통이 전자상거래 시대에 진입한 것

> 이었다. 그러나 유통채널이 다각화되면서 호텔 예약처리 과정에서 수많은 수수료들이 발생했고, 호텔 브랜드들은 유통채널을 단순화 시킬 필요를 느끼기 시작했다. 결국 브랜드들은 자체 웹사이트들을 검색 엔진에 더욱 친화적으로 개선하기 위해 노력했고, 2005년 1% 수준에 머물렀던 예약 전환율은 급격하게 상승하기 시작했다.

인터넷의 보급은 호텔 상품의 유통체계 구축에 소요되는 비용을 과거와 비교할 수 없을 만큼 낮추었고, 수많은 온라인 여행사Online Travel Agent 또는 OTA들이 등장할 수 있는 기회를 제공했다. 그러나 유통채널이 다각화되면서 과거 호텔 산업의 성장을 이끌어온 브랜드들은 가격에 대한 통제권을 OTA들에게 빼앗겼다. 사실 OTA들의 경우 다양한 유통의 방식을 표방하고 있지만, 이들의 공통적인 초점은 전적으로 소비자를 위해 가격을 최적화하는데 있다. 즉 천편일률적인 상품을 가능한 낮은 가격에 소비할 수 있도록 해법을 제공하는 것이다.

그러나 상대적으로 진입장벽이 낮은 OTA 시장에 수많은 경쟁자들이 난입하면서 소비자의 피로감이 가중된 측면 또한 존재한다. 천편일률적인 호텔 상품들 중에 하나를 선택하는 과정이 필요 이상으로 복잡해졌던 것이다. 결국 OTA 시장 또한 다수의 경쟁자들이 이합집산을 통해 최적 점유율을 찾아가고 있으며 생애주기의 단계가 성장기에서 성숙기로 접어들기 시작한 것으로 보인다.[19]

한편, 스마트폰의 보급은 브랜드와 OTA의 유통에 대한 권력 구조를 또다시 역전시켜가는 것으로 보인다. PC를 기반으로 하는 인터넷이 소비자로 하여금 최대한 많은 정보를 처리하여 합리적인 판단을 내릴 수 있도록 했던 것에 비해, 모바일 기반의 인터넷은 수많은 정보들을 여과하여 더욱 직관적으로 전달해야 할 필요를 발생시켰다. 물론 소비자의 입장에서 가격은 여전히 중요한 선택의 요인이지만, 이제는 꼭 OTA를 통하지 않더라도 동일한 정보를 얻을 수 있는데다 브랜드와 OTA의 가격 차이가 사라지게 되면서 소비자들은 이탈하기 시작했다.[20]

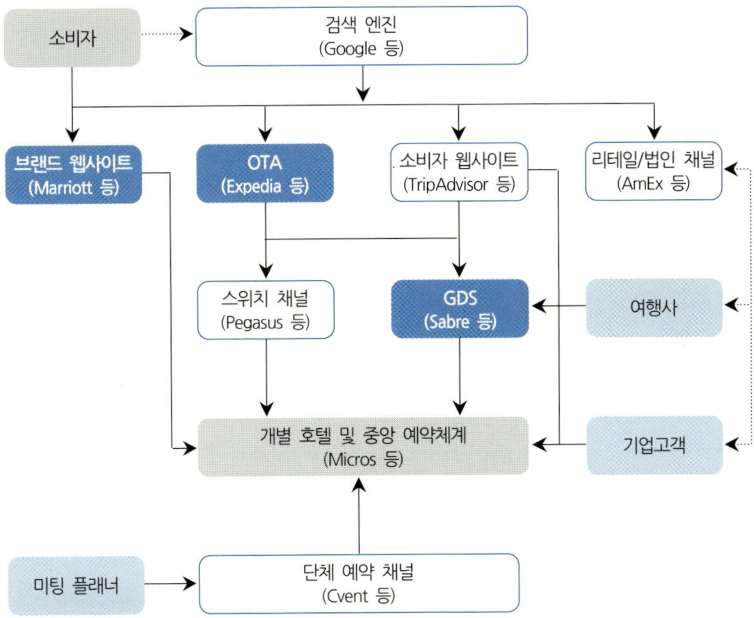

그림 7 **호텔의 온라인 유통체계**

오늘날 가장 큰 점유율을 보이는 채널은 OTA이며 브랜드 웹사이트가 뒤를 이어 빠르게 성장하고 있다. 반면, 전통적으로 가장 큰 점유율을 보였던 여행사 채널은 점점 위축되어가고 있다. [출처: Cindy Green, Mark Lomanno, "*Distribution Channel Analysis : A Guide for Hotels*", AHLA & STR Global, 2012. 저자 수정 편집]

이러한 상황에서 OTA들에 대한 브랜드의 반격 또한 본격화되기 시작했다. 일부 브랜드들은 호텔 웹사이트를 통한 직접 예약의 이점을 소비자들에게 적극적으로 홍보하기 시작했고 오랫동안 유지되어 온 OTA와의 계약을 해지하기도 했다. 즉 시장의 권력을 향한 유통의 전쟁이 또다시 시작된 것이다.

생존을 위한 적과의 동침

분업과 가치사슬

하나의 산업에 속하는 생산자들 간의 경쟁, 특히 고도로 전문화되고 분업화된 산업에서의 경쟁을 이해하고 생존의 전략을 찾아가는 데에는 가치사슬Value Chain이 유용하게 활용될 수 있다. 가치사슬은 원래 기업이 경쟁에서 살아남기 위해 필요한 경쟁우위를 기업 내부의 차별화 및 원가절감 요소로부터 도출하도록 창안된 경영 분석의 도구다. 이는 기업 내에 존재하는 기능들을 본원적 활동과 지원 활동으로 나누고 이들이 어떻게 연계되면서 기업의 궁극적 목표인 이윤 창출에 기여하는지를 명쾌하게 도식화한다.

우선 본원적 활동은 생산의 과정에 직접 관계된 분야별 업무들로 조달물류, 운영, 판매물류, 마케팅, 서비스의 '순서'로 연계된다. 쉽게 말하면, 원자재를 조달하여 제품을 생산하고 판매처로 운송한 뒤 소비자에게 유통시켜 소비자가 효율적으로 사용할 수 있도록 사후관리를 하는 것이다.

한편, 지원활동은 생산의 과정에 직접 관계되지 않지만 필요한 일반적 업무들로 조달, 기술개발, 인사관리, 하부구조의 '위계'로 연계된다. 즉 생산 설비를 구축하고 생산 및 판매의 기술을 개선하며 직원들에 대한 보상과 교육을 실시하는 한편, 그 밖에 기획, 재무, 회계 등의 업무를 수행하는 것이다.

본원적 활동들이 생산 과정을 따라 수평적으로 연계되는 반면, 지원 활동들은 생산의 모든 과정에 연계되지만 생산과 밀접한 정도에 따라 다른 수직적 위계를 갖는다. 기업의 경쟁우위는 가치사슬의 구성요소들이 연계되는 방식을 최적화하고 지속적으로 조정함으로써 확보될 수 있다. 가치사슬은 차별화의 가능성과 원가의 측면에서 상이한 성격의 업무들을 세분화함으로써 기업이 추구하는 전략에 따라 힘을 주거나 뺄 부분을 쉽게 판단하도록 해준다.

한편, 가치사슬의 개념은 기업 내의 업무들에 국한되는 것이 아니라 전문화 및 분업화된 산업에 속한 기업들 간에도 적용될 수 있다. 이는 소비자에게 최종적으로 전달되는 가치를 다수의 전문화된 기업들이 분업하여 창출하는 경우에 해당하는데, 사실상 오늘날에는 대부분의 산업에 적용될 수 있다. 즉 제품을 생산하는 기업은 원자재를 공급하는 기업이나 유통채널을 제공하는 기업과 연계하여 산업 전체에 걸친 가치사슬을 형성할 수 있는 것이다.

포터는 이를 가치사슬의 수직적 연계Vertical Linkage로 정의하며 비교적 가볍게 다루고 있지만, 그의 저서가 출간된 1985년 이후 오히려 기업 간의 가치사슬에서 비약적인 발전들이 이루어졌다. 가장 큰 이유는 기업 내부의 요소들은 상대적으로 통제가 용이하지만, 하나의 산업을 구성하는 다양한 기업들의 분업 체계에 대한 통제는 훨씬 복잡한 절차를 필요로 하기 때문이다.

기업 내에서는 이윤의 창출에 직접적으로 관여하지 않는 업무도 기업 전체의 이윤 창출에 기여하는 한 생존을 걱정할 필요는 없다. 그러나 분업 체계하의 기업은 직접 이윤을 창출하지 못할 경우 생존이 불가능하다. 그럼에도 불구하고 전문화된 기업에 의한 분업화가 만들어내는 효율성을 포기할 수 없었던 기업들은 지속적으로 기업 간의 가치사슬을 최적화하고 조정해왔다. 다양한 형태와 구조의 계약이 생겨났고 고도화되어왔다.

가치사슬은 기업 간의 관계를 설정함에 있어 최적화의 가능성과 함께 독점화의 위험을 함께 제공한다. 특히 기업 간 지식과 정보의 비대칭이 존재하는 산업의 영역에서는 더욱 그렇다. 기업의 전문화와 분업화가 심화되고 고도화될수록 산업 전반에 대한 지식과 정보의 장벽은 높아지기 때문이다. 따라서 기업은 산업 전체의 가치사슬을 정확하게 파악하고 가치사슬 내에서 스스로의 위치와 최종적인 가치의 창출에 기여하는 바를 정확하게 이해할 필요가 있다.

호텔 상품을 구성하는 가치들인 장소, 공간, 서비스는 단일한 생산자가 생산하여 소비자에게 직접 공급할 수도 있고, 각각의 요소들이 다른 생산자들에 의해 생산되어 소비자에게 공급될 수도 있다. 그러나 앞서 살펴본 바와 같이 호텔 상품을 필요로 하는 다양한 이유들이 존재하며, 이처럼 다양한 소비자들은 서로 다른 소비의 패턴을 보인다.

반면, 다양한 호텔의 생산자들에게는 보유한 자원이나 유통채널의 한계가 존재하기 때문에 모든 유형의 소비자들을 흡수하는 것은 불가능에 가깝다. 오랜 시간에 걸쳐 이러한 한계를 체득해온 호텔 산업의 생산자들은 각각의 자원과 유통채널이 갖는 경쟁우위를 유기적으로 연계함으로써 독특한 가치사슬을 발전시켜왔다. 호텔 산업의 가치사슬은 다양한 변형들이 존재할 수 있지만 크게 두 가지로 볼 수 있다.

고전적 가치사슬

고전적 가치사슬은 단일 생산자가 호텔 상품을 구성하는 모든 요소들을 직접 생산하고 소비자에게 제공하는 경우를 말한다. 이 경우 생산자는 장소를 확보하기 위해 보유한 자본으로 직접 매입하거나 지주地主, Landlord로부터 부지 임대차의 형식으로 대여받을 수 있다. 이렇게 장소를 확보한 생산자는 공간을 창출하기 위해 일련의 인·허가 과정을 거쳐 호텔 용도의 시설을 건립한 후 직접 인력을 고용하여 소비자들에게 서비스를 제공한다. 고전적 가치사슬은 생산자가 창출한 가치의 이동 및 전달 과정이 단순하기 때문에 수요자에게 가장 투명하게 받아들여질 수 있다는 특징을 갖는다. 또한 생산자가 생산에서 소비에 이르는 과정 전체를 일괄적으로 통제하기 때문에 높은 품질을 기대할 수 있기도 하다.

반면에 생산자의 관점에서는 자산의 확보를 위해 투입해야 하는 자본의 부담이 크다. 또한 대규모 고정자산인 부동산의 보유와 상품의 가격 변동성에 따른 위험 전반에 직접적으로 노출되는 부담이 있다. 그리고 소비자의 욕구가 변화하는 경우, 이에 대한 대응 속도가 느릴 수밖에 없는 한계를 갖는다. 그러나 위험을 전적으로 부담하는 대신 발생하는 이익이나 손실을 단일 생산자가 독식하기 때문에 영업의 성과가 좋을 경우 높은 이윤을 기대할 수 있게 된다.

고전적 가치사슬에서는 전문화 또는 분업화가 제한적이다. 예를 들어, 특정한 호텔 상품에 적합한 장소를 보유하고 있으나 가치의 창출 과정에 적극적으로 참여하고자 하는 의지가 없는 경우, 앞서 말한 바와 같이 땅을 임대하여 일련의 가치 창출 과정을 일임하는 것이다. 대신 소극적으로나마 가치 창출의 과정에 참여하는 대가로 부지 임대료를 받게 되며, 부지 임대료는 호텔 상품의 가격에 반영된다. 일

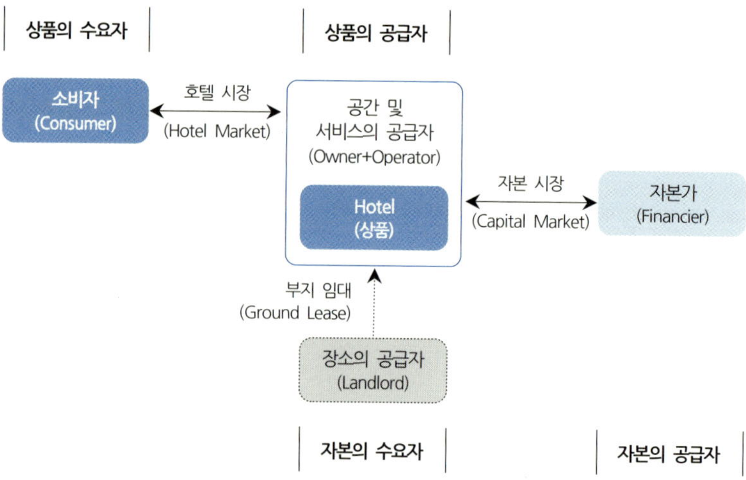

그림 8 **고전적 가치사슬**

단일 생산자가 호텔 상품을 구성하는 모든 요소들을 직접 생산 및 조합하여 소비자에게 제공하는 형태의 가치사슬

반적으로 고전적 가치사슬을 표방하는 공간 생산자는 직접적인 자본의 투입을 통해 장소를 확보하고자 하지만, 여기에 필요한 자본이 충분하지 않거나 부지의 소유주에게 적극적인 매각의 의사가 없는 경우 부지 임대차의 형식을 통할 수밖에 없다.

한편, 공간 생산자가 장소의 확보나 일련의 가치 창출 과정에 소요되는 비용을 제3의 자본가資本家, Financier로부터 조달하는 경우도 있다. 자본가는 보유한 자본을 공간 생산자에게 대여하는 대가로 이자를 받는다. 사실 궁극적으로 생산되는 가치는 자본가에게 크게 중요하지 않을 수 있다. 오히려 관심은 제공하는 자본의 대가인 이자를 안정적으로 수취하고 대여한 자본을 온전히 회수할 수 있는지의 여부에 있다. 따라서 자본을 대여 받는 공간 생산자의 신용이 더욱 큰 관심사가 되는 것이다.

물론 공간 생산자가 정해진 시점에 대여 받은 자본을 상환하지 못할 경우를 대비하여 공간 생산자가 보유한 자산을 담보로 하게 되지만, 이는 최악의 상황을 가정한 안전장치에 지나지 않는다. 자산을 처분하여 대여한 자본을 회수하는 것조차도 자본가가 취하는 이자에 비해서는 지나친 수고로움이기 때문이다. 이러한 점에서 자본가는 가장 소극적인 참여자라고 할 수 있다.

분화형 가치사슬

분화형 가치사슬은 호텔 상품을 구성하는 각각의 요소들을 서로 다른 생산자가 생산하여 조합한 후 소비자에게 제공하는 경우를 의미한다. 여기에서는 생산 과정이 단계별로 전문화되고 분업화되며 다양한 참여자들의 경쟁우위가 적극적으로 연계된다. 분화형 가치사슬은 고전적 가치사슬이 진화하여 발전된 형태라고 할 수 있다. 호텔 산업이 성장해가는 과정에서 동일한 가치사슬을 표방하며 경쟁하던 생산자들은 서로 다른 경쟁우위를 통해 소모적인 경쟁이 아닌 보완적 관계로 발전할 수 있다는데 생각이 닿았다.

이를 계기로 서로 다른 경쟁우위를 갖는 경쟁자들 간에 다양한 형태의 분업화 방안이 실험되었는데, 결과적으로는 상품의 가치를 구성하는 요소에 따라 전문화하는 것이 가장 효율적이라는데 의견이 좁혀졌다. 즉 어떤 생산자는 유형의 가치인 장소와 공간에, 또다른 생산자는 무형의 가치인 서비스와 시간의 관리에 전문화하여 분업한다.

분화형 가치사슬에서의 생산 과정은 유형의 가치를 생산하는 장소 및 공간 생산자로부터 시작된다. 유형의 가치 생산자는 고전적 가치사슬에서와 마찬가지로, 우선 적정 규모의 호텔 공간을 도입할 수 있는 장소를 확보하고 일련의 인·허가 과정을 거쳐 호텔 용도의 시설을 건립한다. 여기까지의 과정은 고전적 가치사슬과 차이가 없으며 경우에 따라 장소와 공간의 생산자가 분리되는 것 또한 동일하다.

차이점은 이러한 과정을 이끄는 판단의 기준이 전적으로 부동산 투자나 개발의 시각에 맞추어져 있다는 것이다. 즉 이 단계의 생산자는 이 장소에 들어서는 호텔이 소비자들에게 제공하는 유형의 가치를 극대화하는데 주력하게 된다. 대신 유형의 가치가 최적화되면 무형의 가치인 서비스의 생산과 용량의 활용 최적화는 다른 생산자에게 넘겨진다.

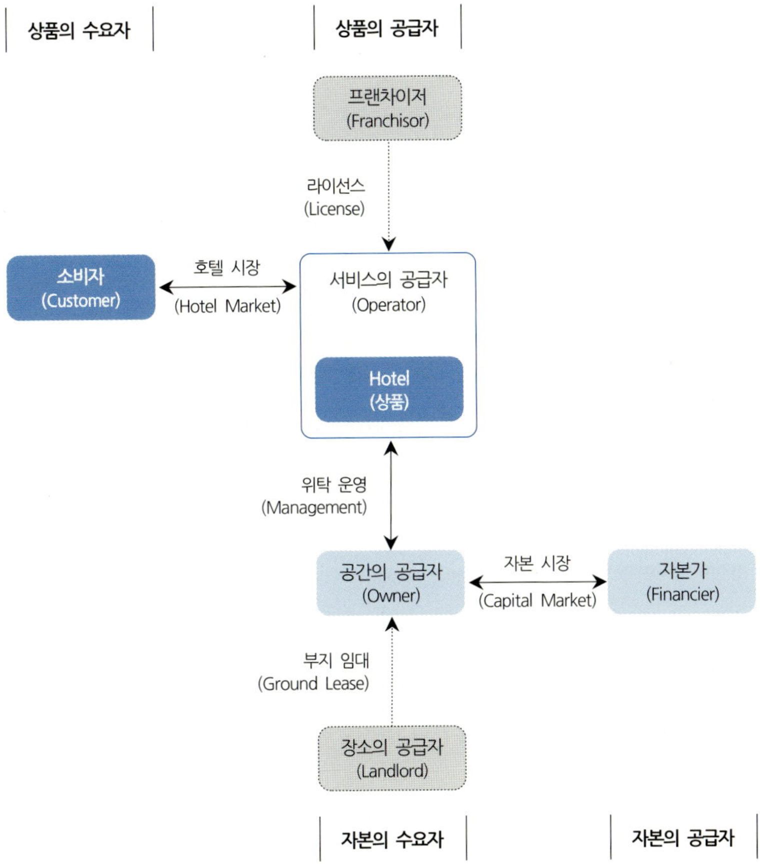

그림 9 **분화형 가치사슬**

호텔 상품을 구성하는 요소들, 특히 유형의 가치와 무형의 가치를 다른 생산자들이 분업하여 생산하고 무형의 가치 생산자가 이들을 최종적으로 조합하여 소비자에게 제공하는 형태의 가치사슬

장소와 공간을 넘겨받은 무형의 가치 생산자는 여기에서 소비자들에게 제공할 서비스의 범위를 결정하고, 이에 따라 인력의 규모를 최적화한다. 또한 정해진 용량의 활용을 극대화시킬 수 있는 가격체계를 구축한다. 이러한 점에서 무형의 가치 생산자들이 보유한 경쟁우위는 수요의 움직임을 가장 정확하게 판단하고 이에 따라 상품의 가격을 최적화시키는 역량이라고 할 수 있다.

분화형 가치사슬에서 유형의 가치 생산자는 소비자의 시야에 노출되지 않으며, 소비자와의 접촉은 전적으로 무형의 가치 생산자가 전담하게 된다. 흔히 브랜드로 통칭되는 무형의 가치 생산자는 최종적으로 생산된 가치를 소비자에게 전달하는 방식에 따라 두 가지로 세분될 수 있다. '위탁 운영사'는 창출된 유형의 가치 전부를 위탁받아 직접 무형의 가치를 더하여 소비자에게 전달한다. 반면, '프랜차이저'는 유형의 가치 생산자가 무형의 가치인 서비스까지 창출할 수 있도록 자문과 매뉴얼을 제공하면서 가격을 최적화하고 용량의 활용을 극대화하는 업무를 담당한다. 즉 프랜차이저는 위탁 운영사에 비해 훨씬 소극적인 형태의 생산자라고 할 수 있다.

한편, 최근에는 호텔의 용량 활용 극대화에 탁월한 전문성을 보유한 중개인들이 새로운 무형의 가치 생산자로서 영역을 넓혀가고 있다. OTA와 같은 중개인들은 정작 상품의 생산 과정에는 직접적으로 참여하지 않지만, 생산된 상품을 소비자에게 가장 효율적으로 제공하는 업무, 즉 유통을 전담한다. 생산된 상품을 소비자에게 제공하는 주체로서 공급자의 영역에 속하기는 하지만, 이를 위해서는 먼저 생산된 상품을 생산자로부터 구매해야 하기 때문에 수요자의 영역에 속하는 것으로도 볼 수 있다.

분화형 가치사슬에서 유형의 가치 생산자와 무형의 가치 생산자는 담당하는 업무, 책임의 범위, 이윤의 분배 등에 합의하는 계약을 통해 협력 관계를 형성하게 된다. 원칙적으로 유형의 가치 생산자는 고정자산의 확보를 위해 초기에 대규모의 자본을 조달하는 반면, 무형의 가치 생산자는 지속적인 생산 활동에 투입되는 비용을 부담한다. 이에 따라 부동산의 보유에 수반되는 위험은 유형의 가치 생산자가 부담하게 되며, 무형의 가치 생산자는 상품의 가격 변동성에 따른 위험을 부담하게 된다. 이윤의 분배는 초기에 대규모의 자본 조달을 부담하는 유형의 가치 생산자가 큰 부분을 취하게 되고, 상대적으로 자본 조달의 부담이 없는 유형의 가치 생산자가 취하는 부분은 제한적이다.

한편, 각각의 생산 활동에 수반되는 위험이 다르기 때문에 위험을 해소하는 방법 또한 달라진다. 유형의 가치 생산자에게는 상업용 부동산의 보유에 따르는 생애주기 비용을 최소화하는 것이 위험 관리의 가장 중요한 부분이라고 할 수 있다. 반면에 이윤이 시장의 변동성에 민감할 수밖에 없는 유형의 가치 생산자는 서로 상관관계가 낮은 여러 시장에 진입하여 변동성을 완화시키는 것이 위험 관리의 중요한 부분이 된다.

진화하는 가치사슬

오늘날 브랜드로 통칭되는 수많은 호텔 기업들은 대부분 고전적 가치사슬이나 분화형 가치사슬 중 하나를 표방하고 있다. 그러나 이들의 가치사슬은 현 시점에서의 스냅샷에 지나지 않는다. 즉 이들은 이제까지 하나의 가치사슬에 고착된 것이 아니라, 생애주기 단계에 따라 끊임없이 변형된 가치사슬을 개발해내거나 다른 가치사슬로 이전해가는 양상을 보여왔던 것이다.

일반적으로 브랜드가 구축되기 시작하는 도입기에는 경쟁자들보다 뒤쳐진 인지도를 우선적으로 끌어올리기 위해 고정자산에 직접 투자하여 품질을 확보하고 가치 제안을 소비자들에게 명확하게 인식시키는데 주력하게 된다. 따라서 이 시기에는 전형적인 고전적 가치사슬을 표방하는 경우가 대부분이다. 그러나 어느 정도 시장에서의 인지도가 확보되고, 가치 제안이 소비자들에게 받아들여지기 시작하는 성장기가 되면 보유한 고정자산을 매각하고 이를 다시 위탁받아 운영하면서 성장을 가속한다.[21] 즉 분화형 가치사슬로 전환되는 시기로 브랜드의 생애주기에 있어 가장 빠른 성장세를 보이는 전성기에 해당한다.

소비자들에게 받아들여지는 상품의 가치가 현격하게 줄어들고 성장이 정체되는 성숙기에 접어들면, 품질에 대한 통제를 일정 부분 포기하면서 프랜차이즈로 전환하는 것이 일반적이다. 이 단계에서 생산자는 호텔 상품의 소비자에게 제공되는 가치를 창출하는 것이 아니라, 다른 생산자들을 위한 용량 활용 효율화 플랫폼을 제공하면서 라이선스 수수료를 받는다. 마지막으로, 보유한 브랜드를 통한 용량 활용이 한계에 이르면 브랜드의 가치 제안을 하위 상품군 대상으로 리포지셔닝 하거나 다른 브랜드와의 합병을 통해 수요의 기반을 유지해가게 된다.

표 2. 호텔 브랜드별 객실 구성

구분	힐튼	매리엇	스타우드	IHG	아코르	하얏트	페닌술라
소유 / 임차 객실수	57,716	24,289	9,656	2,412	171,509	20,595	2,887
	7.2%	3.1%	2.6%	0.3%	29.4%	10.7%	100.0%
위탁 운영 객실수	165,320	312,631	208,921	222,073	231,205	119,783	0
	20.8%	39.3%	55.9%	28.9%	39.6%	62.5%	0.0%
프랜차이즈 객실수	573,404	459,148	155,257	542,650	180,447	51,350	0
	72.0%	57.7%	41.5%	70.7%	30.9%	26.8%	0.0%
합계	796,440	796,068	373,834	767,135	583,161	191,728	2,887

2016년 말 기준 상장된 주요 브랜드사의 소유 형태에 따른 객실 구성비로, 각 브랜드사의 가치사슬 진화 단계를 판단할 수 있는 지표가 된다. 매리엇은 스타우드와의 합병 전 매리엇 계열 브랜드들만의 통계이며, 스타우드는 매리엇과의 합병 전 스타우드 계열 브랜드들의 통계를 나타내고 있다. 아코르는 FRHI와의 합병 후의 합산이며 IHG 또한 Kimpton과의 합병 후의 합산으로 되어 있다. [출처 : 매리엇, 힐튼, 하얏트, IHG, 아코르, 페닌술라의 2016년 연차보고서]

최고급 호텔 브랜드의 대명사인 페닌술라Peninsula Hotels는 100년이 넘는 오랜 역사에도 불구하고 여전히 고전적 가치사슬을 유지하고 있다. 즉 모든 페닌술라 호텔들의 부동산을 직접 소유하고 있거나 이에 대한 지분을 보유하고 있다. 이 때문에 전세계적으로 페닌술라 브랜드를 사용하는 호텔이 10개소에 불과하며 성장은 극도로 제한적이다. 하얏트나 아코르Accor SA 같은 브랜드들은 현재 성장기에 있으며 꾸준히 보유한 부동산들 매각하여 성장을 위한 현금 유동성을 확보해가고 있다. 그러나 여전히 다른 경쟁자들에 비해서는 직접 보유한 부동산의 비율이 높게 나타난다.

힐튼, 매리엇, IHGInterContinental Hotels Group 등의 브랜드들은 성숙기에 있으며 프랜차이즈의 지속적인 성장을 위해 정보통신 인프라를 적극적으로 확충해가고 있다. 마지막 단계인 쇠퇴기에 있는 브랜드로는 초이스Choice Hotels International나 윈덤Wyndham Hotels & Resorts 등이 있는데, 이들은 보유한 브랜드를 경쟁자에게 매각하거나 경쟁자의 브랜드를 인수·합병하며 브랜드 포트폴리오를 구조조정 하는 중에 있다.

CHAPTER 02 근대 이전의 호텔들

캐러밴서라이

교역의 시작

> "
> *상업용 숙박시설이 등장하여 발전해온 역사는 인류의 교역이 시작되어 성장해온 역사의 산물이자 핵심적인 요소의 하나였다.*
> "

원래 자연에서의 수렵을 통해 식량을 확보해왔던 인류는, 빙하기를 겪으며 식량의 수급을 혹독한 자연에만 의존할 수 없다는 사실을 인지하게 되었다. 그리고 빙하기가 지난 이후 목축이나 경작을 통해 스스로 소비할 식량을 직접 생산했다. 이른바 신석기혁명으로, 기원전 9000년경 물이 있는 하천 근처에서 시작되어 인류 최초의 문명으로 발전해갔다.

인류 최초의 문명은 경작이 가능한 토지를 생산의 기반으로 했고, 여기에서 필요한 식량을 생산해내기 위한 기술들을 개발해왔다. 돌을 갈아서 거친 땅을 개간할 기구들을 만들었고, 흙을 빚어서 생산한 식량을 저장할 그릇을 만들었다. 식량을 효율적으로 생산하고 이를 다른 부족들로부터 지켜내기 위해 느슨하게나마 분업이 이루어졌고, 이 과정에서 구성원들 사이에 계급이 형성되었다. 이들을 통제하는 지도자의 권력은 중앙집권적이었고 전제적이었으며, 그 밖의 구성원들은 정치적인 참여와 개성의 발휘가 금지되었다.

이 시기의 생산은 순전히 자급자족을 위한 것이었다. 즉 스스로의 소비를 위해 필요한 만큼을 생산하는 것이 유일한 목적이었던 것이다. 그러나 수시로 범람하는 하천은 이 소박한 목적의 달성을 그리 만만하게 내버려두지 않았다. 이들은 하천이 범람하는 패턴을 지속적으로 관찰했고, 마침내 홍수가 침범하지 않는 경계를 찾아냈다. 그리고 이 경계의 안쪽까지 하천의 물을 끌어오는 관개灌漑, Irrigation 기술을 개발했다. 이후 식량의 생산은 안정적인 수준을 유지할 수 있게 되었고, 경작이 손에 익으면서 생산량이 소비량을 초과하는 수준에까지 이르게 되었다.

자급자족 사회에서 소비량을 초과하여 생산된 잉여剩餘, Surplus는 기본적으로 나중의 소비를 위해 비축되었고, 잉여에 대한 통제는 전적으로 지도자의 권한이었다. 그러나 저장의 기술이 제한적이었던 당시로서는 이러한 잉여를 무한정 비축할 수 없었기 때문에 다른 활용 방안이 필요했다. 이때 제기되었던 방안들은 크게 두 가지 형태로 구체화되었다. 하나는 식량을 필요로 하는 다른 부족에게 생산의 잉여를 빌려주고 나중에 같은 품목으로 되돌려 받는 '대여貸與, Rent'였고, 다른 하나는 이 잉여를 다른 부족에게 제공하는 대신 그 부족이 생산한 다른 품목의 잉여를 대가로 받는 '교역交易, Trade'이었다.

대여와 교역이 이루어졌다는 것은 생산과 소비의 주체가 분리되기 시작했다는 의미를 갖는다. 그러나 여전히 대부분의 생산은 스스로의 소비를 위한 것이었고, 다른 주체에게 대여하거나 교역하는 비중은 미미했다. 따라서 생산의 잉여를 적극적으로 이동시켜야 할 동기가 약했다고 할 수 있다. 더군다나 당시에는 먼 거리로 물자를 운송할 수 있는 수단과 경로가 충분히 발달하지 않았기 때문에 장거리 교역이 활성화되지 않았었다.

지도와 실크로드

지도는 교역이 시작될 수 있도록 해준 첫 번째 기술적 혁신이었다. 지도의 출발은 기원전 2500년경 고대 이집트와 메소포타미아 문명이 홍수에 범람하지 않는 땅의 경계를 기록하면서부터였다. 따라서 토지의 형상과 면적에 대한 측량이 초점이었으며 이동의 경로까지 명확하게 표기되는 수준은 아니었다. 지형과 이동의 경로가 함께 표기된 지도는 기원전 200년경 중국의 전한前漢에서 처음으로 제작되었는데, 이는 군사적 목적을 위한 것으로 널리 보급되지 않았었다.

처음으로 세계지도가 보급된 것은 150년경 고대 그리스의 천문학자인 프톨레마이오스Klaudios Ptolemaios에 의해서였다. 지구의 모양에서부터 세부적인 지도의 제작 방법까지 망라한 그의 저서 『지리학』은 아메리카 대륙의 발견에 이르기까지 지도 제작의 절대적인 지침으로 활용되었다. 그러나 당시의 천체 측량 기술에는 한계가 있었고, 그의 지도는 많은 오류를 가지고 있었다. 오히려 중국의 삼국시대에 방격법方格法[22]에 따라 만들어진 지도가 정확성의 측면에서 더 뛰어났던 것으로 알려져 있으며, 이는 향후 유럽의 지도 제작술에까지 영향을 주었다.

동방과 서역 간에 교역이 본격적으로 이루어진 것은 기원전 1세기경 실크로드가 열리면서부터였다.[23] 당시 유럽에서는 로마제국이 지중해 연안을 통일했고, 중국에서는 전한이 안정된 내치를 바탕으로 전성기를 구가하고 있었다. 이들 사이에 놓인 사막이나 고원은 적극적인 교류의 장애물이었으나, 이 지역에 활동하는 여러 이슬람 유목민들을 통해 전해지는 새로운 문물들은 서로에 대한 호기심을 자극하기에 충분했다. 그러나 일사불란한 군사적 공동체에 가까웠던 이 유목민들은 직접적인 교역을 허락하지 않았다.

직접적인 교역로의 개척에 먼저 적극적인 움직임을 보인 것은 전한의 무제武帝였다. 장건張騫은 대월지국大月支國, 현재의 아프가니스탄 북부과 연

그림 10 **실크로드의 경로**

동쪽으로 전한의 수도였던 장안에서 서쪽으로 로마제국의 영토였던 지금의 이스탄불까지 연결되었다. 로마까지는 이스탄불에서 로마의 도로를 따라 연결되거나 안티오크에서 해로를 따라 연결되었다.

합하여 길목을 막고 있던 흉노를 제압하라는 임무를 받아 기원전 138년 수도 장안을 출발했다. 우여곡절 끝에 목적지에 당도하지만, 대월지국의 미온적인 태도로 원래의 목적을 이루지는 못한 채 기원전 126년 장안으로 돌아왔다. 그러나 장건이 13년간 보고 들은 서역의 정보는 무제의 계획에 더욱 불을 지폈고, 무제는 직접 교역로의 개척에 나섰다. 마침내 기원전 60년 흉노가 토벌되자, 6,400㎞에 이르는 서역으로의 교역로인 실크로드가 열렸다.

실크로드를 따라 중국의 비단, 종이, 화약, 도자기 등이 로마제국에까지 닿았고 로마의 귀금속, 보석, 유리, 직물 등이 중국에 들어왔다. 당시 교역 물자는 황제와 일부 귀족들의 소비를 위한 것들로 양이 많지는 않았다. 그러나 9개월에 걸쳐 사막과 고원을 가로질러야 하는 멀고 험난한 길이었다. 때문에 주된 이동 수단은 사막에 최적화된 낙타였다. 낙타는 발바닥이 넓어 모래 위에서의 이동에 유리했고, 등의 혹에 저장된 영양분으로 물과 먹이가 없이도 3일 정도를 버틸 수 있었다.

비록 제한적인 규모이기는 했으나 실크로드를 통한 교역이 안정적으로 지속될 수 있었던 것은 지도의 체계화에 힘입은 바가 컸다. 로마제국의 상인들은 프톨레마이오스의 지도를 활용해 일정한 이동 경로를 유지할 수 있었고, 전한의 상인들은 방격법에 따른 지도로부터 정확한 거리를 알아낼 수 있었다. 한편, 상인들의 교역을 통해 지리와 지도에 대한 정보들이 교환되었고, 이 두 지도들은 서로의 장점을 흡수해가며 더욱 정교해졌다.

캐러밴서라이

인류 최초의 상업용 숙박시설의 등장 시기에 대해서는 논란의 여지가 있겠지만, 대략 기원전 1세기경으로 추정된다. 이 시기는 전한이 서역을 왕래하기 위한 무역로인 실크로드를 개척하면서 동·서양의 교역이 시작되었던 시기로, 로마제국이 지중해 연안을 통일하고 난 이후 실크로드를 통한 동·서양의 교역이 빠르게 성장했다. 실크로드는 동방과 서역의 문물을 싣고 이동하는 무역상단인 캐러밴Caravan들로 분주하지 않은 날이 없었다. 그러나 문물의 운송을 낙타에 의존

그림 11 캐러밴서라이의 일반적인 풍경
객실 부분으로 둘러싸인 가운데의 중정은 유일한 교통수단이었던 낙타의 마구간이자 교역을 위한 물품의 저장 공간으로 사용되었음을 볼 수 있다. [출처: *Eugène Flandin, "Caravanserai-i- Shah"*, 1840, Wikimedia Commons]

했기 때문에 실크로드 횡단에는 많은 시간이 소요되었고, 이 긴 여정을 무사히 완수하기 위해서는 쉬어갈 곳을 필요로 하였다.

이러한 캐러밴들의 필요에 부응하여 실크로드를 따라 상업용 숙박시설들이 들어서기 시작했는데, 이들은 캐러밴들에게 안식처를 제공하는 대신 운송 중인 문물의 일부를 대가로 받았다. 이 숙박시설들이 캐러밴서라이Caravanserai 또는 칸Khan으로 불리는 역사에 기록된 최초의 상업적 숙박시설이다.

중동 및 중앙아시아 지역에 다수의 캐러밴서라이 유적들이 남아있는데, 현재의 아프가니스탄, 이란, 이라크, 시리아, 터키 지역에 밀집되어 있다. 오랜 기간 사막과 고원을 지나야 하는 고된 여행길에서 가장 중요했던 것은 험난한 자연으로부터 스스로를 보호하고 오랜 이동에 지친 낙타에게 휴식을 시키는 한편, 남아있는 여행길을 위한 음식과 물을 보충하는 것이었다.

캐러밴서라이는 이러한 캐러밴들의 필요에 따른 공간을 제공했다. 가운데 마당을 둘러싸고 캐러밴들을 위한 방과 낙타를 위한 마구간馬廏間, Stable들이 촘촘히 들어서 있었고, 사람과 낙타가 지나다닐 수 있는 거대한 입구를 제외하면 견고한 벽으로 둘러싸여 있었다. 캐러밴서라이들 간에는 수로가 연결되어 있었는데, 이를 통해 캐러밴들은 식수와 씻을 수 있는 물까지도 이용할 수 있었다. 특히 캐러밴서라이들이 수로를 함께 사용했던 것에 비추어, 국가가 직접 운영하거나 최소한 국가 권력의 통제 하에 있었던 것으로 유추해볼 수 있다.

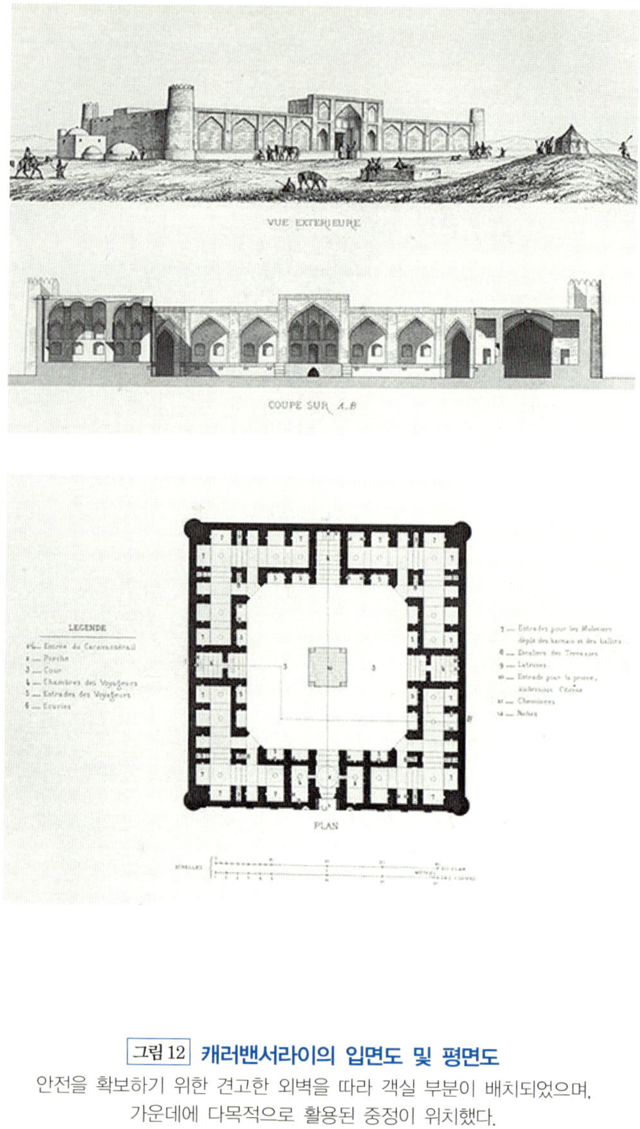

그림 12 **캐러밴서라이의 입면도 및 평면도**

안전을 확보하기 위한 견고한 외벽을 따라 객실 부분이 배치되었으며, 가운데에 다목적으로 활용된 중정이 위치했다.

[출처: Pascal Coste, "*Pasangan Caravanserai*", 1840, Wikimedia Commons]

여 관

유럽의 통일

대여와 교역의 관행을 본격적으로 발전시킨 것은 그리스인들과 로마인들이었다. 메소포타미아 문명과 이집트 문명이 발달한 지중해 연안에서 고대의 그리스와 로마는 두 문명이 만나는 접점에 위치해 있었다. 이러한 지리적 이점으로 인해 당시 그리스와 로마는 대여와 교역의 중심지로 활발하게 성장해갔다. 그리고 이처럼 풍부한 물자들이 집결하면서 이들을 효율적으로 다루기 위한 제도와 기술이 발전해갔다.

제도와 기술을 발전시켜 가는데 있어 그리스와 로마는 다른 양상을 보였다. 이들은 공통적으로 노예제도에 기반을 두고 있으면서도, 노예들 또한 대여나 교역에 참여할 수 있는 개방적 시민사회를 이루고 있었다. 선두주자였던 그리스는 다양한 도시국가Polis로 이루어진 시민사회의 제도적 통합을 위해 철학이나 과학의 발전에 초점을 두었다. 이 시기 그리스의 철학 및 과학에서의 성취는 흔히 '헬레니즘' 문명으로 불리며 향후 서구 문명의 토대가 된다.

반면, 후발주자였던 로마는 금속의 제련이나 토목 및 건축 등 실용적 기술의 발전에 집중했다. 당시 콘크리트의 사용법을 알아낸 로마인들은 튼튼한 구조물을 원하는 형태로 신속하게 만들어낼 수 있었고, 이에 힘입어 인류 최초의 도로망을 건설했다. 대신 이처럼 발전한 기술을 통해 얻은 기동력과 강력한 군사력을 기반으로 물리력에 의한 시민사회의 통합을 꾀했다.

스파르타를 제외하면 대부분 군사력 증진에 소극적이었던 그리스의 도시국가들은 끊이지 않는 내분으로 소멸되거나 로마의 물리력에 차례로 복속되어갔다. 결국 기원전 146년 그리스 최후의 도시국가였던 아카이아 연맹이 로마에 복속되면서 그리스 반도 전체가 거대한 로마제국의 통치를 받게 되었다. 이 시기부터 로마제국의 정치는 원로원을 중심으로 한 시민사회에서, 황제의 전제적 권력을 중심으로 재편되었다.

로마제국의 황제는 생산의 기반이었던 속주屬州, Province의 토지를 실질적으로 소유한 셈이었지만, 생산 활동은 노예의 노동력에 전적으로 의존했다. 생산 활동의 관리감독은 원로원 소속의 총독總督, Viceroy에게 위임했으며, 생산된 식량의 분배는 황제가 직접 통제했다. 생산을 노예에게 의존했다는 것은 생산과 소비의 주체가 완전히 분리되었고 생산에 직접 참여하지 않는 소비의 주체가 생겨났음을 의미한다. 황제는 권력의 기반인 관료와 군사 조직을 유지하기 위해 식량을 필요로 했고, 노예들은 그에 필요한 만큼을 생산해내야 했다. 바꾸어 말하면, 생산의 주체는 필요 이상을 생산해야 할 동기가 없었지만, 실제로는 영토가 확장되고 관료 및 군사 조직이 방대해질수록 생산에 대한 부담이 가중되어갔던 것이다.

황제에게는 노예의 수급이 중요한 과제였고, 총독들을 효과적으로 통제하기 위한 제도 또한 필요했다. 반면, 시간이 흐르면서 노예의 공급은 점차 한계에 달했고, 노예들의 반란이 빈번해지면서 총독에 의한 간접 통치 또한 효율성이 떨어져갔다. 종교는 거대한 제국의 다양한 시민들, 특히 노예들을 정신적으로 통제할 수 있는 좋은 수단이었다. 로마제국은 다신교에 건국의 뿌리를 두고 있었기 때문에, 유일신을 숭배하는 기독교는 원래 박해의 대상이었다. 그러나 잔혹한 박해에도 불구하고 기독교는 시민들 사이에 넓게 퍼져갔고, 황제는 이를 시민들의 정신적 통제 수단으로 활용하고자 국교로 인정하게 되었다.

로마의 도로

그리스와 로마에 와서 건물에 석재가 본격적으로 사용되기 시작했다. 그리스는 주변으로부터 쉽게 구할 수 있었던 석회석을 사용하여 목조 건축에 뿌리를 둔 가구식 구조를 구현했다. 자치적 도시국가들로 이루어진 그리스는 각 도시의 중심부에 신전Acropolis을, 그 아래에 광장Agora을 두고 인근에 시장과 노천극장 등의 공동체 시설을 배치했다. 후기에는 건물의 구조체에 아치가 사용되면서 기술적인 발전을 보였는데, 이는 로마에 가서 더욱 진화한 형태로 나타나게 되었다.

로마제국의 도시들은 중심부에 포럼이 위치하는 격자형 구조에 기반을 두었는데, 두 개의 대각선 가로가 포럼을 중심으로 도시 전체에 연결되었다. 로마는 그리스에 비해 다양한 형태의 공공시설들을 세웠는데 포럼 인근에 신전Pantheon, 집회장Basilica, 원형극장Colosseum, 공중목욕탕Thermae 등이 들어섰다.

콘크리트를 사용했던 로마인들은 그리스인들에 비해 풍성한 건축 어휘들을 사용했다. 기본적으로 가구식 구조가 사용됐지만, 벽돌을 쌓아 만드는 조적조 또한 병용되었다. 신전에는 돔 구조가 사용되었고, 원형극장은 4층에 5만여 명이 수용될 수 있는 규모로 지어졌으며 그리스에서 사용되었던 아치는 궁륭穹窿, Vault으로까지 발전했다.

지중해 연안을 아우르는 거대한 영토를 차지한 로마제국에게 속주들을 효율적으로 통치하는 것은 무엇보다 중요한 일이었다. 어딘가에는 심겨져 있을 반란의 씨앗을 제거하기 위해 강력한 군사력이 필요했고 이들을 무력화시키기 위해 정신적인 통합이 필요했으며, 한편으로는 이들을 달래기 위한 실질적 혜택을 제공해야 했다. 그러나 그리스와 달리 로마제국은 모든 통치의 중심이 황제가 있는 중심 도시에 위치했고, 식민지들은 이 중심 도시와 더욱 긴밀히 연결될 필요가 있었다.

로마제국이 속주들과 긴밀한 연결망을 확보해가는 실질적인 목적은 군사의 신속한 이동에 있었다. 이러한 필요는 인류 최초의 도로망을 탄생시켰다. 로마의 도로 체계는 총 372개의 도로로 이루어졌고, 전체 길이는 400,000㎞에 이르렀으며 113개의 속주들을 연결했다.

로마의 도로들은 위치, 건설 비용의 부담 및 사용 권한에 따라 크게 세 개의 위계로 구성되었다. 첫 번째는 정부가 비용을 부담하여 황제, 귀족 및 군사들이 사용하도록 건설한 공공도로Viae Publicae였다. 두 번째는 귀족들이 개인적으로 비용을 부담하여 공공도로에서 각각의 마을로 연결되도록 건설한 사설도로Viae Privatae로 이 역시 황제, 귀족 및 군사들이 주로 사용하였다. 세 번째는 마을들 간에 직접 연결되는 지방도로Viae Vicinales로 건설 비용은 국가가 부담하는 경우도 있었고, 귀족이 개인적으로 부담하는 경우도 있었다. 지방도로는 비교

그림 13 **로마의 도로체계**
당시 로마제국은 지금의 영국, 포르투갈, 스페인, 프랑스, 이탈리아, 그리스, 터키와 같은 유럽 국가들은 물론 중동의 시리아, 레바논, 요르단, 이스라엘과 아프리카의 이집트, 리비아, 튀지니, 알제리, 모로코에 이르는 지중해 전역에 이르렀다. 이들은 지중해의 해로는 물론 촘촘한 도로체계를 통해 육로로도 긴밀하게 연결되어 있었다. [출처: Wikimedia Commons, 저자 수정 편집]

적 사용이 자유로웠는데, 이를 따라 대부분의 교역이 이루어졌다.

공공도로들의 경우 완전한 포장이 원칙이었다. 여기에서 완전한 포장은 하단의 커다란 석재들 위에 판형의 석재들을 깔고 자갈을 덮은 후 상단을 콘크리트로 포장하는 것을 말한다. 사설도로와 지방도로는 완전한 포장도로와 자갈도로 및 비포장도로들이 섞여 있었다. 도로의 단면은 중앙부가 위로 볼록하게 돌출되고, 가장자리에는 배수구들이 설치되어 비가 오더라도 사용에 무리가 없었다. 포장도로에서는 수레나 마차 또한 쉽게 다닐 수 있었기 때문에 지방도로들 중 포장도로가 교역에 특히 많이 활용되었다.

여 관

캐러밴서라이들이 들어서던 무렵, 유럽에서는 로마의 도로를 따라 또다른 형태의 숙박시설들이 들어서기 시작했다. 처음에는 일반적인 주택에서 남는 방을 외지인에게 빌려주는 형태로 시작되었던 것Hospitia이, 점차 외지인들만을 대상으로 방을 빌려주고 음식을 제공하는 상업용 숙박시설Caupona의 형태로 발전해갔다. 이들의 대부분은 일반적인 주택이 상업용 숙박시설로 개조된 것들이었다.

캐러밴서라이와 다른 점은 식사를 위한 별도의 공간이 제공되었던 것인데, 기본적으로 커다란 공용 공간에 부스Booth의 형태로 구획이 되었지만 경우에 따라 원형 테이블이 설치된 방이 별도로 구획되기도 했다. 캐러밴서라이와 달리 시민들에 의해 자생적으로 생겨난 숙박시설에서 제공되는 공간과 서비스의 수준은 조악했고, 외지인들을

그림 14 **여관의 일반적인 풍경**

벨기에의 화가가 그린 중세 유럽의 여관 내부 모습 [출처 : David Teniers, "*Smoker at an Inn*", 1659, Wikimedia Commons]

위한 마구간을 별도로 갖춘 곳이 드물었으며 제공되는 음식 또한 단순히 허기를 채울 수 있는 수준에 머물렀다.

로마의 도로를 따라 들어선 상업용 숙박시설들은 중세에 들어서 여관Inn의 형태를 갖추기 시작했다. 공간에 있어 가장 큰 차이는 장소가 협소한 경우에도 여행자의 이동 수단인 말을 안전하게 둘 마구간이 포함되기 시작했던 것이다. 이들은 대체로 1층에 마구간과 홀이 위치하고, 2층에 식당과 객실이 배치되는 형태를 갖추었다. 장원을 중심으로 한 농촌의 마을 공동체가 관리하는 형태였기 때문에, 공용 공간은 결혼식과 같은 공동체의 행사에 활용되기도 했다. 또한 마을 주민들이 농사의 일과를 마친 후 여관에 모여 담소를 나누는 커뮤니티 공간으로도 활용되었는데, 대화를 중요하게 생각하는 유럽인들 특유의 문화가 이 시기에서부터 형성되기 시작했던 것으로 보인다.

중세 초기 유럽의 여관에 있어 특이한 점은, 여관의 관리자Innkeeper가 문을 두드린 외지인을 들일 것인지의 여부를 결정할 수 있었다는 것이다. 이는 관리자에게 공동체가 부여한 의무이기도 했다. 외지인이 여관에 투숙하는 것은 폐쇄적인 마을 공동체에 이방인을 들이는 것이었기 때문에, 단순한 금전적 대가에 따라서만이 아니라 공동체의 독자적인 관습을 존중하고 그로부터 벗어나지 않는 경우에 한해서 허용되었다. 이러한 여관들은 산업혁명 시기에 유럽 전역으로 철도 교통망이 확장되어가는데 있어서도 중추적인 역할을 수행하게 된다.

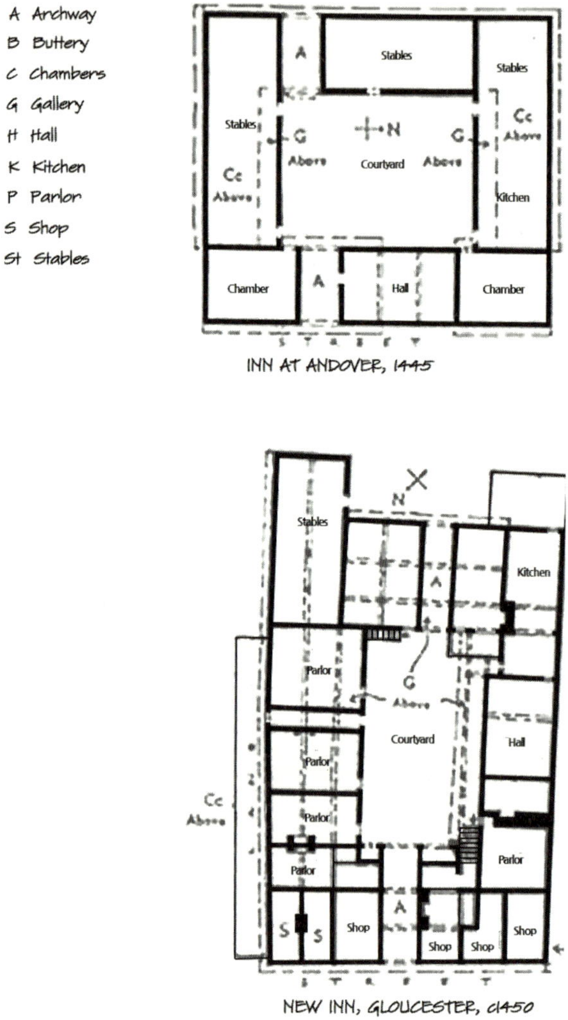

그림 15 **중세 영국의 여관 평면도**

(위)Inn at Andover(1445)와 (아래)New Inn at Gloucester(1450)
[출처 : University of Warwick]

호 텔

봉건제와 절대왕정

로마제국은 오랜 기간 유럽의 맹주로 군림했으나, 476년 서로마제국이 붕괴되면서 역사 속으로 사라진다.[24] 이후 유럽은 황제 중심의 중앙집권형 사회에서 장원莊園, Manor을 단위로 하는 분권형 봉건제 사회로 전환된다. 장원은 자급자족의 원시 농경사회를 표방했고, 마침 전쟁이 잦아든 이 시기에 농업 생산량을 비약적으로 늘려갔다. 또다시 생산의 잉여가 발생했고, 교역이 재개되면서 시장이 활성화되었다. 상업에만 종사하는 상인들이 생겨났고, 이들이 시장에 모여들면서 시장을 중심으로 '도시'들이 발전해갔다.

이 시기에도 황제나 국왕이 명목상으로는 존재했으나, 실질적인 권력은 분권형 사회를 정신적으로 통합하는 교회에 있었다. 거대한 제국을 통제하기 위한 수단으로 도입했던 기독교가 이제는 황제의 머리 위에 서게 되었다. 사회가 안정되자, 교회는 성지를 이교도들로부터 되찾겠다는 명분으로 수차례에 걸친 십자군 원정을 추진했다. 이때 장원의 영주들은 교회에 군사력을 제공하며 세력을 키웠고, 상인들은 원정길을 따라 지중해 연안의 무역을 부활시키며 부를 축적했다. 그러나 세력이 커진 상인들은 영주의 통제가 탐탁지 않았고, 상대적으로 활동이 자유로웠던 도시에서 통제를 벗어날 방안을 모색하기 시작했다. 길드를 조직하여 경제 활동의 기반을 다졌고, 축적한 자본으로 왕권 강화에 힘을 보탰다.

이 시기 상업의 눈부신 발전에는 화폐와 도량형의 통일이 중요한 역할을 했다. 물론 이전에도 화폐나 도량형이 사용되기는 했지만, 이 시기에 교역의 품목이 다양해지고 빈도가 급격하게 늘어나면서 '통일된' 기준에 대한 요구가 어느 때보다 강했다. 서로마제국의 계승자로 800년 추대된 카를 대제는 화폐를 은銀 본위로 개혁하고 도량형까지 파운드 단위로 통일했다. 바꾸어 말하면, 다양한 품목들이 하나의 기준에 따라 대여 또는 교역될 수 있는 제도적 기반이 마련된 것이었다. 이후 카를 대제의 화폐 및 도량형 체계가 유럽 전역에 퍼져나가면서 유럽은 세계 최대의 단일시장을 형성하게 되었다.

반면, 상인들이 장원의 농업 생산을 실질적으로 통제하게 되고, 흑사병으로 농업 생산 인구마저 급격하게 줄면서 영주들의 입지는 심각한 타격을 입었다. 황제와 국왕은 상인들의 지원을 업고 이러한 영주들을 누르며 왕권을 강화해갔고, 급기야 부패한 교회 권력까지 붕괴시키며 절대왕정을 구축했다. 그러나 중앙집권적인 절대왕정을 유지하기 위해서는 거대한 관료 조직이 필요했고, 이는 많은 자본을 필요로 했다. 결국 황제와 국왕은 상인들에게 더욱 의존할 수밖에 없었고, 이들을 위한 중상주의重商主義, Mercantilism를 경제정책의 기본 노선으로 설정하게 되었다.

절대왕정 시기에는 생산과 소비가 완전히 분리된 채 성장할 수 있는 토대가 마련되었다. 이를 위해서는 전통적인 농경사회의 패러다임으로부터 벗어날 필요가 있었는데, 그 전면에는 상인들이 있었다. 상인들의 교역이 활발해지면서 물자의 운반과 보관에 필요한 물건을 만들어주는 수공업이 발전했는데, 이는 농경사회의 전통적 생산 관념으로부터 이탈했음을 의미했다. 또한 교역에서의 자유로움을 추구했던 상인들은 도시에 대학을 세우고 예술가들을 지원하며 르네상스 문화를 태동시키기도 했는데, 이는 기독교 중심의 정신적 통제로부터 이탈했음을 의미했다. 한편, 이러한 자유로운 사회적 환경은 전반적인 시민들의 의식을 성장시켰고, 결국 절대 왕정을 붕괴시키는 시민 혁명의 토대가 되었다.

중세에 들어와서는 건축의 기술적 측면보다 양식에서의 발전이 두드러졌다. 중세 초기 장원을 중심으로 한 분권형 사회에서는 영주들의 건축 양식이라 할 수 있는 로마네스크Romanesque 양식이 지배적이었다. 당시 유럽 대부분의 국가들은 여전히 자신들이 로마제국의 후예들이라는 생각을 가지고 있었는데, 공통적으로 두터운 외벽, 작은 창문, 궁륭이 사용되었다. 교회의 권력이 정점에 달했던 십자군 원정 시기에는 고딕Gothic 양식을 통해 신성함을 표현하고자 했다. 이 시기에는 얇은 구조체, 커다란 창문, 높은 천정을 사용하여 천상의 빛이 가득한 분위기의 종교시설들이 만들어졌다. 절대왕정이 중상주의 정책을 펼치던 중세 후기에는 상인들의 건축 양식이라 할 수 있는 르네상스Renaissance 양식이 발전했다. 이 시기의 건물들에는 인본주의로의 회귀와 경제적 풍요로움이 드러나는데, 인간적 비례의 공간에 화려한 장식이 더해졌다.

호 텔

호텔Hotel이라는 명칭이 처음 등장한 것은 절대왕정 시기의 프랑스에서였다.[25] 그러나 당시의 호텔은 상업적 목적이 아니라, 왕궁을 방문하는 지방의 귀족들이 무료로 숙식을 제공받을 수 있는 관사官舍의 성격에 가까웠다. 따라서 왕이 왕궁 바로 옆에 호텔을 두고 직접 관리하거나, 왕궁 인근에 거주하는 귀족이 자신의 저택을 호텔로 제공하는 경우가 대부분이었다.

다양한 지역으로부터 왕을 알현하러 온 귀족들이 호텔에 모이게 되면서 왕의 호출을 기다리는 대부분의 시간은 이들의 사교에 활용되었다. 이들은 최신의 미술작품들을 감상하거나 실내악 연주를 감상하기도 했고, 저녁에는 화려한 연회를 즐기며 교류했다. 호텔을 이용할 수 있는 귀족들에게 있어 호텔은 최신의 문화와 정보를 접할 수 있는 첨단의 공간이었다.

그림 16 **Hôtel de Lassay 전경**

전정 쪽에서 바라본 주출입구 방향 전경 [출처: Assemblée Nationale]

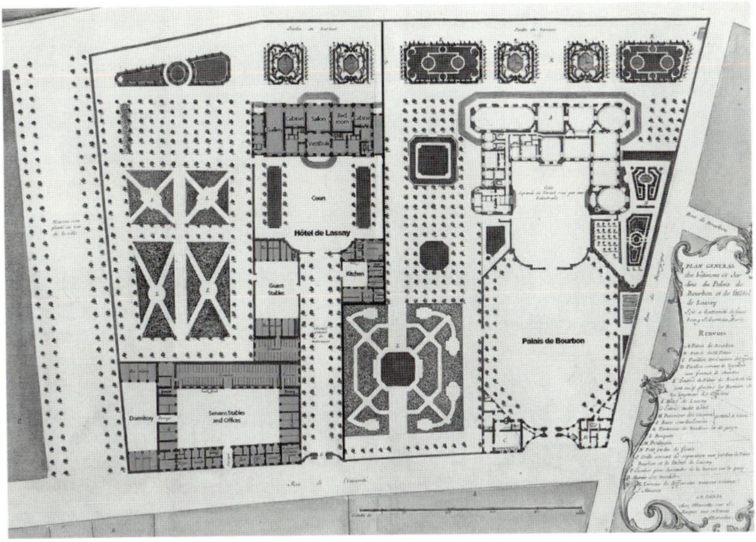

그림 17 **Hôtel de Lassay 평면도**

우측 부르봉(Bourbon) 왕궁에 인접하여 좌측에 Hôtel de Lassay가 위치하고 있다. 왕궁의 서비스를 담당하는 인원들도 호텔 측에 위치한 마구간, 주방 및 하인 공간을 공유하도록 되어 왕궁의 프라이버시가 가장 우선순위에 놓인 평면구성이라 할 수 있다. [출처 : Wikimedia Commons]

당시 일반적인 주택들이 벽체를 공유하며 일렬로 늘어섰던 것과는 달리, 호텔은 전면에 전정前庭, Court과 후면에 후정後庭, Garden을 따로 갖는 고급 저택의 형태를 갖추었다. 전정에 진입하기 위해서는 격식을 갖춘 진입로를 통과해야 했는데, 이 진입로를 따라 하인들의 공간, 주방, 마구간 등이 위치했다. 하인들의 영역은 별도의 출입구와 마구간을 가지고 있어 귀족들의 동선과는 철저히 분리되었다.

귀족들이 전정에서 호텔 공간으로 진입할 때는 화려하게 장식된 전실 을 통해 응접실應接室, Salon로 향하도록 되어 있다. 응접실에 도착하면 하인들이 귀족을 맞이하여 사용하게 될 방으로 안내했는데, 각각의 방에는 침실과 비슷한 규모의 집무실이 함께 준비되어 있다. 한편, 응접실 근처에는 미술품들이 전시된 별도의 전시실이나 실내악 연주를 위한 공간이 위치했다. 또한 사적인 회의를 위한 별도의 방이나 연회장 또한 응접실과 가까운 곳에 배치되었다. 연회는 종종 야외 연회의 형태로 후정에서 이루어졌는데, 이 때문에 호텔을 소유한 왕이나 귀족들은 정원을 아름답게 가꾸는데 정성을 기울였다.

최첨단 고급문화의 상징이었던 호텔은 귀족이 아닌 일반인들에게도 동경의 대상이었다.[26] 부유한 상인들은 자신의 집을 호텔과 같이 꾸몄고, 일부 여관들은 고급스러운 이미지를 만들어내기 위해 호텔이라는 이름을 사용하기 시작했다. 결국 호텔이라는 명칭이 여러 곳에서 보편적으로 사용되기 시작하면서 일반적인 숙박시설을 통칭하는 의미로 바뀌어갔다.

펍

대항해시대

1269년 베네치아를 출발한 마르코 폴로는 중동과 중앙아시아를 거쳐 중국에 이르는 27년간의 여행을 마치고 돌아와 그간의 여정을 책으로 출간했다. 당시 유럽의 열강들은 국부國富와 동일시되던 금이나 은을 확보하는데 혈안이 되어있었고, 유럽인들은 누구나 무미건조한 식생활을 풍요롭게 해주던 후추나 향료를 원했다. 하지만 이 물자들은 유럽에서 쉽게 구할 수 없는 것들이어서 서민들은 엄두조차 낼 수 없었다. 이런 상황에서 마르코 폴로가 동방의 문물들에 대해 풀어놓은 이야기는 유럽인들의 눈을 번쩍 뜨이게 했고, 너 나 할 것 없이 동방을 향하게 했다.

유럽의 식민지 쟁탈전에 있어 선두주자는 포르투갈과 스페인이었다. 포르투갈은 1488년 아프리카 남단의 희망봉에 도달했고, 1498년에는 이를 거쳐 목적지인 인도에 도달했다. 이슬람 세력과의 전투로 한 발 뒤쳐진 스페인은 1492년 콜럼버스의 아메리카 대륙 발견을 계기로 본격적인 경쟁에 뛰어들었다. 처음에 기대했던 인도는 아니었지만, 광활한 아메리카 대륙은 스페인을 '해가 지지 않는 제국'으로 만들어줄 만큼 풍부한 은을 가지고 있었다. 무적함대를 앞세운 스페인은 16세기 말에 이르러 브라질을 제외한 남미의 모든 지역과 카리브해의 섬들을 손에 넣었다. 그리고 아시아의 필리핀을 점령하고 경쟁자였던 포르투갈까지 합병하며 대제국을 건설했다.

전통 교회의 수호자를 자처했던 스페인이 종교개혁론자들을 탄압하자, 스페인의 점령지였던 네덜란드에서의 거센 저항은 독립운동으로까지 확산되었다. 네덜란드의 상인들은 오랜 기간 지속된 독립운동을 재정적으로 지원하는 한편, 저항의 기반인 해군과 선박에 대한 투자를 이어갔다. 공식적으로 독립을 쟁취한 1648년 무렵 네덜란드는 유럽 전체 상선의 4분의3을 보유한 유럽 최대의 해운국으로 성장해 있었다. 이렇게 축적한 무력을 기반으로 네덜란드는 스페인이 차지하고 있던 식민지들을 차례차례 빼앗아갔고 인도네시아를 새로운 식민지로 편입했으며 일본과 뉴질랜드까지 교역의 범위를 넓혀갔다.

엘리자베스 1세가 통치하던 영국은 원래 식민지 쟁탈에 그다지 적극적이지 않았다. 다만, 유일하게 스페인과 종교적 갈등에 의한 대립이 지속되었고 1588년 무적함대를 격파하며 스페인을 침몰시킨다. 뒤를 이은 제임스 6세 또한 다른 국가들과의 충돌을 피하며 새로운 식민지를 개척하는데 열중했다. 그러나 1651년 영국 의회가 네덜란드의 무역 독점에 제동을 걸었고, 결국 1667년 현재의 뉴욕에서 네덜란드를 격퇴하면서 네덜란드 또한 쇠락의 길로 내몰았다.

식민지를 둘러싼 유럽 열강들의 경쟁은 이제 영국과 프랑스의 양자 대결구도로 좁혀졌다. 이 무렵 이들의 관심은 인도나 중국에 비해 더 많은 이익을 안겨주던 아메리카 대륙으로 옮겨져 있었다.[27] 프랑스의 루이 14세는 30년 전쟁과 귀족들의 반란이 정리되자, 절대왕정의 강화를 위해 왕실의 부를 축적하는데 온 힘을 기울였다. 그 일환으로 북아메리카와 동남아시아 여러 지역에 식민지를 적극적으로 건설해갔다. 이 과정에서 영국과 프랑스는 오랜 시간과 넓은 지역에 걸쳐 충돌했는데, 프랑스가 1815년 나폴레옹 전쟁에서 패하며 결국 영국이 최후의 승리를 차지했다.

이른바 상업혁명 시기에는 분리된 생산과 소비가 본격적으로 성장하기 시작했다. 그러나 엄밀히 말하면 이 시기의 성장은 전적으로 소비의 성장이었다. 미지의 땅에서 유입된 물자들로 풍요로움을 경험한 유럽인들의 소비가 급격하게 늘었지만, 이 물자들은 자국 내에서의 직접적인 생산이 아니라 식민지로부터의 수탈을 통해 조달되었다. 즉 이 시기 생산의 기반은 소비자가 거주하는 토지가 아니라 멀리 떨어진 미지의 땅, 식민지였던 것이다. 상업혁명의 시기는 흔히 대항해시대로 불리기도 한다. 바꾸어 말하면, 이 시기의 교역은 절대적으로 해상운송에 의존했다고도 할 수 있다. 이처럼 많은 양의 물자를 먼 거리까지 운송하는 것이 전제되었던 상업혁명은 조선술과 항해술의 비약적인 발전이 있어 가능했다.

조선술, 항해술, 동인도회사

포르투갈에서는 탐험가들을 바다로 이끌었던 항해왕 엔리크 왕자가 조선 기술자들을 모아 캐러벨Caravel선을 만들었다. 캐러벨선은 원양어선에 빠른 속도와 대포 등의 중화기를 장착하여 개조한 것으로, 당시 포르투갈의 탐험가들은 유럽 최고의 해상 기동력을 보유했었다. 그러나 캐러벨선에는 그들이 원하는 만큼의 물자를 실을 수 없었기 때문에, 이를 다시 개조하여 100톤 규모의 적재가 가능한 캐럭Carrack선으로 만들었다. 콜럼버스가 아메리카 대륙을 발견할 당시 사용했던 산타마리아호가 대표적인 캐럭선이었다. 스페인은 캐럭선의 길이를 늘리고 물에 잠기는 부분을 얇게 개조한 갤리온Galleon선을 개발했다. 갤리온선은 캐럭선에 비해 높은 안정성과 빠른 속도를 자랑했다. 영국의 헨리 8세는 갤리온선에 대량의 중화기가 장착될 수 있도록 개조하여 영국이 식민지 쟁탈전 최후의 승자가 되는 결정적 도구를 제공했다.

그림 18 **중세 선박의 종류**

(좌)캐러벨(포르투갈, 1500년), (중)캐럭(영국, 1540년), (우)갈리온(영국, 1585년)

[출처 : Kenneth Pomeranz, Steven Topik, 『The World that Trade Created, 3rd Edition』, 2012]

그림 19 **중세의 항해 도구**

(좌)천문 관측 도구인 아스트롤라베와 (우)중국 최초의 나침반인 사남(司南)

[출처 : (좌)http://www.clker.com/,

(우)박정해, "나경의 발전과 특징 분석", 『한국민족문화』 48, 부산대학교 한국민족문화연구소, 2013]

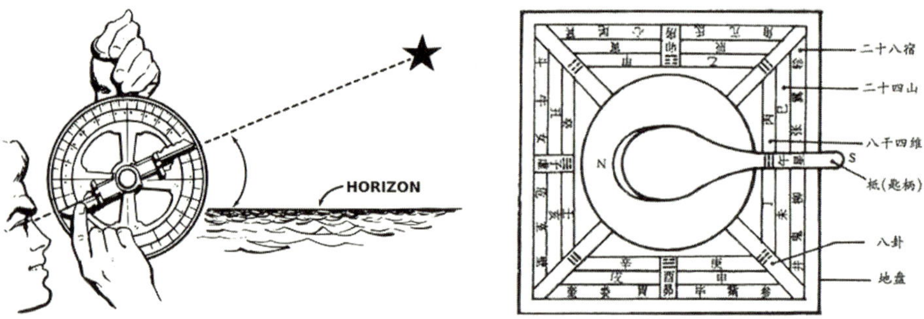

항해술이 발전하게 된 출발점은 지도 제작기술의 비약적인 발전이었다. 16세기 네덜란드의 지도학자 메르카토르Gerhardus Mercator는 '지구는 둥글다'는 당시 유럽의 발견과 중국 방격법의 정확성이 결합된 '메르카토르 투영법'을 창안했다. 그는 구형의 지구에 표기된 위도와 경도를 평면의 격자로 옮겨와 지도를 표기했다. 물론 극지방에 가까워질수록 실제 크기에 비해 과장되어 나타난다는 한계를 가지고 있으나, 상업혁명의 시기에서부터 오늘날에 이르기까지 가장 보편적으로 사용되고 있다. 여기에 아스트롤라베Astrolabe와 나침반이 더해지면서 대항해시대의 항해술이 완성되었다. 중동의 이슬람 문화권에서 정교하게 발전하여 12세기 유럽의 절대왕정에 들어온 아스트롤라베는 탐험가들이 천문의 관측을 통해 현재의 위치와 방향을 가늠할 수 있도록 해주었다. 천문의 관측이 불가능한 낮에는 12세기경 중국의 송宋나라로부터 전해진 나침반 덕분에 방향을 잃지 않을 수가 있었다.

한편, 조선술과 항해술이 꽃피우기 위해서는 천문학적인 자본이 필요했는데, 상업혁명 시기에 탄생한 동인도회사가 이러한 플랫폼을 제공했다. 사실 동인도회사는 대항해 시대의 경쟁에 뛰어든 여러 국가들이 공통적으로 사용했던 명칭으로 총 7개가 존재했다.[28] 그러나 이들 중 상업적으로 가장 성공한 것은 네덜란드 동인도회사였다. 대항해의 경쟁에서 16세기 네덜란드가 보인 상업적 성취는 아시아 교역을 표방하는 회사들의 난립을 불러왔다. 나날이 심화되는 경쟁과 확산되는 공멸의 공포 속에서 의회 의장 올덴바네벨트Johan van Oldenbarnevelt는 1602년 14개의 회사들을 통합하여 네덜란드 동인도회사를 출범시켰다.

동인도회사는 세계 최초의 주식회사이기도 했는데, 누구나 이 회사의 주식을 매입할 수 있었고 주주의 책임은 출자 지분 한도로 제한되었다. 이렇게 모은 네덜란드 동인도회사의 자본금은 먼저 설립된 영국 동인도회사의 10배에 이르렀고, 주로 선박의 구입이나 건조에 사용되었다. 당시 본업을 접어두고 직접 탐험에 뛰어들 수 없었던 이들은 자신이 가진 재산의 일부를 떼어 용감한 탐험가들의 항해를 경제적으로 지원했고, 그 대가로 자신들이 원했던 물자를 풍족하게 얻었다. 주주들에 대한 배당은 선박들이 가지고 돌아온 후추나 향료로 이루어졌는데, 1610년의 첫 배당은 출자한 금액의 132% 수준이었고 18세기까지 연평균 4%의 배당이 지급되었던 것으로 알려져 있다.

그림 20 **최초의 증권거래소**

네덜란드 동인도회사의 주식이 거래된 암스테르담의 증권거래소 전경으로, 세계 최초의 증권거래소로 알려져 있다. 주식을 사려는 이들의 열기가 과도해지면서 경찰이 출동하는 빈도가 잦아졌던 것으로 알려져 있다. [출처 : Museum of American Finance]

한편, 동인도회사의 성공에 힘입은 풍요로움은 유럽의 도시 구조를 재편해갔다. 로마제국에서 물자가 집결되었던 장소는 황제가 자리 잡고 있는 내륙의 도시였다. 황제는 방어에 유리한 내륙에 자리했고, 이곳의 포럼은 집회나 시장의 기능을 수행했다. 원형극장이나 대중목욕탕 같은 공공시설 또한 포럼 인근에 밀집해 있었다. 농업이 여전히 생산의 가장 중요한 부분이었던 절대왕정의 시기 또한 이와 크게 다르지 않았다. 권력의 정점이었던 교회는 내륙의 중심 도시에 위치했고, 장원이 위치한 농촌 지역에는 중·소도시들이 형성되었다.

그러나 대항해시대에 들어 모든 물자는 배가 정박하는 해안에 집결되었고 새로운 항만 도시들이 성장해갔다. 당시 실질적인 분배의 주체로 성장한 상인들은 다른 상인들과의 경쟁에서 우위를 차지하고자 항만 도시로 모여들었다. 포르투갈에서는 리스본이 해상운송의 새로운 중심지로, 엔리크 왕자가 활동했던 파루가 신기술의 중심지로 성장했다. 스페인의 중심은 내륙의 톨레도에서 해안의 바르셀로나와 발렌시아로 옮겨졌다. 네덜란드의 암스테르담은 세계 최대의 해상 교역 도시로 성장했고, 네덜란드를 제압한 영국의 런던은 그 뒤를 이었다.

펍

풍요로움이 거리를 메우고 도시 구조가 재편되면서 무수히 들어선 여관들은 두 가지 유형으로 나뉘어졌다. 하나는 풍요로운 도시의 번잡한 상업용 숙박시설이었고, 다른 하나는 쇠락한 농촌의 주민 커뮤니티 시설이었다. 그럼에도 불구하고 이들은 공통점을 가지고 있었는데, 숙박의 기능보다 사교의 기능이 더욱 강조되었다는 것이다.

대부분 상업이나 수공업에 종사했던 도시의 노동자들은 일과가 끝나면 여관의 선술집Tavern에 모여들었다. 농촌에서는 농사일을 끝마친 주민이 여관에 모여 함께 술잔을 기울이며 힘든 일상을 달랬다. 이처럼 주류의 제공에 더욱 초점이 맞추어진 여관을 퍼블릭 하우스Public House 또는 펍Pub이라고 한다. 물론 외지인의 숙박을 위한 방이 제공되기는 했지만, 이는 어디까지나 부차적인 기능에 지나지 않았다.

한편, 펍의 확산은 다른 부작용을 불러오기도 했는데, 18세기에는 저렴한 진Gin의 보급과 함께 펍을 중심으로 거친 음주 문화가 나타나기 시작했고, 알코올중독 같은 다양한 사회적 문제들을 만들어냈던

그림 21 **펍의 일반적인 풍경**

벨기에의 화가가 그린 18세기 유럽의 펍 내부 모습 [출처: Léonard Defrance, "*Pub Interior*", 18세기, Wikimedia Commons]

것이다. 이는 펍의 운영과 관련한 국가의 적극적인 개입을 불러왔는데 영국은 맥주, 양조 면허를 보편화하면서 진보다 알코올 도수가 낮은 맥주를 적극적으로 보급했다. 특히 산업혁명의 중심으로 성장한 영국의 도시에서는 직접 양조한 하우스 맥주를 제공하는 펍들이 노동자들의 열렬한 호응을 얻었다.

펍이 여관을 대체해가면서 1층에 위치한 마구간은 주류와 함께 노래나 포커 같은 유흥을 함께 즐길 수 있는 살롱Saloon으로 대체되어갔다.[29] 살롱의 규모에 따라서는 당구와 같은 스포츠나 희극 공연 등이 진행되기도 했다. 그러나 살롱의 이러한 다양한 볼거리들은 판매되는 맥주의 가격에 고스란히 반영되었기 때문에, 주류의 가격이 비교적 높게 형성되었다. 따라서 단순한 음주만을 목적으로 펍을 찾는 대부분의 노동자들은 살롱 옆에 위치한 바Bar에서 음주를 즐겼다.

당시 바에서는 수도꼭지를 통해 하우스 맥주가 제공되었고, 팔걸이가 없는 의자들이 빽빽하게 놓인 마룻바닥에는 취객들이 흘린 맥주나 뱉은 침으로 지저분했다. 따라서 대부분의 바에는 여성이나 아동의 출입이 제한되었다. 여성이나 아동을 동반하는 경우에는 별도로 구획된 개별적인 방Snug을 이용했다. 이 방은 불투명한 유리로 바와 차단되어 있었기 때문에 비교적 쾌적했고, 맥주와 함께 간단한 식사 또한 즐길 수 있었다. 때문에 은밀하게 음주를 즐겨야 하는 이들이 이 비밀스러운 방을 자주 이용하는 편이었다.

펍은 상업혁명 시기에 번영했던 유럽의 커뮤니티 문화를 상징하는 아이콘으로 자리 잡았고, 과거 유럽의 제국들 영향권에 있었던 여러 곳에서 아직까지 그 흔적들을 어렵지 않게 찾아볼 수 있다.

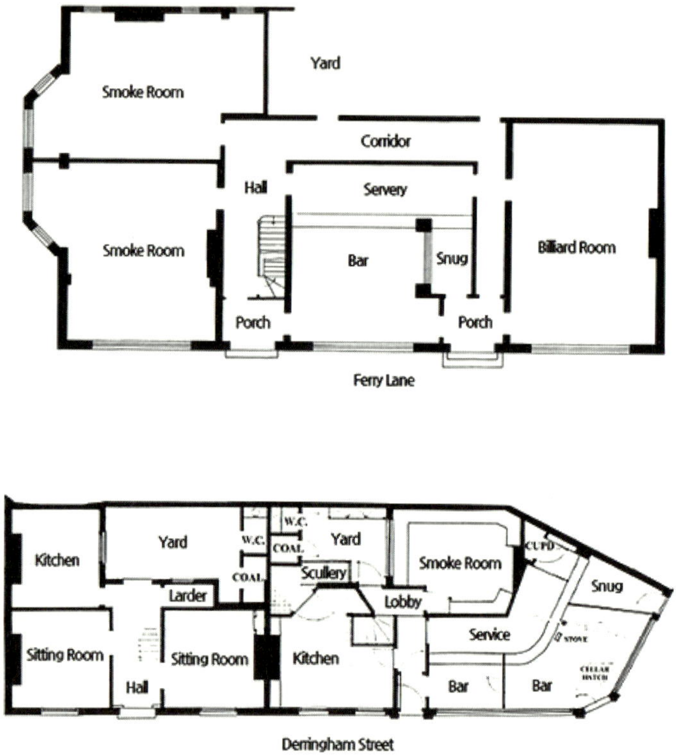

그림 22 **펍의 일반적인 평면도**

(위)Grapes Hotel(1907)과 (아래)Botanic Hotel(1921)

[출처 : Paul Gibson's Hull and East Yorkshire History]

그랜드 호텔과 팰리스 호텔

증기기관과 산업혁명

프랑스라는 강력한 경쟁자를 물리친 영국은 전세계 인구의 4분의1을 아우르는 거대한 제국으로 성장해간다. 아시아에서는 인도를 근거지로 싱가포르와 홍콩을 통해 아시아의 해상교역을 독점했고, 중동지역을 넘보던 러시아를 크림전쟁에서 격퇴하며 육로 또한 오롯이 손에 넣었다. 남아프리카공화국에 식민지를 건설한 대영제국은 이집트의 수에즈 운하까지 차지하며 아프리카 대륙의 풍부한 자원 또한 독점했다. 아메리카 대륙에서는 네덜란드로부터 빼앗은 뉴욕 인근 지역에 프랑스의 캐나다와 스페인의 남미 지역까지 편입시키며 대서양 교역까지 지배하기에 이르렀다.

'팍스 브리타니카'로 불리는 대영제국의 전성기는 전세계에서 유입되는 풍부한 자원을 모두가 원하는 제품으로 만들어낼 공업 생산력이 있기에 가능했다. 대영제국에 이러한 공업 생산력을 안겨준 것은 산업혁명이었다. 와트James Watt가 1776년 증기기관을 상용화한 이래로 많은 이들이 증기기관의 다양한 활용 방안을 모색하기 시작했는데, 증기기관이 가장 먼저 활용된 곳은 탄광과 공장이었다. 뒤를 이어 증기기관을 선박의 동력으로 활용하려는 시도가 이어졌고, 마침내 미국에서 풀턴Robert Fulton이 처음으로 증기선을 상용화하는데 성공했다.

증기선의 개발에 뛰어들었다가 풀턴에게 선수를 빼앗긴 스티븐슨George Stephenson은 증기선의 상용화를 위한 노력을 계속하는 한편, 증기기관차로 관심을 넓혔다. 스티븐슨 이전에도 증기기관차를 만든 이들이 있기는 했지만, 주행의 안정성 문제로 상용화되지는 못한 상황이었다. 스티븐슨은 증기기관차의 동력장치를 개선하여 주행의 안정성 향상에 주력하는 한편, 이를 뒷받침할 선로의 개발을 동시에 진행했다. 1825년 그는 마침내 증기기관차를 상용화하는데 성공했다. 이후 그는 증기기관차의 제작과 선로 건설을 병행하며 영국 공업화의 대동맥을 만들어 나갔다.

풀턴의 증기선은 150톤의 화물을 30시간 동안 240㎞ 거리까지 운송할 수 있었고, 스티븐슨의 증기기관차는 90톤의 화물을 2시간 반 안에 40㎞ 거리까지 운송할 수 있었다. 즉 운송의 효율성만 놓고 보자면 그렇게 대단한 차이는 아니었다. 오히려 증기기관차의 가장 큰 의의는 먼 거리의 해외 운송에 집중되었던 기술의 발전을 내륙으로 옮겨온데 있었다.

소비할 물자를 해외의 식민지들로부터 들여와야 했던 상업혁명 시기와 달리, 공업화가 진행되면서 직접 생산한 물자를 소비의 주체에게 효율적으로 운송할 필요가 생겨났다. 그러나 당시의 내륙 운송은 증기선의 운행이 가능한 커다란 하천 근처를 제외하면 마차에 의존하는 원시적 단계에 머물러 있었다. 증기기관차는 이러한 상황에서 당시 가장 진보한 운송 수단인 증기선의 운송 효율을 내륙으로 가져다주었고, 결국 도시화가 해안으로부터 내륙까지 확산되는 계기를 제공했다.

석탄이나 철광석 같은 자원을 보유한 지역에 공장이 들어서자 생산에 소요되는 비용이 현격하게 줄었고 생산성이 빠르게 향상되었다.

더 많은 공장들이 내륙에 세워졌고, 이들을 중심으로 공업 도시가 형성되어갔다. 영국에서는 방적의 맨체스터, 철강의 셰필드, 기계의 버밍엄 등이 이 시기에 성장했다. 절대왕정 시기부터 성장해온 도시들에는 수많은 공장들이 새로이 들어섰고, 일자리를 찾는 사람들이 몰려들면서 급격하게 과밀화되어갔다.

반면, 영국 전체 인구의 70% 수준을 차지했던 농업인구가 1850년경 22% 수준까지 줄어들면서 농촌은 쇠락해갔다. 부유한 도시와 가난한 농촌이라는 관념이 점차 사람들의 뇌리에 각인되어갔다. 유럽의 다른 국가들에서는 상대적으로 공업화의 진행속도가 느렸지만, 1851년 런던에서 개최된 만국박람회 이후 공업화의 물결이 유럽 전역으로 확산되었고 유럽 각지의 도시와 농촌들 또한 비슷한 상황을 거쳐가게 되었다.

대륙횡단철도

증기기관차에 의한 내륙 운송의 발전은 거대한 영토와 풍부한 자원을 가진 신생 독립국, 미국이 성장하는데 있어서도 결정적인 힘을 발휘했다. 영국에서 증기기관차가 상용화되던 시기, 미국에서는 공업이 발달한 북부의 보호무역주의자들과 농업이 발달한 남부의 자유무역주의자들 간에 노예제를 둘러싼 갈등이 심화되고 있었다. 1860년 북부 진영의 링컨Abraham Lincoln이 대통령에 당선되자, 남부 진영은 분리 독립을 선언하면서 이는 남북전쟁으로 비화되었다.

1865년 남부 진영이 항복하고 나서야 미국은 다시 하나가 되었고,

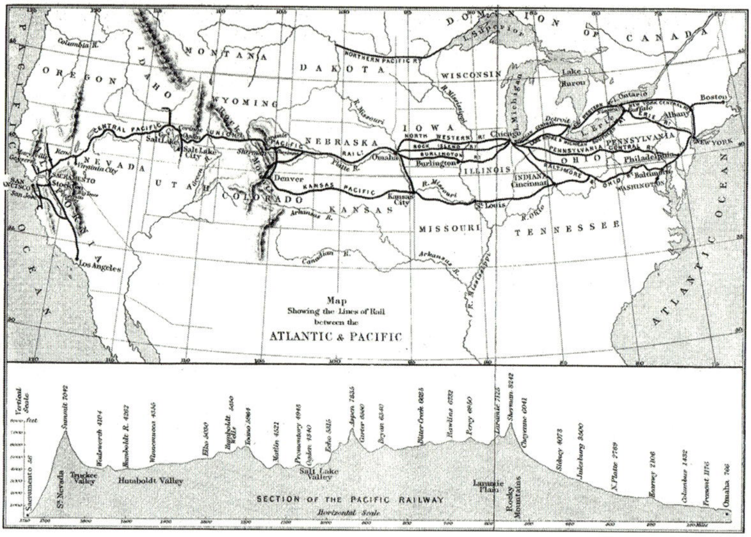

그림 23 **미국의 대륙횡단철도**

좌측 캘리포니아의 새크라멘토에서 유타의 프로몬토리까지는 센트럴 퍼시픽이, 프로몬토리에서 네브라스카의 오마하까지는 유니온 퍼시픽이 건설했다. 이후 오마하에서 시카고와 뉴욕에 이르는 다양한 노선들이 여러 철도회사들에 의해 건설되었다. [출처 : Yosemite Online Library]

본격적인 서부 개척을 시작할 수 있었다. 그러나 아직 남북 간의 갈등도 완전히 봉합되지 않은 상황에서 멀리 떨어진 서부와의 통합은 링컨에게 어려운 과제였다. 당시 동부에서 서부로의 이동에는 마차로 6개월, 증기선으로 4개월 정도가 소요되었다. 마차는 로키산맥의 험난한 지형과 인디언의 공격을 넘어야 했고, 남미의 남단을 돌아가야 하는 증기선은 거친 해역을 넘어야 했다.

이에 링컨은 남북전쟁이 끝나자마자 3,000㎞에 이르는 대륙횡단철도 건설에 착수했다. 동부의 유니온 퍼시픽과 서부의 센트럴 퍼시픽이 나섰고, 1869년 오마하에서 새크라멘토에 이르는 미국 최초의 대륙횡단철도가 개통되었다. 이후 두 철도 회사의 상업적인 성공에 경도된 여러 회사들이 대륙횡단철도 건설에 뛰어들면서 1914년까지 총 400,000㎞를 넘어서는 철도가 개설되었다.

대륙횡단철도가 미국인들의 삶과 미국의 도시 구조에 준 영향은 직접적이고 즉각적이었다. 우선 일주일 안에 동부에서 서부로의 안전한 이동이 가능해졌다. 정부로부터 광활한 서부의 토지를 불하받은 철도회사들이 이를 분양하면서 많은 이들이 서부로 이주했고, 기회를 찾는 많은 이들이 해외에서 건너왔다. 또한 운송에 소요되는 비용이 현저하게 줄면서 물가가 하락했고 소비는 빠르게 늘었다. 이로 인해 내륙의 소도시에 지나지 않던 오마하, 캔자스시티, 신시내티, 덴버는 새로운 정착민들로 인해 대규모 상업도시로 성장해갔다.

산업혁명은 기술의 발전과 이에 따른 생산의 비약적인 성장이 소비의 성장으로 확대된 경우라고 할 수 있다. 생산의 기반이 토지에서 공장으로 옮겨가며 대량생산이 가능해진 후 교역과 상업의 규모 또한 기하급수적으로 팽창했다. 이 과정에서 자본의 대여가 제품의 교역으로부터 분리되어 별도의 시장을 형성했고, 은행을 중심으로 하는 자본시장이 독자적인 체계를 갖추기 시작했다.

결과적으로, 도시의 상공인 및 금융인 계층이 빠르게 성장했고, 이렇게 두터워진 '중산층'은 새로운 소비의 중심으로 자리 잡았다. 반면에 공업 생산의 논리가 소비와 생활의 모든 영역에 적용되면서 모든 사람들이 같은 것을 보고 배우게 되었다. 즉 효율성의 원칙이 생산과 소비는 물론 생활, 교육, 문화 등 모든 영역을 지배하게 된 것이다.

그랜드 호텔과 팰리스 호텔

산업혁명 시기에는 펍의 지속적인 확산과 함께 원래 귀족을 대상으로 했던 호텔 또한 다른 형태의 최고급 숙박시설로 진화했다. 산업화의 물결을 따라 눈부시게 성장하는 경제 규모에 발맞추어 여전히 최고급 숙박시설에 대한 수요는 존재했지만, 이는 더 이상 극소수의 귀족들만을 대상으로 하는 것이 아니라 부유한 상인들까지 폭넓게 수용할 필요가 있었던 것이다. 새롭게 생겨난 최고급 숙박시설의 가장 대표적인 사례로는 그랜드Grand 호텔과 팰리스Palace 호텔을 생각해 볼 수 있다.

호텔의 명칭에 '웅장함'을 의미하는 그랜드가 함께 사용되기 시작한 것은 가발 유통으로 부를 축적한 로우David Lowe가 1774년 런던에 그랜드 호텔을 개관하면서부터였다. 당시 그는 호텔이라는 명칭의 원래 의미에 부합하는 최고급 호텔 공간을 부유한 고객들에게 제공하고자 했다. 그러나 호텔의 건립에 자본이 과도하게 투입되면서 그

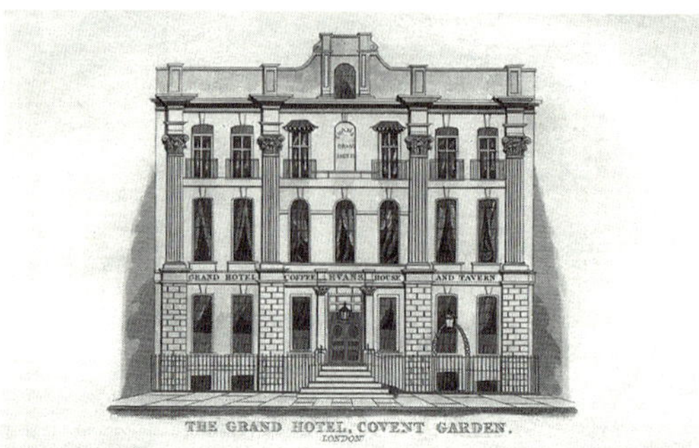

그림 24
최초의 그랜드 호텔
1774년 영국 런던의 Covent Garden에 개관한 최초의 그랜드 호텔 [출처: Tallis in Dugdale, "*The Grand Hotel, Covent Garden, London*", 1845, Ancestry Images]

는 결국 파산에 이르렀고, 이 호텔은 1880년까지 명맥을 유지하다가 문을 닫고 말았다. 그러나 이후 그랜드 호텔이 제공했던 고품질의 공간은 다양한 카피캣들을 만들어냈고, 그랜드 호텔은 고급 호텔을 통칭하는 의미로 사용되었다.

팰리스 호텔은 그랜드 호텔에 비해 복합적인 성격을 지니고 있었다. 이는 기본적으로 원래의 호텔이 표방했던 가치 제안을 넘어, 그 옆에 위치했던 왕궁의 가치 제안을 암시하는 도전적인 명칭이었다. 그러나 이러한 가치 제안이 실현되는 양상은 실제의 왕궁과는 달랐다. 우선 실질적인 가치 제안보다 최고급 호텔이라는 이미지의 형성에 초점을 맞춘 사례들이 먼저 등장했다. 비슷한 시기에 여러 곳에서 팰리스 호텔들이 세워졌던 것으로 추정되지만, 기록에 따른 최초의 사례는 1875년 샌프란시스코에서 개관한 팰리스 호텔로 알려져 있다.

한편, 실제 왕궁에서와 유사한 수준의 품질을 호텔의 가치 제안에 담으려 했던 진지한 시도 또한 있었다. 대표적인 사례가 1898년 파리에 개관한 호텔 리츠라 할 수 있는데, 호텔의 명칭에 팰리스가 직접적으로 사용되지는 않았으나 고객들로부터 팰리스라는 별칭을 얻게 된 경우였다. 리츠는 베르사이유 궁전을 본떠 호텔 공간을 구성했고, 서비스 또한 왕실의 의전을 기준으로 했다. 이후 호텔 리츠를 모방한 다양한 호텔들이 등장했는데, 이들은 호텔의 명칭에 팰리스를 함께 쓰는 경우들이 많았다.

여전히 그랜드나 팰리스는 호텔의 명칭에 흔히 사용되는 단어들이다. 그러나 이들이 처음 등장했을 때와 비교하면 지금은 그 의미의 많은 부분이 퇴색한 것이 사실이다. 물론 여전히 고전적인 양식의 대

그림 25 **호텔 리츠 파리 전경**

파리의 방돔(Vendôme) 광장에 위치하고 있으며, 여전히 호텔 리츠 파리라는 명칭으로 운영되고 있다. [출처: Conde Nast Traveller]

규모 호텔들이 이러한 명칭을 유지하는 경우가 많기 때문에 비교적 일관된 이미지를 형성하고 있기는 하지만, 더 이상 최고급 호텔들만의 가치 제안을 표방하는 것으로 보기에는 무리가 있다. 다만, 절대왕정 시기에 탄생한 최고급 호텔의 가치 제안이 그랜드 호텔과 팰리스 호텔을 통해 산업혁명 시기까지 명맥을 이어갈 수 있었고, 오늘날의 럭셔리 호텔 브랜드들이 탄생하는 원형原形, Prototype으로 작용했다는 데에서 의의를 찾을 수 있다.

CHAPTER 03

호텔 산업의 르네상스

태풍의 눈, 미국의 성장

미국의 산업화

> *근대의 호텔 산업은 급격한 산업화의 물결 속에서 탄생한 기술, 제도, 경영이론의 비약적인 발전이 집약된 결정체다.*

상업혁명 시기에 미국은 여러 유럽 열강들의 식민지로 분할되어 있었다. 플로리다는 스페인이, 뉴욕은 네덜란드가, 버지니아와 캐롤라이나는 영국이, 루이지애나는 프랑스가 차지하고 있었다. 그러다가 청교도들이 이주하면서 오늘날의 미국 역사가 시작되었다. 영국 안에서 박해에 시달리던 청교도들은 네덜란드로 이주했지만, 자본의 탐욕이 절정에 이른 네덜란드에서 그들이 추구하는 청빈한 삶을 영위하기란 어려운 일이었다. 이들은 십시일반 모은 돈으로 1620년 메이플라워호에 올라 매사추세츠의 플리머스에 정착했다. 경작할 토지는 식민지를 개발하려던 영국의 투자자들을 통해 확보했다. 그러나 이들의 생산은 투자자들을 만족시키지 못했고 분쟁 끝에 토지를 투자자들로부터 넘겨받게 되었다.[30]

여전히 미국 동부 연안 대부분을 차지하고 있던 영국은 내륙으로 확장하여 1732년까지 13개 지역 전체를 손에 넣었다.[31] 그러나 영국은 다른 나라와의 교역을 엄격하게 제한하고 식민지 정착민들에게 무거운 세금을 부과하며 미국의 교역을 독점했다. 불만이 쌓여가던 식민지 정착민들의 감정은 결국 '보스턴 차 사건'을 통해 폭발했다. 이에 영국이 강경하게 대응하면서 정착민들은 영국과 독립전쟁을 벌이고 1776년 독립을 선언하기에 이른다. 이후 미국은 프랑스로부터 루이지애나를 매입하고, 멕시코와의 전쟁을 통해 텍사스, 뉴멕시코, 캘리포니아를 차지하는 한편, 원주민인 인디언들의 영토를 합병하며 태평양 연안까지 영토를 확장해갔다.

미국의 성장이 유럽의 열강들과 달랐던 점은, 광활한 대륙에서 과거의 문화 및 제도적 기반 없이 단일국가가 형성되었다는데 있다. 때문에 초창기에는 단일국가로서의 면모를 갖추어 가는데 많은 진통을 겪었다. 이 거대한 국가를 물리적으로 통합하는 가장 큰 계기는 대륙횡단철도의 건설이었다. 이전에도 금광을 찾아 서부로 모여드는 이들이 있었지만, 서부의 본격적인 개발은 1869년 최초의 대륙횡단철도가 건설되면서 시작되었다. 서부의 비옥한 미개척지들에는 대형 목장들이 먼저 들어섰고, 농업이 기계화되면서 대형 농장들 또한 들어섰다.

한편, 미국의 공업 생산력은 석유와 이로부터 생산된 전력이 사용되기 시작하면서 영국을 앞서기 시작했다. 대륙횡단철도의 건설에는 엄청난 양의 철강이 필요했고, 노동력이 부족한 서부의 대형 농장에는 많은 농기계들이 필요했다. 이미 석탄을 이용한 기계식 동력의 공업 기반이 형성된 영국에 비해, 신흥국인 미국은 석유와 전력을 이용한 새로운 공업의 기반을 형성할 수 있었다. 게다가 미국은 거대한 공장을 건설할 수 있는 넓은 토지와 새로운 연료인 석유 또한 풍부하였다. 여기에 대규모 자본을 축적한 자본가들이 가세하면서 미국은 세계 최대의 공업 생산국으로 성장했다.

미국의 공업 생산력은 제1차 세계대전을 통해 꽃을 피운다. 발칸반도는 예전부터 아시아와의 교역을 둘러싼 유럽 열강들의 전쟁이 빈번하게 발생하여 '유럽의 화약고'라는 별명을 가지고 있었다. 여기에서 1914년 오스트리아와 세르비아 간에 전쟁이 발생했다. 그리고 이 전쟁은 독일 및 이탈리아가 오스트리아 편에, 영국, 프랑스 및 러시아가 세르비아 편에 서면서 세계대전으로 번졌다. 이 시기에 미국은 세르비아 편의 동맹국에 군수물자를 공급하면서 경제 규모를 급격하게 성장시켰다. 1920년대 들어 세계 최대의 경제력을 갖게 된 미국은 호황을 맞게 되었고, 누구나 부자가 될 수 있다는 희망이 거리를 가득 메웠다.

전후 미국의 호황기에 포드는 소비재로서 자동차의 문턱을 낮추며 보통의 미국인들이 개별적으로 이동할 수 있는 수단을 보급했다. 때마침 석유 공급의 독점이 해소되면서 자동차의 연료 또한 구하기 쉽고 저렴해졌다.[32] 이제 미국인들은 시간에 맞춰 기차역으로 달려갈 필요가 없어졌고, 철도가 놓이지 않은 곳까지도 이동이 가능해졌다.

미국인들은 자동차에 폭발적으로 호응했고, 1920년대 말이 되어서는 미국인들의 20%가 자동차를 보유했다.

동시에 자동차는 미국 최대의 산업으로 성장했고, 1950년대에 들어서는 전세계 자동차의 75%를 생산하기에 이르렀다. 한편, 다른 산업으로의 파급효과가 컸던 자동차 산업이 성장하면서 산업 전반이 동반 상승하는 효과가 발생했다. 1920년대 미국 전체 산업생산의 13%가 자동차에 투입되었고, 포드-T가 출시된 1908년 300억 불 수준이었던 GDP는 1929년 대공황 직전 1,045억 불 수준까지 성장했다.

그러나 소수의 자본가들이 호황의 과실을 독식하는 동안 소비의 주축이던 중산층이 무너져갔고, 마침내 소비가 생산을 따라가지 못하는 상황이 되었다. 1929년 10월 24일 주가는 폭락했고 시장은 얼어붙었다. 이른바 대공황이라 불리는 이 시기에 사라진 주식의 가치는 300억 불로 제1차 세계대전에 미국이 지출한 전비에 해당하는 금액이었다. 미국경제를 순식간에 황폐화시킨 대공황은 계속되는 고성장에 취한 정부의 자유방임적 정책 기조와 이를 틈탄 자본가들의 탐욕이 불러온 참사였다.

자동차와 고속도로

1932년 미국 대통령에 취임한 루즈벨트[33]는 정부의 강력한 통제 하에 무너진 경제의 재건에 나선다. 빈곤이 심화된 농촌의 부활을 지원했으며 고속도로와 같은 공공재의 공급에 직접 나섰다. 초점은 과잉생산의 억제와 중산층 재건을 통한 소비의 부활이었다. 이른바 뉴딜

정책의 일환으로 미국 정부는 테네시강 유역의 정비와 주간고속도로 Interstate Highway 건설 등의 대규모 공공사업을 계획하고 사회간접자본 확충 사업에 나섰다. 루즈벨트는 8개 고속도로로 이루어진 주간고속도로 건설 계획을 직접 지도에 그려 공공도로국에 검토를 지시했고, 1939년 구체화된 계획안이 작성되었다.

1939년 발생한 제2차 세계대전은 또다시 미국의 경제가 부흥할 수 있는 기회를 제공하였다. 주간고속도로가 본격적으로 건설된 것 또한 제2차 세계대전이 끝나고 아이젠하워가 대통령에 취임한 이후부터였다. 아이젠하워Dwight Eisenhower는 제2차 세계대전에서의 경험을

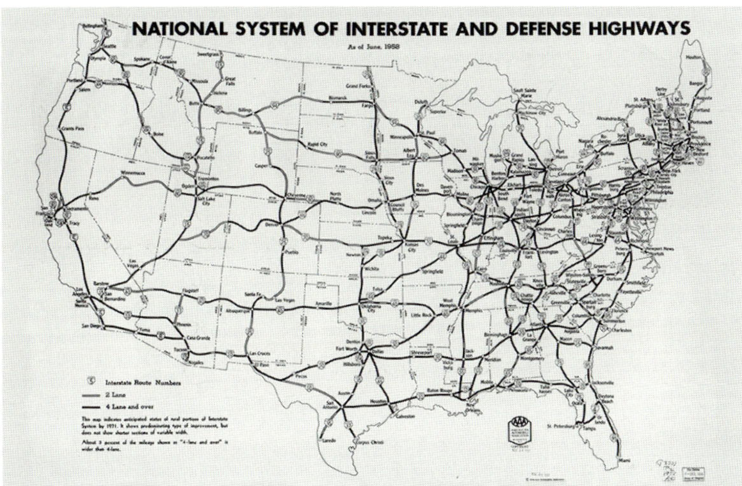

그림 26 미국의 주간고속도로

루즈벨트의 초기 계획안을 기초로 아이젠하워가 작성한 주간고속도로 건설 계획안. 참전용사 출신이었던 아이젠하워는 국토방위의 목적에 주안점을 두었는데, 이는 계획안의 제목에도 드러난다. [출처 : Built in London]

통해 원활한 군수물자의 수송이 국토방위에 결정적 요인이라는 인식을 갖게 되었고, 전국을 연결하는 도로망의 필요성을 절감했다.

그는 루즈벨트의 계획안을 보완하여 최종 계획안을 만들고 1956년에 이를 법제화함으로써 주간고속도로 건설 사업에 본격적으로 뛰어들었다. 처음에는 250억 불의 예산을 25년간 투입하여 총 66,000㎞의 도로를 완성하려 계획했으나, 결과적으로는 1,140억 불의 예산과 35년의 기간이 소요되고 나서야 완성되었다.

주간고속도로의 건설이 본격적으로 추진되면서 미국인들의 삶은 새로운 패턴을 갖게 되었다. 도시의 중산층은 답답하고 위험한 도심을 벗어나 여유롭고 쾌적한 교외로 이주해갔고 교외의 위성 도시들이 급성장했다. 가족 단위는 과거의 대가족에서 4인 내·외의 핵가족으로 재편되었고, 때마침 보급된 TV는 이들에게 세상을 바라보는 창이 되었다.[34] 당시 TV는 새로운 제품들을 다양한 방법으로 소개하면서 소비를 자극했고, 소비의 주축으로 부활한 중산층의 이동을 따라 교외 지역에는 대형 쇼핑몰들이 들어섰다. 그러나 새로 들어선 학교를 제외하면 별다른 공공시설이 없었던 교외 지역에서 이 쇼핑몰들은 단순한 상점의 기능에 그치지 않고 커뮤니티의 중심으로 성장해갔다. 이처럼 새로운 패턴의 삶은 개인의 기동성을 전제로 했는데, 이때부터 미국인들의 삶은 자동차에 절대적으로 의존하게 되었다.

기축통화의 역사

자본주의 경제 체제의 발전은 모든 경제적 가치를 화폐의 단위로 표현한다는 원칙에 기반을 두고 있다. 그리고 오늘과 같은 자본의 시대는 신용信用, Credit 화폐의 등장과 함께 막이 올랐다. 화폐가 탄생한 초창기에는 그 자체로서 소비 대상의 가치를 지닌 금속화폐가 보편적으로 사용되었다. 그러나 금이나 은으로 만들어진 금속화폐들은 오늘의 화폐처럼 직접적으로 사용되기보다는 금세공인들의 금고에 안전하게 보관되는 경우가 많았다. 대신 상업혁명 시기의 금세공인들은 금속화폐를 맡긴 이들에게 보관증을 발행했는데, 이 보관증이 지불 수단으로 사용되기 시작하면서 점차 화폐의 역할을 수행하게 되었다.

문제는 금세공인들의 탐욕으로부터 시작되었다. 그들은 자신들이 발행한 보관증이 화폐의 기능을 대체해가면서 실제로 맡긴 금속화폐를 되찾으러 오는 경우가 많지 않다는 사실을 알게 되었다. 이에 금세공인들은 보관하고 있는 금속화폐를 다른 이들에게 빌려주며 이자를 받기도 했고, 보관하고 있는 금속화폐의 가치를 초과하여 보관증을 발행하기도 했다. 금세공인들은 본업보다 금속화폐를 기반으로 한 보관증의 유통에 주력했고, 이는 은행으로 제도화되었다.

각지에서 크고 작은 은행들이 수없이 생겨나고 수많은 종류의 보관증이 화폐로 유통되기 시작했다. 은행들 간에 경쟁이 발생하고 무분별하게 발행된 화폐의 가치는 떨어졌으며 파산하는 은행들도 생겨났다. 즉 민간은행이 발행하는 화폐의 신뢰도에 근본적인 문제가 있었고, 화폐의 발행과 유통에 대한 일률적인 규제의 필요성이 대두되었던 것이다.

1844년 영국에서 영란은행英蘭銀行, Bank of England이 화폐의 발행과 유통에 대한 독점적 권한을 얻게 되면서 실질적인 중앙은행이 등장했다. 이후 대부분의 국가들이 비슷한 형태의 중앙은행을 설립하여 화폐의 발행과 유통을 통제하기 시작했다. 그러나 기축통화基軸通貨, Key Currency의 역할은 산업혁명의 진원지로 세계 경제의 중심축 역할을 했던 영국의 파운드가 수행했다. 당시 영란은행은 1파운드당 123.27g의 금화인 1소버린으로의 교환을 보장하는 금본위제를 채택했다. 이에 따라 각국의 환율이 금을 기준으로 고정되었고, 국가 간의 교역이 활발해질 수 있는 체계로 작용했다.

그러나 영국이 제1차 세계대전에 참전하면서 문제가 발생했다. 막대한 양의 군수물자를 조달하기 위해서는 막대한 양의 화폐가 필요했다. 이러한 기회를 붙잡은 것은 미국이었다. 전쟁에 참전하지는 않았지만 급성장한 생산성으로 군수물자의 공급을 실질적으로 독점했던 미국은, 본격적으로 영란은행의 금을 연방준비은행으로 옮겨 담기 시작했다.

제1차 세계대전이 종식되자, 영국과 미국의 상황은 완전히 역전되어 있었다. 영국은 금본위제로 복귀했지만, 금 보유량에 의문을 갖기 시작한 각국의 중앙은행들로부터 파운드의 금 태환 요청이 쇄도하면서 1931년 파운드의 금 태환 정지를 선언했다. 반면, 미국은 전세계 금의 3분의2를 보유하고 있었고, 달러에 대한 국제사회의 신뢰도는 파운드를 앞서고 있었다. 결국 제2차 세계대전의 태풍이 한 번 더 유럽을 휩쓸고 난 1944년 브레턴우즈 협정을 통해 각국의 통화가 금본위제의 미국 달러에 고정되었고, 미국 달러가 전세계 기축통화로 등극했다.[35]

그림 27
브레턴우즈 협정
1944년 미국 뉴햄프셔 브레턴우즈에서 44개국의 참여로 개최된 국제 통화금융 회의에서 영국 대표단으로 참석한 케인즈가 발언하고 있다.
[출처: The New York Times]

한편, 미국 달러 또한 화폐의 근본적인 문제로부터 자유롭지 못했다. 1950년대의 한국전쟁과 주간고속도로 건설 사업, 그리고 1960년대의 베트남전쟁은 미국의 막대한 재정 지출을 불러왔다. 이에 대한 미국의 선택은 금의 보유량을 초과하여 화폐를 새로 발행하는 양적완화였다. 국제사회에 유통되는 미국 달러의 공급이 증가하면서 미국 달러의 가치는 떨어졌다. 이 문제를 인지한 프랑스의 드골Charles De Gaulle 대통령은 미국 연방준비은행에 금 태환을 요청했고, 유럽 여러 국가들이 뒤를 이었다.

닉슨Richard Nixon이 대통령에 취임했을 무렵에는 미국의 금 보유량이 절반 수준으로 떨어져 있었다. 결국 닉슨은 1971년 미국 달러의 금 태환 정지를 선언하며 금본위제에 공식적인 사망선고를 내렸다. 사실 닉슨의 선언은 브레턴우즈 협정에 대한 일방적인 파기였다. 그러나 금 대신 미국 달러를 사들였던 여러 국가들은 미국 달러가 기축통화로 남기를 원했고, 미국의 일방적인 선언은 별다른 소동 없이 국제사회에 받아들여졌다.[36] 이 시기부터 화폐는 금과 같은 실질적 가치에 기반을 두지 않는 신용화폐로 바뀌었다.

오늘날 미국의 통화 체계는 재무부가 발행하는 국채에서 시작된다. 시중은행들은 이 국채를 연방준비은행이 발행한 화폐와 교환하여 재무부에 국채에 대한 매입 대금으로 지불한다. 미국 정부는 국채의 발행을 통해 확보한 화폐로 공무원의 임금과 공공사업이나 복지정책에 대한 재원을 확보한다. 한편, 이러한 정부의 지출은 다시 시중의 은행들에 예금의 형태로 돌아오는데, 은행들은 10% 내·외의 지급준비금을 제외한 나머지를 다른 은행, 기업, 개인에게 대출할 수 있다.

여기에서 마법과 같은 자본의 증식이 일어난다. 은행은 실제로 맡겨진 예금의 9배에 이르는 금액을 대출해줄 수 있기 때문에 시중에 유통되는 화폐의 가치, 즉 통화는 10배로 늘어나게 되는 것이다. 물론 국가에서 사회 전반의 채무한도債務限度, Debt Ceiling를 설정하여 정책적으로 관리하도록 되어있지만 여러 정치적 이유들로 인해 채무한도는 지속적으로 늘어왔고, 시중에 유통되는 화폐의 가치가 국가 전체에서 생산되는 가치를 한참이나 초과하는 상황이 발생했다.

기축통화의 순기능은 국가 간 교역에 단일한 결제의 수단이 사용됨으로써 교역이 편리해지고 빠르게 성장해갈 수 있다는데 있다. 그러나 기축통화를 사용하는 모든 국가들이 이를 발행하는 국가의 재정 정책으로부터 자유롭지 못하게 된다는 문제가 발생한다. 특히 기축통화의 발행이 금본위제처럼 일정한 기준에 따라 제한되지 않고 신용화폐로 자유롭게 발행되어 유통된다면 문제는 더욱 심각해진다. 기축통화를 발행하는 국가의 경기순환이 이를 사용하는 모든 국가에 파급될 수 있기 때문이다. 미국의 주택담보대출 부실로 인한 2008년 리먼Lehman Brothers의 부도가 전세계의 금융위기로 확산되었던 것이 대표적인 사례라고 할 수 있다.

월도프 아스토리아 호텔: 분리된 소유와 운영

월도프 아스토리아 호텔

남북전쟁 이후 급격한 산업화가 진행된 미국에서는 수많은 벼락부자들이 탄생했다. 그리고 이렇게 양산된 부호들은 당시로서는 상상하기 어려울 정도의 호화로운 생활을 누리며 다양한 고급문화들을 만들어내고 있었다. 뉴욕에서 모피 무역을 통해 부를 축적한 애스터Astor 가문 또한 부동산과 금융자산으로 한창 부를 늘려가고 있었다. 이들은 급격하게 늘어나는 자산들을 효율적이고 안전하게 쌓아가기 위해 집안의 믿을만한 누군가가 통합하여 관리하기를 원했다. 애스터 가문에서는 장손이자 명문 콜럼비아 대학에서 수학한 윌리엄William Waldorf Astor이 이를 담당했다.

윌리엄은 1890년 아버지가 세상을 떠나면서 아버지의 재산을 고스란히 물려받고 미국 최고의 갑부가 되었다. 당시 그의 부친은 맨해튼의 중심부에 위치한 저택에서 거주했지만, 윌리엄은 그곳을 자신의 거주지로 생각하지 않았다. 대신 이 저택을 허물어 대규모의 호텔을 건립하려는 계획을 세웠고, 1893년 13층 규모의 월도프Waldorf 호텔이 이 땅에 들어섰다. 호텔의 설계와 건립 과정에는 당시 미국 최고의 호텔 경영인으로 명성이 높았던 조지George Boldt가 참여했는데, 개관 후 윌리엄은 그에게 호텔의 경영까지 일임했다.

그러나 애초에 윌리엄의 관심사는 호텔을 지어 이윤을 창출하거나 새로운 문화를 만들어내는데 있지 않았다. 오히려 바로 인접한 부지에 거주하는 그의 숙모를 불편하게 만들고자 하는 불경한 의도에서 시작한 일이었다. 윌리엄은 장손인 자신의 아내가 '애스터 부인'으로 불려야 한다는 생각을 강하게 가지고 있었는데, 당시 대부분의 뉴욕

그림 28 **월도프 아스토리아 호텔 전경**

그림의 월도프 아스토리아 호텔은 해당 부지에 엠파이어스테이트 빌딩이 건립되면서 허물렸고, 지금의 월도프 아스토리아 호텔은 1931년 현재의 위치에 다시 지어진 것이다. [출처: Commercial Observer]

시민들은 그의 숙모인 캐롤린Caroline Astor을 애스터 부인으로 지칭했었다. 이러한 이유로 윌리엄은 숙모를 불편하게 생각했고, 그들의 관계는 소원해졌다.

월도프 호텔이 개관하자 윌리엄의 의도대로 숙모의 거주 환경은 급격히 악화되었고, 이들의 관계는 더욱 악화되어갔다. 그러나 정계 진출을 위한 몇 번의 시도에서 실패를 경험한 윌리엄은 갑자기 미국을 떠나 영국으로 이주해 버렸다. 애스터 가문의 자산을 관리하는 임무는 그의 사촌이자 캐롤린의 아들이었던 존John Jacob Astor IV에게 맡겨졌다.

존은 윌리엄과 달리 월도프 호텔의 상업적인 성공에 주목했다. 그는 자신의 어머니를 설득하여 북쪽의 센트럴파크 인근으로 이주시킨 후, 이 땅에 17층 규모의 아스토리아Astoria 호텔을 건립했다. 1897년 아스토리아 호텔이 개관하자, 존 또한 이 호텔의 경영을 조지에게 일임했다. 조지는 인접한 이 두 호텔 상층부에 통로를 연결하여 당시로서는 세계 최대 규모였던 1,300실의 단일 호텔을 만들었고, 이 호텔의 명칭을 월도프 아스토리아Waldorf=Astoria로 붙였다. 맨해튼 중심부의 상징이 된 월도프 아스토리아 호텔은 뉴욕 부유층의 사교 중심지로 빠르게 자리 잡아갔다.

조지 볼트

한편, 이 두 부호들의 신뢰를 한 몸에 받으며 월도프 아스토리아 호텔의 경영을 일임 받은 조지는 어떤 인물이었을까? 그는 어떻게 이 부호들의 신뢰를 얻어내고 미국 상류층들의 마음을 움직일 수 있었던 것일까?

산업혁명의 시기가 지나고 미국이 세계 경제의 중심으로 부상하던 1851년 프러시아 제국에서 출생한 조지는, 13세가 되던 1864년 뉴욕으로 이주하여 식당의 주방 보조로 생계를 꾸려갔다. 그러다가 25세가 되던 해에 필라델피아 최고의 남성 전용 사교클럽이던 '필라델피아 클럽'에서 기물관리직 자리를 얻어 클럽의 식당을 관리하기 시작했다.

이곳에서 미국의 급격한 산업화가 만들어낸 벼락부자들로 클럽의 주축을 이루는 회원들이기도 했던 소위 악덕자본가들Robber Barons[37]과 친분을 쌓게 되었다. 서른이 되던 1881년에 친분이 제법 두터워진 이들의 지원을 받아 필라델피아의 중심부에 작은 규모의 벨뷰Bellevue 호텔을 사들였다. 그리고 이 호텔은 얼마 지나지 않아 높은 수준의 서비스, 부유한 단골 고객들과 고품격 음식으로 전국적인 명성을 얻게 되었다.

조지는 가격에 민감하지 않았던 부유층을 주요 소비자로 하여 최고급의 서비스를 제공하는 대신 높은 가격을 책정했다. 물론 그의 충성스러운 소비자들은 그가 제공하는 서비스에 기꺼이 높은 가격을 지불하였다. 이렇게 축적한 재산으로 그는 건너편의 스트라트포드Stratford 호텔을 사들일 수 있었고, 이 호텔을 허문 자리에 대규모의 호텔을 새로이 건립하기 시작했다.

1904년 2년여에 걸쳐 8백만 불이 투입된 1,020실 규모의 벨뷰 스트라트포드Bellevue-Stratford 호텔이 문을 열었다. 이 호텔은 서비스뿐만 아니라 시설의 수준에 있어서도 조지의 단골 고객들을 만족시킬 수 있었던 최고급 호텔로 만들어졌고, 개관하자마자 필라델피아 부유층들의 사교 중심으로 자리 잡았다.

조지가 최고급 호텔의 경영자로서 명성을 얻게 된 데에는 아내 루이자Louise의 역할이 컸다. 남성전용 사교클럽에서의 경험을 통해 부유층 남성들의 취향에 정통해 있던 조지는 그들의 가족, 특히 배우자들을 호텔로 끌어내기 위한 방법이 필요했다. 당시 부유층의 공식적 사교행사에는 말끔하게 차려 입은 부부가 함께 참석하는 것이 관행이었기 때문이다.

그림 29 **벨뷰 스트라트포드 호텔 전경**

'Hyatt at the Bellevue'라는 이름으로 여전히 운영되고 있다. [출처: Shorpy]

루이자는 조지의 이러한 고민을 완벽하게 해결해주었다. 부유층 여성들이 매력을 느낄 만한 인테리어 소품들을 직접 선별하여 장식했고, 그들이 동경하는 유럽 스타일의 메뉴를 적극적으로 도입했다. 월도프 아스토리아 호텔에서 처음 소개된 사우전드 아일랜드 드레싱이나 월도프 샌드위치가 루이자의 작품으로 알려져 있다. 루이자의 디테일에 대한 남다른 감각 덕분에 벨뷰 스트라트포드 호텔은 부유층의 남·여 모두에게 사교를 즐길 수 있는 최적의 장소가 될 수 있었다.

또다른 측면에서 조지가 이처럼 효율적으로 부호들의 폭발적인 반응을 끌어낼 수 있었던 데에는, 조지 자신이 이러한 부호집단의 일원이었던 것 또한 기여했다. 물론 그가 처음부터 이들처럼 부유했던 것은 아니었지만, 그는 이들과 어울리는데 필요한 만큼의 문화적 소양과 감각을 가지고 있었다. 그는 다른 누구보다 대상 고객들의 필요를 정밀하게 파악할 수 있었고, 이를 충족시킬 수 있는 방법 또한 누구보다 잘 알고 있었다. 그들은 조지에게 충성스러운 소비자들이었고, 조지는 그들의 신뢰에 부응했다. 즉 조지는 규모가 제한적인 집단이었지만 가격에 대한 저항이 없었던 이들을 단골 고객으로 확보함으로써 스스로 부를 축적할 수 있는 기회를 얻게 된 것이다.

분리된 소유와 운영

1900년대 초 맨해튼과 같이 급격한 산업화의 혜택으로 부를 거머쥔 벼락부자들이 밀집한 곳에서의 호텔은 극소수의 부유층이 자신들만의 리그를 유지하기 위해 사교를 즐기는 장소였다. 즉 호텔 상품은 이러한 제한된 소비자들을 대상으로 고가의 사치품과 같은 가치를 제공해야 하는 성격을 강하게 지니고 있었다. 소유주들 또한 호텔이 직접적인 수익의 창출원이라기보다 자신의 부를 지켜내기 위해 필요한 정보가 교류되는 곳이기를 원했다.

이러한 점에서 벨뷰 스트라트포드나 월도프 아스토리아는 이러한 소비자들의 욕구를 충실하게 반영한 대표적인 호텔들이었다. 이 호텔들이 고가의 가격 정책을 유지했던 데에는 다른 소비자들에게 일종의 진입장벽을 형성하기 위한 목적도 있었다고 볼 수 있는 셈이다. 그리고 누구보다 이러한 맥락을 정확하게 이해하고 이들의 욕구를 세세한 부분까지 공유했던 조지는 이들에게 필요한 가치를 만들어내고 공급하는데 최적화된 인물이었다.

그러나 조지가 호텔 상품에 있어 성취한 혁신보다 더 주목할 만한 부분은 호텔의 소유와 운영이 분리된 새로운 가치사슬을 선보였던 데 있다. 그는 자신의 소비자들로 생각했던 부유층이 호텔에서 기대했던 가치, 특히 무형의 가치인 서비스를 충실하게 생산해낼 수 있는 전문성을 보유하고 있었다. 반면에 여기에 필요한 필라델피아나 맨해튼 중심부의 땅을 자신의 자본으로 확보하는 것은 능력의 범위를 벗어나는 일이었다.

대신 그는 그가 생산하고 제공하려는 가치의 주된 소비자인 동시에 가치의 생산에 필요한 장소와 공간을 보유한 부유층으로부터 확보할 수 있었다. 물론 여기에는 그가 이들과 쌓아온 신뢰가 커다란 역할을 했으며, 표면적으로는 무형의 가치 생산자인 조지가 이들로부터 유형의 가치인 장소와 공간을 빌려오는 형식을 취했다. 당시에는 오늘날과 같은 위탁 운영계약의 개념이 없기도 했지만, 무엇보다 장소와 공간의 소유주들에게 호텔 상품의 가치가 창출되는 일련의 과정에 개입할 만큼의 지식이나 의지가 없었던데 가장 큰 이유가 있었다고 할 수 있다.

표면적으로 필라델피아 최고의 호텔을 직접 소유하고 운영하던 조지가 표방했던 가치사슬은 소유와 경영이 일체화된 고전적 가치사슬로 오인되기 쉽다. 그러나 월도프 아스토리아 호텔을 임차하여 운영하던 그는 한참이나 시대를 앞선 분화형 가치사슬을 시장에 소개한 셈이었다. 물론 그의 이러한 혁신적 시도가 당시에 호텔 산업의 가치사슬을 근본적으로 변화시키지는 못했다. 조지는 소유와 운영이 분리된 가치사슬을 그의 지속적인 사업 전략으로 생각하지는 않았다. 그에게 소유와 운영의 분리는 단순히 주어진 상황에 맞추어 고안해낸 일회성 해법에 지나지 않았다. 즉 스스로 이러한 가치사슬의 복제 재생산을 염두에 두지 않았던 것이다.

결국 월도프 아스토리아 호텔은 1918년 조지의 사후 고전적 가치사슬을 표방하는 호텔로 바뀌었고, 그의 혁신적 가치사슬은 지속되지 못한 채 막을 내리고 말았다. 그럼에도 불구하고 그의 시도는 후일 미국의 호텔 산업이 성장해가는 과정에서 다양한 혁신들이 자라난 뿌리가 되었다. 분화형 가치사슬은 이후 미국의 호텔 산업이 세계 최대 규모로 성장해 가는데 있어 가장 보편적인 가치사슬로 작용했고, 새로이 호텔 산업에 뛰어드는 생산자들에게 다양한 사업의 기회를 제공했다.

스태틀러 호텔 회사: 호텔 상품의 표준화

스태틀러 레스토랑

엘스워드Ellsworth Statler는 1863년 펜실베니아주의 개티스버그에서 출생하여 아홉 살이 되던 1872년 오하이오주 브리지포트로 이주했다. 당시에는 어린 나이에도 집안의 생계를 위해 노동을 하는 것이 일반적이었다. 그 역시 이때부터 라벨르LaBelle 유리공장에서 노동을 시작하였다. 그러나 사람들과 어울리기를 좋아하는 소년에게 유리공장에서의 노동은 그리 신나는 일이 아니었다. 그는 항상 다양한 사람들과 어울릴 수 있는 일자리를 꿈꾸었고, 호텔은 그런 그에게 꿈의 직장이었다. 마침내 그는 열세 살이 되던 1976년 웨스트버지니아주 휠링의 맥루어McLure 호텔에 일자리를 얻으면서 꿈을 이루게 되었다.

엘스워드가 맥루어 호텔에서 다양한 업무들을 경험하며 경력을 쌓아가는 동안 그는 호텔 사업에 대한 남다른 수완을 선보였다. 우선 쓸모없이 버려져 있던 호텔 1층의 작은 공간을 빌려 당구장과 기차 매표소로 운영하며 수익을 창출했다. 그의 동생은 당구에 남다른 재능을 가지고 있었는데, 엘스워드는 그가 매 주 이 당구장에서 외지인들과 당구 시합을 벌이도록 주선했다. 그리고 이 시합은 지역 주민들의 관심을 불러일으키며 엘스워드의 당구장 사업이 번창할 수 있는 기회를 만들어 주었다.

이렇게 모은 자금으로 그는 1894년 뉴욕주의 버팔로에 500석 규모의 스태틀러 레스토랑을 개관했다. 그가 사업에 접근하는 방식은 가능한 한 많은 수의 고객들을 끌어들일 수 있도록 시설을 대형화 하고 규모의 경제를 통한 비용 절감으로 수익을 창출하는 것이었다. 일례로 레스토랑이 오픈한 초창기에 충분한 고객들을 끌어들이지 못하자, 일부 직원들을 내보내고 생산에 소요되는 비용을 낮춘 후 더욱 할인된 가격에 음식을 제공했다. 작은 규모의 레스토랑에서는 직원의 규모를 축소하기 어려웠던 것과 달리, 대규모의 레스토랑에서는 직원의 규모를 탄력적으로 조정할 수 있는 여지가 있었다. 이를 통해 그는 단골 고객이 생길 때까지 버틸 수 있었고, 결국 이 레스토랑은 그에게 상업적인 성공을 안겨주었다.

엑스포와 가설 호텔

그가 레스토랑의 성공에 힘입어 사업 확장을 생각하던 중에 버팔로는 팬 아메리칸 엑스포Pan-American Exposition를 유치하는데 성공했다. 그는 엑스포 기획관에게 엑스포를 위한 호텔 객실이 추가로 필요하다는 것을 설득했고, 마침내 1901년 2,084실 규모의 가설 호텔이 개관하자 이를 임차했다. 그러나 악천후와 매킨리William McKinley 대통령 암살 사건으로 이 엑스포는 실패로 돌아가고 말았다. 다만, 엘스워드는 호텔의 건립에 자본을 직접 투입하지 않았기 때문에 다행히 손실을 보지 않고 빠져나올 수 있었다.

2년 후 그의 호텔 사업 기획 능력을 눈여겨본 세인트루이스의 사업가들은 1904년 개최될 루이지애나 매입 엑스포Louisiana Purchase Exposition를 위한 호텔 건립을 엘스워드에게 맡겼다. 1904년 세인트루이스에

2,257실의 가설 호텔이 들어섰고, 엘스워드는 이 호텔의 운영을 맡았다. 이곳에서의 엑스포는 전국적인 관심 속에 성공을 거두었고, 이 호텔은 그에게 다시 한 번 상업적인 성공을 안겨주었다.

한편, 그는 두 번의 대형 가설 호텔 건립 및 운영을 통해 규모의 경제와 운영 효율성을 통한 비용의 절감과 수익의 창출이라는 원칙을 수립했다. 그는 2천 명이 넘는 고객들의 체크인 및 체크아웃 시간을 최소화하면서 여기에 소요되는 비용을 절감하고자 벨보이와 프런트 직원들을 시간 단위로 순환 근무하도록 했다. 고객 한 명당 소요 비용을 5센트씩만 절감해도 규모의 경제에 따른 전체적인 비용 절감의 효과는 엄청난 것이었다.

그림 30 **루이지애나 매입 엑스포 전경**

1803년 미국의 루이지애나 영토 매입 100주년을 기념하여 1904년 세인트루이스에서 개최된 박람회 [출처: Boston College]

스태틀러 호텔 회사

상당한 부를 축적한 엘스워드는 그의 사업 근거지인 버팔로로 돌아와 영구적인 호텔 건립을 추진하고, 1907년 버팔로에 300실 규모의 버팔로Buffalo 호텔을 개관했다. 이 호텔은 그가 그동안 발전시켜온 원칙들, 규모의 경제와 운영의 효율성이 집약된 결정체였다.

우선 그는 당시 유명세를 타던 호텔들과 달리, 시내 중심부가 아닌 변두리 지역에 자리를 잡았다. 이유는 제한된 자본을 효율적으로 활용하기 위해 장소의 확보에 소요되는 비용을 최소화하는 대신 공간과 서비스의 수준을 향상하려는 목적이었다. 이렇게 절감한 비용으로 미국 최초로 모든 객실에 개별적인 욕실, 전화, 시계, 전신거울, 독서용 스탠드 및 문구류 등이 비치된 호텔을 만들어냈다. 그러나 그는 이 호텔이 일부 부유층을 위한 최고급 호텔이 아니라 누구나 부담 없이 이용할 수 있는 호텔이기를 원했다. 따라서 합리적인 수준의 가격을 책정했고, 이는 더욱 많은 고객들을 끌어들이는 선순환 구조를 형성했다.

스태틀러 호텔은 호텔 공간과 서비스의 복제 재생산에 있어 기본적인 지침으로 작용하는 원형을 처음으로 시도하였다. 그는 호텔 공간의 다양한 요소들을 일률적인 통제가 가능한 단위로 줄이고 집적하는 데 많은 노력을 기울였다. 이를테면, 객실은 객실들끼리 모아서 배치하여 서비스 제공에 투입되는 인원을 최소화했고 승객용과 화물용 엘리베이터들을 함께 배치하여 동력을 효율적으로 공유할 수 있도록 했다. 또한 객실마다 설치된 욕실들은 인접한 객실의 욕실과 맞붙여 설치함으로써 배관을 공유하여 시설의 유지 및 보수를 용이하게 했다.

그림 31 **최초의 스태틀러 호텔**

그림은 스태틀러가 버팔로에 최초로 건립한 '버팔로 호텔'이며, 일반적으로 널리 알려진 스태틀러 호텔은 1923년 버팔로에 들어선 두 번째의 스태틀러 호텔이다.
[출처: The Buffalo History Museum]

그리고 구매해야 하는 객실용품들의 종류를 줄이는 대신 대량으로 구매하여 저렴한 비용에 조달했다. 예를 들면, 카펫의 패턴을 단 몇 가지로 한정하되 동일한 카펫을 대량으로 구매하여 할인된 가격을 적용받는 식이었다. 한편, 호텔 직원들에게는 서비스 매뉴얼을 배포하여 직원 누구나 어떤 직무에 배치되더라도 일관된 서비스를 제공할 수 있도록 하였다.

버팔로의 스태틀러 호텔은 또다시 그에게 상업적인 성공과 함께 전국적인 명성을 안겨 주었다. 그는 스태틀러 호텔 회사Statler Hotel Company를 설립하여 지속적으로 호텔 사업을 확장해갔다. 스태틀러 호텔 회사는 버팔로에 이어 클리블랜드(1912), 디트로이트(1915), 세인트루이스(1917), 뉴욕(1919), 버팔로(1923), 보스턴(1927)에 추가로 호텔을 건립했다. 이 호텔들에는 그가 버팔로에서 수립한 원칙들이 어김없이 적용되었고, 어김없이 그의 성공 스토리가 되었다.

호텔 상품의 표준화

산업혁명으로부터 시작된 근대 산업화의 중심에는 상품의 표준화라는 패러다임이 자리하고 있다. 이러한 원칙은 비단 2차 산업의 성장 과정에만 적용되었던 것이 아니라, 3차 산업의 성장에 있어서도 폭넓게 적용되었다. 호텔 산업에서도 이러한 산업화의 원칙, 표준화에 주목한 이들이 생겨났고, 엘스워드는 이를 최초로 실현한 인물이었다. 엘스워드는 호텔 상품을 구성하는 요소들을 표준화하여 일관된 품질을 반복적으로 생산해낼 수 있는 체계를 만들었다. 그는 유형의 가치인 공간은 물론 무형의 가치인 서비스까지 표준화의 범주에 포함했다.

사실 이전까지는 무형의 가치인 서비스는 표준화되기 어려운 요소로 치부되어 왔었다. 아무리 재화나 용역의 생산이 자동화되더라도 불특정 다수의 소비자들이 생산의 현장에서 직접 소비하는 호텔의 서비스는 소비자의 욕구에 맞추어 그때그때 사람이 직접 생산하여 제공해야 하는 영역으로 받아들여졌기 때문이다. 그러나 엘스워드는 이러한 서비스를 표준화시키기 위해 서비스 매뉴얼을 개발했고, 서비스의 생산을 담당하는 직원들에게 철저하게 교육하여 일관된 품질의 요소로 실현시킬 수 있었다. 또한 서비스의 표준화를 완성하기 위해 서비스를 공간에 맞추는 대신 공간을 표준화된 서비스에 맞추어 최적화시켰다. 결과적으로 그는 상품의 표준화를 통해 일관된 품질을 복제 재생산될 수 있는 기틀을 마련한 셈이었다.

그러나 엘스워드의 표준화된 상품이 그의 생각만큼 지속적으로 복제 재생산되지는 못했다. 가장 큰 이유는 그가 차지한 산업의 영토에 유익한 경쟁자들의 진입을 허락하지 않았던 데에 있다. 즉 그는 가치 제안이 카피캣들을 통해 끊임없이 진화하고 산업을 키워내는 것보다 일련의 생산 과정을 직접 통제하고자 했다. 그는 조지가 시장에 소개했던 분화형 가치사슬을 받아들이지 않았고 직접 설립한 회사를 통해 모든 가치들을 일괄적으로 생산하여 공급했다.

물론 혁신적인 상품의 품질을 엄격하게 통제하는 것이 상품의 가치를 지켜내는 최선의 방법일 수도 있겠지만, 새로운 시장이 형성되는데 소요되는 비용을 혼자만의 힘으로 감당하는 데에는 분명 한계가 존재한다. 예를 들어, 대규모의 자본이 묶인 호텔의 영업 실적이 저조한 경우에는 그가 새로 추진하던 호텔들의 건립이 통째로 중단되어야 하는 일들이 발생했다. 그러다보니 혁신적인 상품을 통해 자본을 축적하는 것보다 묶이는 자본의 비중이 점점 늘어났고, 그는 결국 유동성 위기에 봉착하고 만다.

1928년 엘스워드의 사후 스태틀러 호텔 회사는 워싱턴 디씨, 로스엔젤레스, 하트포드, 댈러스에 추가로 호텔을 건립하지만, 결국 그의 가치 제안을 모방해내고 성장을 지속할 수 있는 가치사슬로 무장한 경쟁자들이 등장하면서 점차로 쇠락해 갔다. 1954년 스태틀러 호텔 회사는 당시 호텔 산업의 새로운 강자로 떠오른 콘래드Conrad Hilton에게 1억 1천1백만 불에 인수되면서 화려했던 도전을 내려놓게 된다. 그러나 오늘날 존재하는 수많은 호텔 브랜드들은 대부분 엘스워드가 만들어낸 표준화의 패러다임에 근간을 두고 있다. 즉 그의 사후가 되어서야 가치 제안과 가치사슬이 진화하며 산업을 키워내는 선순환 구조가 형성되었던 것이다.

힐튼 호텔 주식회사: 글로벌 호텔 브랜드

모블리 호텔

노르웨이계 이민자였던 오거스트August Hilton는 뉴멕시코주의 샌안토니오에서 잡화점을 비롯한 다양한 사업체를 운영하고 있었다.[38] 그는 독일계 기독교 신자였던 매리Mary와의 슬하에 여덟 자녀를 두었는데, 콘래드는 1887년 둘째이자 장남으로 태어났다. 청년기의 콘래드는 주립 뉴멕시코 사관학교와 기독교 계열의 성미카엘 대학에서 학업을 마친 후 샌안토니오로 돌아와 아버지의 사업을 도왔다.

당시 힐튼 가족은 샌안토니오의 기차역 맞은편에 위치한 저택에 살고 있었는데, 오거스트는 자녀가 새로 태어날 때마다 방을 증축하며 집의 규모를 키워갔다. 그러다가 자녀들이 성장하여 하나 둘 집을 떠나면서 남게 된 방들을 숙박시설로 활용하기 시작했다. 당시 집에 남아 아버지의 사업을 돕던 콘래드는 기차역으로 나가 손님을 맞이하고 짐을 숙소까지 들어주는 일을 담당했다.

콘래드가 스물 한 살이 되던 1909년 오거스트는 콘래드에게 잡화점의 운영을 맡겼다. 그러나 애초에 사업을 가르치고자 하는 목적으로 일을 맡겼던 오거스트는, 젊고 의욕이 충만했던 콘래드에게 많은 재량을 허락하지 않았다. 시간이 갈수록 부자간의 충돌이 잦아졌고, 결국 1912년 콘래드는 집을 떠나 독립의 길을 모색했다.

이후 콘래드는 초기 뉴멕시코 주의회 의원으로 일하기도 했고, 자금을 모아 소규모 은행을 운영하기도 했으며, 제1차 세계대전 중에는 프랑스에서 미군 소위로 복무하기도 했다. 그러다가 오거스트가 교통사고로 세상을 떠난 1919년이 되어서야 샌안토니오로 돌아와 아버지의 사업을 이어받았다.

한편, 전쟁 중에 적절한 유통채널을 확보할 수 없었던 오거스트의 사업은 이 시기에 이미 쇠락해 있었다. 반면에 세계 각지를 돌며 다양한 문물을 접했던 서른 한 살의 콘래드는 더 넓은 곳에서 자신의 길을 개척하고픈 욕구가 충만했다. 결국 그는 아버지의 사업체를 처분하여 수중에 얻게 된 5천 불을 들고 정유 사업이 활기를 띠던 텍사스로 떠났다.

원래는 은행을 인수할 목적으로 텍사스를 돌던 콘래드는 마침내 작은 도시 시스코에서 기회를 찾아냈다. 그러나 당시 은행의 소유주가 요구한 금액을 조달할 수 없었던 그는, 실망한 채로 은행 건너편의 모블리Mobley 호텔에 여정을 풀었다. 이때 호텔은 이미 고객들로 가득 차 있었고, 자신의 순서를 기다리는 사람들이 장사진을 이루고 있었다. 이미 아버지의 숙박업을 도우며 경험한 콘래드에게 이 장면은 새로운 사업의 기회를 의미했다.

그림 32 **모블리 호텔 전경**

현재 '콘래드 힐튼 박물관'으로 사용되고 있다. [출처 : US Library of Congress]

결국 콘래드는 은행의 소유주가 요구했던 금액의 절반이 채 되지 않는 자본으로 1919년 이 호텔을 인수했다. 호텔을 인수하고 1년이 채 지나지 않아 그는 투자했던 자본을 성공적으로 회수했고, 이에 힘입어 포트워스와 댈러스에 호텔들을 추가로 매입했다. 그리고 1925년에는 댈러스의 한 부지를 임차하여 새로이 호텔을 지어 올리기까지에 이른다. 이렇게 승승장구하던 콘래드의 호텔 사업은 1929년 대공황의 암운이 드리우기 직전까지 여덟 곳에 이르렀다.

힐튼 호텔 주식회사

대공황은 미국 전역에 위치한 호텔들의 81%를 파산으로 내몰았고, 콘래드 또한 3곳의 호텔을 잃게 되었다. 그나마 대공황의 여파를 상대적으로 적게 받을 수 있었던 데에는 텍사스의 금융업자였던 윌리엄William Moody의 도움이 컸다. 텍사스의 갈베스톤에서 미주생명보험American Life Insurance을 운영하던 윌리엄은 콘래드에게 30만 불에 달하는 자본을 대여했다. 단 그의 호텔들을 하나의 법인으로 묶어 법인의 주식을 담보로 제공하는 조건이었다.

콘래드는 곧바로 그의 호텔들을 소유하고 운영하는 힐튼 호텔 주식회사Hilton Hotels Corporations를 설립했고, 이 법인의 주식 3분의2를 윌리엄에게 담보로 제공했다. 그러나 상당기간 지속되었던 대공황의 여파로 콘래드는 결국 파산에 이르렀고, 1931년 담보권을 실행한 윌리엄에게 법인의 지분 3분의2를 빼앗기고 말았다. 대신 콘래드의 호텔 사업에 대한 수완을 눈여겨보던 윌리엄은 콘래드가 이 법인을 지속적으로 경영하도록 했다.

호텔 사업에 대한 주관이 강했던 콘래드와 재무적 투자자로서 위험한 투자를 극도로 꺼려했던 윌리엄의 불안한 동거는 1934년 콘래드가 남아있는 대출의 대부분을 상환하고 5개 호텔들에 대한 통제를 온전히 되찾아오면서 마침표를 찍었다. 콘래드가 3년 남짓한 기간에 이 호텔들을 되찾아올 수 있었던 원동력은, 차츰 회복세를 보이기 시작하던 시장 상황과 그의 탁월한 경영 능력을 통해 축적한 자본이었다. 특히 그간의 실패를 겪으며 콘래드가 축적한 경영 노하우는 그를 실패의 위험으로부터 멀찌감치 떨어지게 했다. 그는 호텔의 각 부서별 책임자가 매출과 비용을 개별적으로 관리하도록 했고, 영업 실적 또한 부서 단위로 평가했다. 이러한 그의 재무관리 원칙은 오늘날의 숙박업 회계기준Uniform System of Accounts for Lodging Industry 또는 USALI의 토대가 된다.[39]

이처럼 체계적인 재무관리를 통해 콘래드는 1939년까지 남아있던 모든 대출을 상환할 수 있었고, 캘리포니아의 샌프란시스코와 롱비치에 호텔을 추가로 사들이면서 텍사스주 밖으로까지 사업을 확장해갔다. 그에게 있어 사업의 지리적인 확장은 크게 두 가지의 의미가 있었다. 우선 규모의 경제를 통하여 그의 호텔 사업이 갖는 효율성을 높임과 동시에 사업에 따르는 위험을 다양한 지리적 위치로 분산시키는 것이었다.

사실 상품의 가치 제안이 대상으로 하는 소비자에게 최적화된 상황이라 하더라도 소비자의 구매력이 상실되면 의미를 갖지 못한다. 대공황을 통해 이를 뼈저리게 경험한 콘래드에게 다양한 유형의 소비자를 확보하는 일은 사업의 안정성을 위해 무엇보다 중요했다. 바꾸어 말하면, 생산해내는 용량의 범위를 넓히고 소비를 분산시킴으로써 용량의 전체적인 활용 효율을 안정적으로 유지하는 것이었다.

다른 하나는 광범위한 경제의 성장과 그의 호텔 사업의 성장 간에 선순환 구조를 만들어내는 것이었다. 그에게 있어 경제의 발전은 사업이 안정적으로 유지되고 지속적으로 성장해가기 위한 전제 조건이었다. 이 또한 대공황을 혹독하게 겪은 그에게는 중요한 부분이었다. 그는 사업이 번창해 갈수록 사회적인 공통의 가치를 실현하는데 더욱 많은 기여를 할 수 있다고 믿었다.

실제로 그는 전후 파산 직전에 이른 유명 호텔들을 그만의 재무관리 원칙에 따라 성공적으로 회생시키며 지역경제의 회생에 상당한 기여를 했다. 이 시기에 그를 통해 회생한 호텔에는 시카고의 스티븐스Steven's 호텔과 파머하우스Palmer House, 뉴욕의 플라자Plaza 호텔과 월도프 아스토리아 호텔, 베벌리힐즈의 타운하우스Townhouse, 워싱턴 디씨의 메이플라워Mayflower 호텔 등 미국 주요 도시의 대표적인 호텔들이 대거 포함되어 있다.

글로벌 호텔 브랜드

호텔 산업에 있어 콘래드의 가장 큰 기여인 동시에 성취는 글로벌 브랜드를 태동시킨 것이라고 할 수 있다. 이는 그의 지리적 확장에 대한 생각이 바다 건너편에까지 닿게 되면서 진행되었다. 제2차 세계대전이 끝난 직후인 1948년 콘래드는 자신이 소유하고 운영하는 미국의 호텔들과 유럽의 호텔들 간에 협력을 모색하고자 유럽을 찾았다. 애초의 의도는 미국과 유럽의 호텔들 간에 공동으로 마케팅을 하려는 것이었다.

그러나 전후 유럽에 남아있는 호텔들의 공간과 서비스 수준에 실망한 그는 해외에 직접 법인을 설립하여 새로운 호텔을 개발하는 쪽으로 방향을 선회했다. 취지는 전후 복구사업 등을 위해 유럽을 방문하는 미국인들에게 안전하고 쾌적한 호텔을 제공하고, 유럽인들에게는 호텔 산업의 성장을 통해 경제가 회복될 수 있는 기회를 제공하려는 것이었다. 이러한 취지하에 그가 1948년 영국에 설립한 힐튼 호텔 인터내셔널Hilton Hotels International은 최초로 해외에 진출한 미국의 호텔 브랜드가 되었다.

그러나 실질적인 해외 진출은 유럽이 아니라 미국에서 가까운 카리브해에서 처음으로 이루어졌다. 그가 최초로 개관한 해외의 호텔은 푸에르토리코 정부의 출자를 받아 1949년 산후안에 들어선 카리브 힐튼Caribe Hilton 호텔이었다. 최초로 푸에르토리코에 진출한 미국 호텔 브랜드라는 대중적인 관심 속에서 이 호텔은 눈부신 성공을 거둔다. 푸에르토리코 정부는 9백만 불에 이르는 자본을 3년이 채 안되어 모두 회수했고, 5년째가 되었을 때에는 2백8십만 불에 이르는 추가 이익까지 얻었다. 이러한 성공을 지켜본 세계 각지의 부동산 개발업자들은 콘래드에게 러브콜을 보내기 시작했고, 힐튼은 전세계적으로 확장해가는 최초의 글로벌 호텔 브랜드가 되었다.

1964년 힐튼 호텔 주식회사는 해외 호텔의 운영과 사업 확장을 전담하던 힐튼 호텔 인터내셔널의 경영을 분리했다. 취지는 서로 다른

그림33 **카리브 힐튼 호텔 전경**
힐튼 최초로 해외에 위탁 운영의 형태로 브랜드를 도입했던 사례로, 이후 증축을 거쳐 현재 652개의 객실과 264개의 빌라를 제공하는 호텔로 운영되고 있다. [출처 : History Miami Archives & Research Center]

시장과 상이한 법제를 적용받는 상황에서 효율적인 사업의 확장을 도모하기 위함이었다. 그러나 결과가 생각만큼 만족스럽지 못하자, 결국 이 해외 법인을 트랜스 월드 항공Trans World Airlines에 매각하고 미국 내의 사업에 집중하기로 결정한다. 이후 힐튼 호텔 인터내셔널은 몇 번의 대주주 변경을 거쳐 1987년 영국의 래드브록Ladbroke 그룹에 매각되었다. 최종적으로 힐튼 호텔 주식회사가 힐튼 호텔 인터내셔널을 다시 인수해온 것은 2005년에 이르러서였고, 이때까지 힐튼은 미국과 해외에서 이원화된 상태를 유지했다.

당시 힐튼과 래드브록 사이의 계약에 따르면, 힐튼은 미국 밖에서 힐튼이라는 이름으로 호텔을 운영할 수 없었다. 마찬가지로 래드브록 또한 미국 내에서 힐튼이라는 이름으로 호텔을 운영할 수 없었다. 그러나 이 두 회사가 각각의 전략에 따라 사업을 확장해가면서 서로의 배타적인 경계를 넘게 되는 일이 불가피해졌다. 이들이 다시 합병된 2005년 이전까지 힐튼 호텔 주식회사는 미국 밖에서 '콘래드'라는 브랜드로, 영국의 힐튼 호텔 인터내셔널은 미국에서 '비스타'라는 브랜드로 사업을 확장해갔다.

2005년 힐튼 호텔 주식회사가 래드브록으로부터 힐튼 호텔 인터내셔널을 57억 불에 되찾아온 후 비스타 브랜드는 폐기되었고, 콘래드는 힐튼 계열의 상위 브랜드로 포지셔닝되었다. 그리고 통합된 법인은 힐튼 월드와이드Hilton Worldwide라는 이름으로 다시금 호텔 산업의 왕좌를 되찾기 위한 기회를 모색해갔다.

홀리데이인: 복제 재생산의 메커니즘

홀리데이인

1951년 여름 테네시주 멤피스의 주택 건축업자였던 케먼스Kemmons Wilson는 아내와 다섯 자녀들을 데리고 워싱턴 디씨로 2주간의 휴가를 떠났다. 당시 멤피스는 세계 최대의 면방직 및 목재 교역 시장이었으며, 미국 대중문화의 아이콘이었던 엘비스 프레슬리가 활동하던 거점이었다. 한편 전세계 자동차의 75%를 생산하던 미국은 국토 전역에 체계적인 도로망을 구축하는데 힘을 쏟고 있었다. 이러한 상황에서 풍요로운 도시의 성공적인 사업가가 계획했던 소박한 가족여행은 다시 생각하고 싶지 않은 기억의 하나로 남게 된다.

일곱 명의 가족이 묵어야 했던 고속도로변의 호텔이나 모텔들은 지저분하고 비위생적이었다. 더군다나 인원수에 따라 추가요금이 부과되다보니 온 가족이 한 방에 묵는 경우에도 같은 방을 두 사람이 쓰는 경우의 두 배가 넘는 요금을 지불해야 했다. 시간이 흐를수록 여행에 대한 기대와 설렘은 피로와 실망으로 변해갔다. 2주간의 고된 여정에서 돌아온 케먼스는 돌이키고 싶지 않은 기억 속에서도 자신이 할 수 있는 뭔가가 있음을 깨달았다. 그리고 곧바로 가족들과 편안하게 여행을 즐길 수 있는 숙박시설을 직접 만들어낼 계획에 착수했다.

1952년 여름 멤피스에서 내쉬빌로 향하는 고속도로변에 그의 첫 번째 호텔이 홀리데이인Holiday Inn이라는 이름으로 개관했다. 그는 이 호텔이 누구한테나 집처럼 편안한 곳이길 원했고, 이를 구현하기 위한 몇 가지 원칙을 세웠다. 객실마다 에어컨과 전화기가 설치되었고 주차장과 얼음이 무료로 제공되었으며, 요금은 인원수가 아닌 실 단위로 부과되었다. 그러나 당시만 해도 이 작은 호텔 하나가 전세계 호텔 산업의 지형을 완전히 바꾸게 되리라고는 그 자신도 예상하지 못했다.

첫 번째 홀리데이인이 성공적으로 안착해가던 1953년, 그는 월레스Wallace Johnson의 투자로 길 건너편에 두 번째 홀리데이인을 개관했다. 이때 그는 첫 번째 홀리데이인을 통해 만들어낸 원칙들을 그대로

그림 34 **홀리데이인 멤피스 전경**

고속도로 운전자들의 눈에 잘 띄도록 도로변에 과장된 간판을 세웠고, 대규모의 주차장을 확보하고 있다. [출처 : David Cobb Craig]

적용했다. 당시 산업 중심지의 하나로서 수많은 여행객들이 지나다니던 멤피스에서의 이 두 호텔은 폭발적인 호응을 이끌어냈다. 그리고 이 두 홀리데이인의 성공으로 케먼스는 인근 지역에서 빠르게 호텔 수를 늘려갈 수 있는 기회를 얻게 되었다.

중구난방으로 들어선 기존의 호텔들과 차원이 다른, 청결함과 편리함으로 미국 남부 지역에서 빠르게 확장해 가던 홀리데이인은 점차로 미국 전역으로부터 관심을 받기 시작했다. 자동차로 여행하는 사람들은 누구나 홀리데이인에 머무르길 원했고, 호텔에 대한 투자를 고민하던 이들은 자신들의 호텔에 홀리데이인이라는 이름을 원했다.

더군다나 1956년 국책사업으로 추진되기 시작한 주간고속도로 구축 사업은 홀리데이인이 미국 전역으로 확장해 가는데 날개를 달아주었다. 이처럼 미국 전역에서 공전의 히트를 기록하며 확장해가던 홀리데이인은 1958년 100호점을 개관하기까지 이르렀다.

집을 떠나와 잠시 동안의 안식처를 찾는 이들은 대체로 지극히 보수적인 구매 행태를 보인다. 특히 업무상의 목적으로 객지를 찾았거나, 어떤 목적지를 향해 가다가 낯선 곳을 경유하는 중이라면 더욱 그렇다. 이러한 경우 여행자들은 새로운 경험을 찾기보다는 조금이라도 더 익숙하고 안정적인 환경에서 휴식을 취하고자 하는 욕구를 보인다. 이처럼 보수적인 성향의 구매자는 어떤 상품의 구매를 통해 기대되는 효익을 명확하게 예측할 수 있기를 원하며, 확실한 예측이 가능한 상품일수록 구매의 확률은 더 높아진다.

케먼스가 홀리데이인을 통해 창조해낸 것은 단순히 청결하고 편리한 숙박시설만은 아니었다. 그가 만들어낸 호텔 상품의 핵심적인 가치는 누구한테나 집처럼 편안한 호텔을 구현하기 위해 그가 수립한 원칙들이었고, 이 원칙들이 모든 호텔들에 예외 없이 엄격하게 적용되면서 구축된 일관성이었다고 할 수 있다.

그가 만들어낸 일관성은 수많은 이들이 여행을 계획함에 있어 가장 두려워했던 경험의 불확실성을 제거했고, 그들의 여정이 더 이상 고되지 않을 것이라는 예측을 가능하게 해주었다. 결과적으로 홀리데이인은 모든 미국인들의 안정적인 여행을 상징하는 아이콘이 되었고, 고속도로변 호텔이 따라야 하는 모범적인 원형으로 자리 잡게 되었다.

브랜드 스탠더드

호텔 상품의 가치 제안이 소비자들에게 받아들여지기 위해서는 우선 상품을 구성하는 요소들이 적절한 균형을 이루어야 하고 상품의 공급이 안정적으로 지속될 수 있는 체계가 필요하다. 그리고 무엇보다 이를 받아들일 수 있는 규모의 시장 또한 존재해야 한다. 케먼스는 엘스워드의 표준화라는 패러다임을 더욱 보편적 상품에 적용할 수 있는 형태의 브랜드 스탠더드Brand Standards로 만들어내면서 시장의 범위를 확대했다.

비록 케먼스가 홀리데이인의 성공으로 상당한 부를 축적하긴 했지만, 미국 전역에 이러한 일관된 경험을 직접 공급할 수 있는 정도는 아니었다. 대신 그들은 자신들의 가치 제안을 보급하여 복제 재생산

Holiday Inn brand requirements

Location	City, airport, suburban
Number of keys	Recommended 75+
Average gross area per key	From $44m^2$ - $49m^2$
Average room area per key	From $29.5m^2$ - $33.5m^2$
Conference & meetings	Conferencing and meeting rooms required (minimum 1 room $35m^2$)
Public areas	Open Lobby design concept required
Guest corridors	Minimum: 1.4m wide with ceiling height 2.3m
Air conditioning	Required
Emergency exits	Each floor must have a minimum of 2 emergency exits. Maximum distance between exits 60m
Standard room minimum gross area	Minimum $26m^2$, preferred $28m^2$
Standard room minimum net area	New build $14.3m^2$ - $18.5m^2$, Conversion $12.5m^2$ - $18.5m^2$
Suites / Executive rooms	Executive rooms 5% to 25% of room count (minimum of 5) with minimum size of $15.5m^2$ Suites optional to 15% maximum
Guest room ceiling height	Minimum: 2.4m for main area, 2.3m bathroom
Guest room bathroom	3 piece bathroom, minimum 20% bathtubs (50% UK & France)
Accessible rooms	Minimum 1 per 200 rooms or in accordance with local regulations
Guest room facilities	Interactive TV minimum 26"in standard and 32" in executive
Gym facilities	Gym/fitness facilities required with swimming pool and health treatments
Restaurant	Restaurant required recommended covers 60% of room count

그림 35 홀리데이인 브랜드 스탠더드 매뉴얼

우측에 홀리데이인 브랜드 도입을 위해 기본적으로 요구되는 시설 사양이 적혀 있다. 매뉴얼은 그 밖에도 침구류의 배치, 욕실용품 사양, 서비스 지침 등 상품에 대한 포괄적이며 세부적인 기준을 담고 있다. [출처 : IHG]

의 메커니즘을 구축하는 방법을 선택했다. 실제로 케먼스가 홀리데이인을 통해 만들어낸 원칙들은 호텔의 개발이나 운영에 대해 잘 알지 못하는 이들 조차도 어렵지 않게 따라할 수 있을 만큼 명확했다. 또한 그의 원칙들은 청결한 시설과 효율적인 서비스를 일관되게 유지하기 위한 목적으로 국한되었기 때문에 글을 읽지 못하는 직원들에게도 쉽게 교육될 수 있는 것들이었다.

물론 이 원칙들이 무분별하게 제공될 경우 품질의 관리에 문제가 발생할 수 있었고, 이 경우 힘들게 구축한 브랜드의 가치가 손상될 위험이 있었다. 케먼스는 이 원칙들을 충실하게 따르겠다는, 즉 품질 관리에 대해서는 그의 브랜드 스탠더드에 충실하게 따르겠다는 약속을 하는 이들에 한하여 당시 대부분의 미국인들이 열광했던 홀리데이인의 이름을 허락했다.

오늘날 전세계의 호텔 산업을 지배하는 수많은 호텔 브랜드들은 여전히 일관된 원형의 반복적인 생산을 전제로 한다. 호텔에 특정 브랜드를 도입하고자 하는 경우, 상품의 가치 제안을 집약한 브랜드 스탠더드를 해당 브랜드로부터 가장 먼저 제공받게 된다. 물론 지금 이들이 제공하는 원형은 초창기에 비하면 훨씬 정교하게 진화해 있는 것이 사실이다. 여기에는 시장을 막론하고 예외 없이 적용되어야 하는 원칙들과 각 시장의 특수성을 반영하여 유연하게 적용될 수 있는 원칙들이 섞여있다.

원칙적으로 브랜드 스탠더드에 포함되어 있는 세부적인 원칙들은 예외 없이 적용되는 것이 이상적이지만, 현실적으로 일부 원칙들은 시장 상황에 따라서는 적용이 어렵거나 의미가 없는 경우들이 있다.

예를 들어, 전력의 공급이 중단되는 경우를 감안하여 일정용량의 비상용 전력원을 구비하도록 요구되며, 이는 해당 브랜드의 호텔이 일반적으로 사용하게 되는 전력의 규모에 따라 설정된다.

그러나 브랜드 스탠더드는 비상용 전력원의 용량을 일률적으로 제시할 뿐 도심 한복판의 호텔과 외딴섬에 위치하는 리조트에 차이를 두지 않는다. 그러나 외딴섬과는 전력 수급의 안정성이 전혀 다른 도심 한복판에서 동일한 용량의 비상용 전력을 구비하는 것은 필요 이상으로 과도한 투자를 의미할 수 있다. 따라서 이처럼 일률적인 적용이 어렵거나 무의미한 원칙들은 각 시장의 상황에 맞추어 적용 여부를 결정하는 유연성이 일반적으로 허용된다.

물론 이처럼 시장의 변화와 함께 진화하고 있음에도 불구하고 원형이라는 견고한 원칙에 기반을 둔 브랜드들이 만들어내는 부작용 또한 존재한다. 문제는 다양한 브랜드들이 원형이라고 하는 검증된 가치 제안을 통해 일관된 품질의 생산을 추구하는데 비해 소비자들은 이러한 원형으로부터 점점 천편일률적인 가치들만을 제공받게 된다는 것이다. 즉 다양한 브랜드의 호텔들 간에 차별성이 점점 희박해지고 이로 인해 고객들은 다시금 그들의 가치 제안에 대해 혼란스러워하는 상황이 되고 만 것이다.

정보의 장벽이 사라진 지금의 소비자들은 오히려 다양한 경험들에 더욱 열렬하게 호응하고 있다. 이러한 점에서 획일화된 브랜드 스탠더드에 다채로운 경험을 제공할 수 있는 유연성을 불어넣는 것은 지금의 호텔 브랜드들에게 있어 가장 큰 숙제인 동시에 새로이 시장에 진입하려는 이들에게는 블루오션이 될 수 있을 것이다.

복제 재생산의 메커니즘

홀리데이인을 통해 보편적인 고속도로 호텔의 원형이 자리 잡으면서, 미국의 호텔 산업은 포드-T의 출시로 자동차 산업이 받았던 것과 유사한 수준의 영향을 받게 된다. 포드-T의 대량생산을 통해 자동차가 대중화되었던 것처럼, 홀리데이인은 미국의 일반적인 여행객이라면 누구나 묵어가는 호텔로 널리 보급되었다. 그리고 여기에는 폭발적으로 증가하는 수요를 충족시키기 위해 포드가 자동화된 생산라인을 구축했던 것과 같은 복제 재생산의 메커니즘이 도입되었다.

사실 케먼스가 생산했던 가치들은 사실 그가 처음으로 창안한 것들이 아니며 모든 가치들을 혼자서 창출했던 것도 아니다. 상품의 표준화는 엘스워드에 의해 만들어진 가치였고, 위탁 운영을 기반으로 한 가치사슬은 오래전 조지가 창안한 것이었다. 오히려 그가 이끌어낸 성취는 이러한 혁신적 아이디어들을 통합하여 상품의 가치 제안이 반복적으로 생산될 수 있는 가치사슬을 도출해낸 데에 있다. 그의 가치사슬은 이를 다른 생산자들에게 공식적으로 확산시킬 수 있는 위탁 운영계약 체계로 요약될 수 있다.

홀리데이인 이전까지만 해도 호텔은 아무나 만들어낼 수 있는 성격의 상품이 아니었다. 힐튼과 같은 전통적인 호텔업계의 강자들은 그들의 노하우를 철저하게 비공개로 유지했다. 사업의 확장 또한 조심스럽게 접근하여 대부분의 신규 호텔들은 직접 소유하고 직영하는 것을 전제로 했다. 이러한 접근은 그들이 그간 쌓아올린 호텔 산업의 성벽을 더욱 견고하게 만들면서 다른 이들의 진입을 쉽사리 허용하지 않았다. 그들의 가치 제안은 가시적으로 드러나지 않아 쉽사리 복제 재생산되기 어려웠고, 직영에 기반한 그들의 사업 확장 전략 또한 이러한 영업 비밀을 유지하는데 강력한 도구로 작용했다.

이 견고한 성벽을 무너뜨린 것은 성벽에 생긴 균열이 아니라 성벽의 바깥에 새로 들어선 마을이었다. 이 새로운 마을은 알 수 없는 무언가를 지키기 위해 문을 걸어 잠그지 않았다. 오히려 더 많은 이들이 모여들어 그 무언가를 함께 나누는 공동체이기를 추구했다. 기본적인 원칙만 지킨다면 누구든 이 공동체의 일원이 될 수 있었고, 이 공동체를 떠나는 것 또한 자유로웠다. 홀리데이인은 폐쇄적이었던 당시의 호텔업계가 쉽사리 받아들이지 않았던 이들까지 호텔 산업의 생산자로 끌어들이면서 영토를 빠르게 확장했다. 이미 가지고 있는 옥토를 지키는데 급급했던 전통의 강자들과 달리, 홀리데이인은 다소 척박해보였던 빈 땅을 쓸어 담으며 이제까지의 호텔 산업이 경험해보지 못한 광활한 영토를 구축했던 셈이다.

이처럼 홀리데이인의 확장 속도가 기하급수적일 수 있었던 것은 직영이 아닌 위탁 운영을 전제로 했기 때문이었다. 호텔의 개발과 운영에는 상당한 자본이 투입될 수밖에 없기 때문에, 아무리 부유한 사람이라 하더라도 직접적인 투자를 통해 사업을 확장해가는 데에는 속도의 한계가 존재할 수밖에 없다.

홀리데이인은 장소나 공간과 같은 유형의 가치에 직접 투자하는 대신, 경험과 지식의 정도가 다른 이들조차 일관성 있는 상품과 가치를 생산할 수 있도록 해줄 체계의 구축에 투자했다. 케먼스에게 중요한 것은 자신이 개발한 원형이 더 많은 호텔업자들에게 성공적인 결과를 반복적으로 가져다주는 것이었다. 이러한 상황에서 케먼스가 도입한 가치사슬은 조지의 위탁 운영 모델에 기반을 두었다. 그러나 임대차의 형식을 취했던 조지와 달리, 케먼스는 본격적인 위탁 운영 계약의 형식을 창안해냈다.

임대차의 경우, 장소와 공간의 소유주는 여기에서 무형의 가치가 창출되는 과정에 관여하지 않는다. 반면에 위탁 운영계약의 경우 장소와 공간의 소유주는 무형의 가치 또한 창출해야 하는 주체가 된다. 즉 상품의 가치를 구성하는 모든 요소를 직접 생산하는 것으로 품질의 확보에 있어 가장 이상적인 메커니즘이 되는 것이다.

케먼스는 이들에게 생산되는 가치의 지향점을 제시하고 교육하는 역할을 수행했다. 그의 교육체계는 생산 과정에 참여하는 주체들에게 국한되었던 것이 아니라, 이렇게 생산된 가치를 소비하는 주체들에게까지 확장시켰다. 즉 홀리데이인이 제공하는 가치 제안이 소비자들에게 명확하게 이해될 수 있도록 적극적인 마케팅을 펼쳤던 것이다.

임대차에 비해 다소 소극적인 위탁 운영계약 체계는 케먼스가 제한된 자본을 효율적으로 활용할 수 있도록 해주었다. 임대차의 경우 정해진 임대료를 제외한 모든 수익을 임차인이 취하게 되는 반면, 영업의 성과에 따른 위험 또한 임차인이 전적으로 부담하게 된다. 그러나 위탁 운영계약의 경우 위탁 운영사는 명칭의 사용에 따른 라이선스 수수료와 교육 및 마케팅의 대행에 따른 운영 수수료를 취하게 된다. 대신 위탁 운영사가 부담하게 되는 사업의 위험 또한 제한되기 때문에 상대적으로 높은 유동성을 확보하게 되는 것이다.

한편, 위탁 운영이라는 복제 재생산의 메커니즘은 이미 호텔의 개발 및 운영에 대한 노하우를 가지고 있던 이들에게도 새로운 사업의 기회를 의미했다. 사실 홀리데이인이라는 브랜드가 소비자들을 끌어모으는 가장 확실하고 안전한 방법이긴 했지만 유일한 방법은 아니었다. 홀리데이인 만큼은 아니더라도 소비자들에게 꾸준하게 신뢰를 얻어가고 있는 호텔업자들은 존재했다.

이들은 홀리데이인이라는 이름을 사용하기 위해 추가적인 비용을 들이면서 그동안 자신들이 쌓아온 것과는 다른 방식으로 가치를 창출하기보다 자신들이 쌓아온 노하우를 유사한 방법으로 복제 재생산하는데 눈을 돌렸다. 이들은 홀리데이인처럼 높은 수수료를 받지는 못하더라도 분명 자신들의 방식에 따라 창출된 가치를 구매할 이들이 있을 것으로 확신했다. 결국 이들도 나름대로의 매뉴얼을 만들고 이를 필요로 하는 호텔 소유주들에게 위탁 운영의 형태로 제공함으로써 호텔 산업 전반에 걸친 급격한 팽창의 물결에 참여했다. 그리고 당시로서는 혁신적이었던 이 복제 재생산의 메커니즘이 확산되면서 호텔 산업은 반세기에 걸친 기하급수적 팽창의 닻을 올리게 되었다.

베스트 웨스턴: 보급형 가치사슬, 프랜차이즈

베스트 웨스턴

프랑스계 이민자의 후손인 메릴Merile K. Guertin은 1891년 미국 텍사스주의 리버티에서 태어났다. 그는 일찌감치 출판업 분야에서 사회 경험을 쌓기 시작했는데, 속기사 자격을 취득한 후에는 속기사로서 안정적인 생활을 영위해 갔다. 이 시기에 그의 누이는 캘리포니아의 롱비치에서 3개의 소규모 모텔을 운영하고 있었다. 메릴은 서른 두 살이 되던 1923년 누이의 사업을 돕기 위해 롱비치로 이주했다. 이곳에서 그가 담당했던 일은 출판업에 몸담았던 경력을 살려 누이의 모텔들을 광고하고 홍보하는 업무였다.

당시 캘리포니아에는 주간고속도로를 따라 수많은 영세 모텔들이 들어서 있었으나, 다들 적극적인 홍보 마케팅을 생각할 여건은 못되었다. 이 와중에 이들은 메릴의 적극적인 홍보 전략에 관심을 보이기 시작했고, 메릴은 이러한 관심을 자극하여 1925년 미국 최초의 모텔 업주 조합인 남부캘리포니아모텔협회Southern California Auto Court Association를 결성했다.

애초에 이 조합은 영세 업주들을 위해 공동으로 홍보 마케팅을 진행하기 위한 목적으로 설립되었다. 그러나 쾌적함과 청결함의 수준이 들쭉날쭉했던 영세 모텔들을 일괄적으로 홍보하는 데에는 한계가 있었고, 결국 실패로 돌아가고 만다.

마흔 두 살이 되던 1933년 메릴은 그간 모은 2천 불의 자금으로 롱비치의 체리 코트 모텔Cherry Court Motor Lodge을 인수하여 숙박업에 본격적으로 뛰어들었다. 그리고 이 모텔에서 번 돈으로 1938년 비치 모텔Beach Motel을 인수하여 베스트 웨스턴Best Western으로 이름을 바꾸어 달았다. 이 시기까지도 그는 모텔 사업을 전국적인 규모로 키우려는 생각을 하지는 못했다.

그림 36 **비치 모텔**
최초의 베스트 웨스턴 호텔이었던 비치 모텔 전경 [출처: Kongres Magazine]

그러다가 1950년대에 들어 주간고속도로 구축 사업이 시작되면서 그에게 새로운 기회가 찾아왔다. 캘리포니아에서 서부 해안을 따라 오레건주를 거쳐 워싱턴주까지 주간고속도로가 놓이자, 그는 직접 차를 몰고 워싱턴주의 타코마까지 여행을 떠났다. 이때 그는 고속도로 변을 따라 어떤 모텔들이 어느 정도의 간격으로 들어서 있는지를 기록하고, 이를 모텔 가이드북으로 발간하여 그의 고객들에게 제공했다. 이 모텔 가이드북이 그의 고객들로부터 호응을 얻기 시작하자, 그는 자신이 운영하던 모텔을 기초로 시설의 청결함과 서비스 등에 대한 기준을 만들고 이에 부합하는 모텔들만을 수록한 별도의 가이드북을 만들려는 계획을 세웠다. 그리고 이번에는 이 기준을 들고 영세 모텔 업주들을 설득하기 시작했다. 그의 아이디어에 공감하며 그가 제시한 기준에 부합하도록 시설을 개 · 보수한 모텔들 간에는 서로 고객을 연결해주는 공동 마케팅이 본격적으로 전개되었다.

브랜드로서의 베스트 웨스턴은 이러한 공동 마케팅 체계가 1946년 조합組合, Cooperative으로 조직되면서 공식적으로 출범했다. 그러나 베스트 웨스턴이라는 브랜드는 기존의 호텔 브랜드들과는 전혀 다른 성격을 가지고 있었다. 여전히 시설에 대한 투자, 보유, 운영은 각 모텔업주들의 재량이었고 할 수 있는 만큼 베스트 웨스턴의 시설 및 서비스 기준을 준수하기만 하면 되었다.

이 기준은 가이드북에 수록될 수 있을 정도의 조건들만을 규정하고 있었기 때문에, 영세한 모텔업주들 입장에서는 저렴하게 자신의 모텔에 브랜드를 도입할 수 있는 방법이었다. 물론 이 조합의 회원들 또한 회비를 납부해야 했지만 홀리데이인의 라이선스 및 운영 수수료에 비할 바는 아니었고, 시설의 유지관리에 소요되는 비용 또한 상대적으로 낮았다. 결과적으로, 이 조합은 영세한 모텔업주들의 폭발적인 호응을 이끌어냈고 조합의 회원들 또한 기하급수적으로 늘어갔다.

베스트 웨스턴은 호텔 산업에 프랜차이즈의 개념을 도입한 혁신적 역할에도 불구하고 조합이라는 비영리 조직의 형태를 한동안 고수해왔다. 그러나 1985년 미국 대법원이 이를 프랜차이즈 사업으로 판결하면서 영리 법인으로 전환되었고, 오늘날의 호텔 프랜차이즈 회사로서 면모를 갖추었다. 이후에도 여전히 다른 호텔 브랜드들에 비해 상대적으로 저렴한 입회비와 예약 및 마케팅 수수료를 유지하면서 단일 브랜드로는 세계 최대의 규모를 보유한 호텔 체인으로 성장했다.

아시아계 호텔소유주협회

브랜드를 전면에 세운 미국 호텔 산업의 가파른 성장은 프랜차이즈의 성장과 궤를 같이해 왔다. 광활한 미국 영토에서 수많은 영세 호텔들이 여행객들로부터 인지도를 확보하고 안정적인 영업을 영위할 수 있게 된 것은, 프랜차이즈라는 공동 마케팅 엔진이 장착되었기에 가능한 일이었다.

현재 미국의 저가 호텔들의 70% 정도가 인도계 미국인들에 의해 소유 및 운영되고 있는 것으로 알려져 있다. 그리고 이들은 대부분 글로벌 브랜드와의 프랜차이즈 계약을 통해서 예약 및 마케팅 시스템을 공유하고 있다. 실제로 미국의 호텔 산업, 특히 프랜차이즈가 급속히 성장하여 오늘날과 같은 세계 최대 규모의 호텔시장을 형성하게 된 데에는 이 인도계 미국인들의 역할이 절대적이었다고 할 수 있다.

1947년 인도가 영국으로부터 독립한 후 인도 서부 구자라트 지역의 수많은 젊은이들이 아메리칸 드림을 좇아 미국행 배에 올랐다. 이렇게 미국에 상륙한 인도의 젊은이들에게 가장 손쉽게 구할 수 있는 일자리는 고속도로변 모텔이었다. 우선 가장 빠르게 현찰을 손에 넣을 수 있고 숙식이 제공되었으며 상대적으로 문화적 차이에 관대한 직종이었기 때문이다. 한편, 이들은 특유의 절약정신으로 부지런히 돈을 모아 자신들이 일했던 모텔을 사들이기 시작했다.

무엇보다 경험을 통해 상대적으로 안전한 투자처라는 인식이 있었고 별도의 주거를 마련할 필요도 없었으며, 객실 위주로 영업이 이루어지는 모텔에서는 종교적인 충돌, 즉 레스토랑에서 육류를 판매해야 하는 것과 같은 불편함 또한 피할 수 있기 때문이었다. 이들은 베스트 웨스턴처럼 인지도가 확보된 브랜드를 프랜차이즈로 느슨하게 도입하여 운영비용을 최소화했다. 이를테면, 대여섯에 이르는 가족들 외에는 별도의 직원을 두지도 않은 채 자신들이 돌아가며 필요한 모든 업무들을 소화했다. 고객에 대한 서비스는 최소화되었지만, 숙박료 또한 저렴했기 때문에 저렴한 숙소를 필요로 하는 소비자들에게는 안성맞춤이었다.

미국 내에서 프랜차이즈로 브랜드를 도입하여 저가 모텔을 경영하는 인도계 미국인 중에는 인도 구자라트 지역에서 기원한 파텔Patel이라는 성을 가진 이들이 많다. 이들은 1989년 아시아계 호텔소유주협회Asian American Hotel Owners Association 또는 AAHOA를 결성하여 적극적으로 그들의 목소리를 내기 시작했고, 현재 미국의 모텔 산업을 지배하는

그림 37

아시아계 호텔소유주협회

2016년에 개최된 AAHOA 행사로, 인도계 미국인들이 압도적으로 큰 비중을 차지하고 있다. [출처: The Universal News Network]

가장 큰 집단으로 성장했다.

한편, 이들은 종교에 기인하는 다소 폐쇄적인 문화를 가지고 있기도 한데, 이로 인해 그간 쌓아온 모텔 산업에서의 영향력에 도전을 받고 있기도 하다.[40] 몸에 밴 검소함으로 극단적인 저비용 운영 체계를 만들어내는 데에는 성공했지만, 이방인으로서 주류 사회에의 마케팅에 한계를 가지고 있던 파텔들에게 베스트 웨스턴과 같은 프랜차이즈는 최적의 가치사슬이었다. 또한 이렇게 모은 돈을 기꺼이 호텔 사업 확장에 재투자했던 파텔들은 프랜차이즈 브랜드들에게 최고의 고객이기도 했다. 이들의 찰떡궁합이 결과적으로 미국을 세계 최대 규모의 호텔시장으로 만들어낸 원동력의 하나였던 셈이다.

보급형 가치사슬, 프랜차이즈

프랜차이즈를 기반으로 한 저가 호텔 브랜드의 탄생은 최고급 호텔이 주류를 형성했던 당시의 미국시장에서 파격적인 사건이었다. 이를테면, 최고급 수제화만이 고유의 상표를 가지고 판매되던 시장에, 나이키 운동화가 등장한 것과 같은 정도의 충격이었을 것이다. 고급 수제화에 비교하여 나이키 운동화가 갖는 특징처럼 청결하고 편리한 숙박시설이라는 기능에 중점을 둔 저가 호텔의 가치 제안은 형이상학적 가치를 포함하는 최고급 호텔과 달리 누구나 받아들일 수 있을 만큼 명확했다. 반면에 대량으로 생산되어 시장에 공급되는 나이키 운동화는 광범위한 소비자에게 판매하기 위한 전혀 다른 공급 체계를 필요로 하기도 했다. 바꾸어 말하면, 일정한 기능을 충족시키는 저가 호텔 상품은 누구나 생산해낼 수 있는 가치였지만, 이를 광범위한 소비자들에게 공급하기 위한 대규모의 유통채널은 그렇지 못했던 것이다.

메릴의 혁신은 이러한 대규모의 유통채널을 영세한 모텔업자들에게 제공했다는 것이다. 사실 프랜차이즈는 철저하게 규모의 경제를 통해 수요자와 공급자를 위한 가치를 동시에 창출해내는 가치사슬이라 할 수 있다. 즉 개별 호텔들의 품질에 대한 통제는 최소화하되, 유통채널에 가입한 업주들의 수를 최대화함으로써 업주들이 최소 비용으로 최대한의 효익을 얻도록 하는 것이다.

고객의 입장에서도 위탁 운영 호텔들에 비해서 품질이 다소 떨어지는 측면은 있지만, 무엇보다 저렴한 가격에 필요한 가치를 제공받을 수 있다는 장점이 있다. 이와 달리 위탁 운영은 일사불란하게 관리된 품질을 통해 소비자에게 더 높은 가치를 제공하는 가치사슬이라고 할 수 있으며, 소비자의 입장에서도 더 높은 가격을 지불해야 하는 부담을 갖는다. 동시에 업주들은 상대적으로 까다로운 시설 기준을 맞추기 위해 더 많은 비용을 들여야 하고 견고한 표준을 준수하기 위해 필요한 만큼 비용을 절감하기 어렵다는 이해의 상충이 존재한다.

저가 프랜차이즈 브랜드의 탄생으로 미국의 호텔 산업은 거의 모든 계층의 욕구를 충족시킬 수 있는 라인업을 갖추게 된다. 그리고 호텔이 이처럼 광범위한 수요자를 대상으로 하는 상품이 되자, 이를 공급할 수 있는 많은 생산자들을 필요로 했고 호텔 산업은 폭발적인 성장의 기회를 얻는다.

아메리칸 항공의 예약 체계

온라인 예약 체계가 탄생하기 전 비행기의 좌석을 예약하는 일은 경우에 따라 무한정 시간이 걸릴 수 있었다. 고객의 예약 요청을 받은 영업 직원은, 우선 해당 항공노선을 담당하는 예약 사무실로 전화를 걸어 해당 항공노선에 빈자리가 남아 있는지 여부를 문의해야 했다. 그러면 전화를 받은 예약 직원은 노선 카드들이 비치된 캐비닛으로 가서 해당 노선 카드를 꺼내 빈자리가 있는지 여부를 확인했다. 빈자리가 있을 경우, 공란에 체크한 뒤 다시 자리로 돌아가 영업 직원에게 가용 좌석이 있어 예약이 되었다는 통보를 했다. 사실 여기까지는 대부분의 경우 특별한 문제가 발생하지 않았다.

문제는 해당 노선이 만석이 되었을 경우에 발생했다. 해당 노선이 만석일 경우, 예약 직원은 자리로 돌아가 영업 직원에게 만석임을 알려주고 영업 직원은 대안이 될 수 있는 항공노선의 확인을 다시 예약 직원에게 부탁했다. 그러나 예약 직원이 확인해준 대안 노선이 고객의 일정과 맞지 않을 경우, 예약 직원은 이 과정을 무한정 반복해야만 하는 상황이 되기 일쑤였다. 게다가 여러 명의 예약 직원이 하나의 노선을 두고 개별적인 확인 작업을 하는 때에는 소요 시간이 고무줄처럼 늘어졌다. 이러한 비효율적인 체계는 공격적으로 사업을 확장해가던 아메리칸 항공에게는 커다란 골치였다.

1939년 이 문제를 해결하기 위해 채용된 엔지니어 찰스Charles Amman

는 예약을 진행하는 주체를 예약 사무실에서 영업 데스크로 변경하고, 해당 노선의 75%가 예약되기 전까지는 영업 데스크에서 예약을 진행하도록 했다. 대신 75%가 되면 영업 직원은 노선 카드에 커다란 못을 박아 표시를 했고, 이를 쌍안경으로 모니터 하던 예약 사무실에서는 기존의 방식으로 돌아가 예약을 진행했다. 이를 통해 예약에 소요되는 시간이 획기적으로 단축되었다. 그러나 여전히 만석이 되었을 경우에는 예약 시간이 무한정 지연될 수밖에 없는 한계를 지니고 있었다.

1944년 찰스는 자동화를 통해 이 체계의 한계를 극복하고자 했다.

그림 38 **1940년대 미국 항공사 중앙 예약 사무실 전경**

당시 다양한 노선의 예약이 그림과 같은 현황판을 통해 일률적으로 관리되면서 예약처리 속도가 급격하게 단축될 수 있었다. [출처 : REBRN]

그는 직접 제작한 모형을 들고 거대한 전광판을 통해 주식 시황을 전송하던 텔레레지스터Teleregister Company에 찾아가 자동 예약 체계의 개발을 의뢰했다. 예약 사무실에는 향후 10일간의 항공 일정과 잔여 좌석 유·무가 표시된 전광판이 설치되었다. 그리고 이 전광판의 조작은 각 예약 직원의 데스크에서 스위치를 통해 이루어졌다. 이렇게 해서 탄생한 레저바이저는 20명 이상 적은 인원으로도 하루에 200건의 예약을 더 처리할 수 있게 되었다.

찰스는 여기에서 더 나아가 당시 막 상용화되기 시작한 드럼 메모리 기반의 'Mark I' 컴퓨터를 활용해 잔여 좌석 목록까지 표시할 수 있는 체계를 개발하는데 착수했다. 이렇게 해서 1952년 도입된 마그네트론 레저바이저Magnetron Reservisor를 통해 각 노선의 개별 좌석들이 전광판에 나타날 수 있게 되었다.

하지만 한정된 공간에 모든 노선의 정보를 한꺼번에 표시하는 것은 불가능했다. 대신 예약 직원이 데스크에 설치된 장치를 통해 목적지를 선택하면 해당 노선의 잔여 좌석이 표시되도록 함으로써 통제의 분산이 일으킬 수 있는 문제를 해소했다. 그러나 여기에서도 고객이 항공권을 구매하고 난 후 고객의 정보를 수기로 입력하고 발권해야 하는 비효율성이 남아있었다. 이에 찰스는 다시 IBM과 협력하여 자동타이핑 체계와 결합된 레저라이터Reserwriter를 개발했다. 이제 비로소 원거리에서 온라인으로 고객의 정보 입력과 발권을 일괄 처리할 수 있는 체계가 구축된 것이었다.

1952년 아메리칸 항공은 보잉의 새로운 항공기 기종을 30대 주문했다. 이 새로운 기종은 기존 항공기의 80석에 비해 32석이 늘어난

112개의 좌석을 보유했고, 항공기의 운항 속도 또한 2배 정도 빨라졌다. 바꾸어 말하면, 노선 당 처리해야 하는 예약 건수가 3배 가까이 늘어난 셈이었다. 반면에 야심차게 개발했던 레저라이터는 여전히 8% 수준의 오류율을 극복하지 못하고 있었다.

당시 IBM은 미 공군을 위한 항공통제 체계를 개발하고 있었는데, 이는 원거리 통신, 실시간 업데이트, 쌍방향 단말기, 대용량 저장소 등 기본적으로 지금의 온라인 예약 체계와 유사한 요소들을 가지고 있었다. 여기에 힌트를 얻은 아메리칸 항공은 1957년 마침내 IBM과의 합작을 통해 최초의 본격적인 온라인 예약 체계인 세이버를 개발했다. GDS의 효시로 알려진 세이버는 이후 발전을 거듭하여 오늘날 35만 개에 이르는 여행사들에 의해 여전히 사용되고 있다.

온라인 유통시대의 개막

항공 좌석 예약을 위해 개발된 최초의 온라인 예약 체계 세이버가 보급된 이후, 호텔 산업에서도 이에 기반을 둔 온라인 예약 체계들이 속속 등장했다. 쉐라톤Sheraton은 1958년 업계 최초의 온라인 호텔 예약 체계 레저바트론Reservatron을 구축했고, 홀리데이인은 1965년 홀리덱스Holidex라는 업계 최대 규모의 온라인 예약 체계를 출시했다. 호텔 브랜드의 확장에 따라 호텔들이 기하급수적으로 늘어나면서 각 브랜드에서는 모든 호텔들의 예약을 한 곳에서 통합하여 관리할 필요가 생겨났는데, 항공사에서 사용되기 시작한 온라인 예약 체계가 해답을 제시해준 것이었다.

이렇게 호텔 산업에 도입된 온라인 예약 체계는 중앙예약사무실 Central Reservation Office 또는 CRO을 통해 일괄적으로 관리되었고, 브랜드의 콜센터나 여행사들이 여기에 접근할 수 있는 권한을 부여 받았다. 물론 호텔 브랜드들의 관점에서 온라인 예약 체계의 도입은 상당한 자본의 투입을 요하는 일이었다. 그러나 고객의 입장에서는 청결하고 쾌적한 호텔 객실을 구매하는데 소요되는 시간이 획기적으로 줄어들었기 때문에, 브랜드 호텔에 대한 충성도가 더욱 증가할 수 있는 계기로 작용했다. 결국 온라인 예약 체계와 여기에 축적된 방대한 고객 정보들은 향후 로열티 프로그램이 도입되는 토대를 형성하게 된다.

1991년 인터넷이 보급되고 1994년 소비자가 인터넷을 통해 직접 호텔을 예약할 수 있는 트래블웹이 출시되면서 기존의 중앙집중형 온라인 예약 체계는 이제 소비자들이 각자의 PC에서 실시간으로 직접 호텔 데이터베이스에 개별적으로 접근하여 예약할 수 있는 인터넷 유통체계Internet Distribution System 또는 IDS로 대체되어 갔다. 또한 중앙집중형 체계 하에서 전통적 여행사들에 집중되었던 유통의 헤게모니

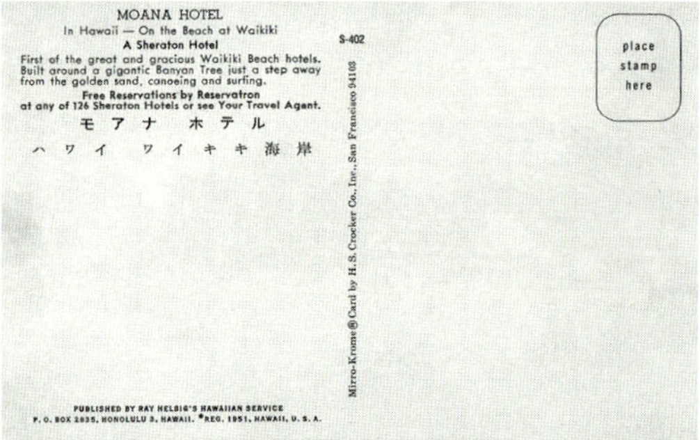

그림 39

레저바트론 홍보 엽서

와이키키의 쉐라톤 모아나 호텔의 엽서에 레저바트론을 통한 예약 안내 문구가 적혀 있다. 이 호텔은 현재 Westin Moana Surfrider 호텔로 운영되고 있다. [출처: The Daily Postcard]

는 OTA들에게 분산되었고, 브랜드들은 각자의 웹사이트를 통해 고객들의 예약을 개별적으로 처리할 수 있는 체계를 구축했다. 특히 OTA들이 성장하면서 소비자들은 실시간으로 다양한 호텔들의 가격을 비교하여 선택할 수 있게 되었다.

흥미로운 사실은 이렇게 변화해가는 가치사슬 속에서 소비자들의 충성도가 중앙집중형 호텔 브랜드에서 분산된 OTA들로 옮겨가기 시작했다는 것이다. 그리고 이 OTA들은 치열한 경쟁 속에서 소비자와 생산자를 연결하는 다양한 유통 구조를 고안해내며 호텔 상품의 유통채널을 지배해가기 시작했다.

현재 수많은 OTA들은 판매하는 방식에 따라 도매형都賣型, Merchant, 소매형小賣型, Retail, 폐쇄형閉鎖型, Opaque의 세 가지로 구분될 수 있다.[41] 우선 도매형은 OTA가 소비자로부터 호텔의 예약 요금을 미리 받아 수수료를 뗀 후 생산자에게 지불하는 방식이다. 그리고 소매형은 OTA를 통해 연결된 생산자에게 소비자가 예약 요금을 지불하면 생산자가 OTA에게 수수료를 지급하는 방식이다. 마지막으로, 폐쇄형은 OTA가 정해진 요금에 생산자로부터 객실을 먼저 구입하여 호텔의 이름을 노출하지 않은 채 소비자들에게 경매를 붙이는 방식이다.

물론 과거의 유통채널들 또한 여전히 활용되고 있으며 시장에 따라서는 압도적인 점유율을 유지하고 있기도 하다. 현재 호텔 소비자들이 이용하는 예약 채널들 중 브랜드 웹사이트가 23%, 브랜드 콜센터가 18%, OTA가 34%, 전통적인 여행사가 7% 수준의 비중을 차지하고 있다.[42] 바꾸어 말하면, 전통적인 중앙집중형 온라인 예약 체계를 사용하는 경우가 25%, 인터넷 유통체계를 통하는 경우가 57%로 인터넷 기반의 예약 채널이 꾸준히 영역을 확장해가고 있는 것이다. 이러한 경향은 소셜미디어나 대형 IT 기업들마저 호텔 상품의 유통에 뛰어드는 현황을 감안했을 때 더욱 심화될 것으로 보인다.

기술의 발전과 시장의 권력이동

어떠한 산업의 혁신은 때로 전혀 생각지 못했던 곳에서 탄생하기도 한다. 오늘날 호텔의 유통 구조를 지배하는 온라인 예약 체계 또한 호텔이라는 상품의 유통과는 전혀 무관한 영역에서 시작되어 지금은 호텔 산업의 유통 구조를 지배하게 된 경우라고 할 수 있다.

온라인 예약 시스템을 통한 구매 행태가 자리 잡게 된 것은 거래되는 상품이 범용화되어가는 과정과 맞물리기도 한다. 특정한 상품을 공급하는 수많은 공급자들이 존재하고 유사한 상품들 간에 차별성이 희박해 오로지 수급의 균형에 의해서만 가격이 결정된다고 해보자. 수요자 입장에서는 공급의 수량에 대한 정보를 최대한 빠르고 정확하게 파악할 필요가 있을 것이고, 반대로 공급자는 수요의 규모를 최대한 빠르고 정확하게 파악하고자 할 것이다.

고도 성장기를 거친 미국의 호텔 산업 또한 유사한 포지셔닝의 수많은 호텔 상품들이 존재하게 되었고, 이들의 수급에 대한 정보를 더욱 신속하고 정확하게 파악할 필요가 수요자와 공급자 모두에게서 대두되기 시작했다. 이러한 단계를 먼저 거쳐 간 항공 산업에서는 더욱 적극적으로 효율적인 정보통신망을 추구하기 위한 노력이 경주되었고, 이들의 성취는 결국 호텔 산업에까지 확산되었다.

그러나 이러한 정보에 대한 통제의 권한은 대규모의 자본을 들여 정보통신망을 구축한 공급자들이 차지했다. 즉 호텔 산업의 공급자들이 이를 통해 시장의 수급과 가격을 통제할 수 있는 막강한 권력을 쥐게 된 것이었다. 사실 가격의 결정을 둘러싼 권력의 쏠림은 시장의 저항을 불러올 수밖에 없다. 그리고 호텔 산업에 있어서도 브랜드들이 독점하게 된 가격 결정의 권력에 대한 저항이 소비자들로부터 발생하기 시작했다.

소비자들의 저항은 인터넷의 보급을 계기로 본격화되었다. 인터넷의 보급은 시장의 수급 현황에 대한 정보의 비대칭을 해소하면서 소비자들이 이러한 정보에 실시간으로 접근할 수 있는 기회를 제공했다. 그리고 이러한 정보의 공유만을 전담하는 참여자들이 시장에 등장하면서 수급의 역학 관계가 수요자들 쪽으로 급격하게 기울었다. 결과적으로 전통적인 의미의 공급자인 브랜드들은 수급의 균형을 통제할 수 있는 권력을 잃게 되었다.

PART 2

현재

Hotel Business ODYSSEY

CHAPTER 04 투자 자산으로서의 호텔

기업 투자? 부동산 투자?

산업의 시대, 자본의 시대

> *호텔의 자산에 있어 가장 큰 지분은 부동산에 있지만, 자산 가치의 차이를 만들어내는 결정적 요인은 그 나머지 부분에 있다.*

국가가 화폐를 새로 발행하고 은행이 이를 기반으로 유통되는 화폐를 늘리면 화폐의 가치는 하락하게 된다. 그리고 화폐의 가치 하락은 재화나 자산의 실질적인 가치가 늘어나는 것처럼 보이는 물가상승의 형태로 나타난다. 이를 인플레이션이라고 하는데, 인플레이션의 본질은 사실 물가상승이 아닌 화폐의 가치 하락이라고 할 수 있다.

예를 들어, 2016년 서울시의 자장면 평균 가격은 4,710원으로 20년 전인 1996년의 두 배에 육박하며, 이 기간 동안 가격은 매년 평균 3.3%씩 올랐다.[43] 그렇다고 2016년의 자장면이 20년 전에 비해 두 배로 맛있거나 양이 많은 건 아니다. 즉 소비자에게 제공되는 가치가 두 배로 상승한 것이 아니라, 단순히 화폐의 가치가 20년 전의 절반 수준으로 떨어졌을 뿐이다.

인플레이션은 투자를 선택의 문제가 아니라 자본주의를 살아가기 위한 필수요소로 만들었다. 이를테면, 노동에 따른 근로소득은 현재의 화폐로 지급되지만 이렇게 확보한 자산을 화폐인 상태로 보관해야 할 하등의 이유가 없다. 오히려 이를 필요로 하는 곳에 유통시켜 창출되는 가치의 일부를 취하는 것이 자산을 화폐의 가치 하락에서 지켜내는 방법이라고 할 수 있을 것이다.

이러한 목적으로 가장 넓게 활용되어온 방법은 은행에의 예금이었다. 은행에 예치된 예금은 정기적으로 이자가 붙으면서 지속적으로 불어났다. 그러나 이자가 인플레이션에 미치지 못하는 상황이라면 예금은 더 이상 화폐의 유통수단으로서 의미를 갖지 못하게 된다. 결국 실질적인 가치가 인플레이션에 따른 화폐의 가치 하락의 영향을 받지 않거나, 오히려 이를 넘어 성장해가는 다른 형태의 자산으로 보유할 필요가 생겨나는 것이다.

오늘날과 같은 자본의 시대가 산업의 시대와 구분되는 가장 큰 특징은 투자가 보편화된 것이라고 할 수 있다. 동인도회사를 통해 소비자들이 생산자의 이윤을 공유하게 되었을 때의 효과를 지켜본 인류는 투자를 근대 산업화의 가장 큰 부작용이었던 소득 불균형에 대한 해법으로 받아들이기 시작했다. 사실 소득 불균형 심화에는 자산소득의 비대칭적 성장이 가장 큰 요인으로 작용했다. 미래의 소비 기반을 확보하고 유지하기 위해서는 지속적인 소득의 확보가 필요하고 그 소득은 인플레이션을 넘어 성장해가야 한다.

그러나 역사를 보면 사업소득이나 근로소득이 항상 인플레이션을 넘어 성장했던 것은 아니다. 오히려 산업화가 진행될수록 경제의 성장이 정체되고 사업소득과 근로소득의 성장 또한 정체되어왔음을 알 수 있다. 반면, 자산의 보유를 통해 얻게 되는 자산소득의 성장은 지속적으로 이들을 앞질러왔다. 즉 미래의 소비 기반을 확보하기 위해서는 열심히 일하는 것보다 똘똘한 자산을 확보하는 것이 더욱 효과적이라고 할 수 있는 셈이다.

투자의 보편화는 자칫 붕괴될 수 있었던 생산과 소비의 역학관계를 재건해낸 측면이 있다. 투자자로서의 소비자들은 근로소득 외에도 자산소득을 기대할 수 있게 되었고, 소비하는 가치 외에 이윤까지 기대할 수 있는 상품에는 더 높은 가격을 기꺼이 지불했다. 그리고 이처럼 달라진 생산과 소비의 역학관계는 생산자들로 하여금 투자자를 위한 가치의 창출에 더욱 집중하도록 했다. 물론 투자자를 위한 가치가 소비자를 위한 가치를 배제한 채로 존재할 수는 없으며, 생산자가 이들 간의 균형을 유지해야 하는 것에는 변함이 없었다. 다만, 균형의 무게 중심이 소비자를 위한 가치에서 투자자를 위한 가치로 조금 더 기울었을 뿐이다.

오늘날 통용되는 투자의 다양한 사전적 의미들은 "미래에 창출될 것으로 기대되는 가치를 점유하기 위해 현 시점에 가격을 지불하는 것" 정도로 요약될 수 있다. 이처럼 간단명료한 사전적 의미 자체에 반론의 여지가 많지는 않겠지만, 모든 이들이 비슷한 양상으로 실행할 수 있을 만큼 구체적인 표현이라고 하기도 어렵다. 사실 이를 구체적으로 해석하고 현실에 적용하는 데에는 전문가들 사이에도 상당한 차이가 존재한다.

역사상 가장 성공적인 펀드매니저로 알려진 린치Peter Lynch에게 있어 보편적인 의미의 투자란 미래의 소비를 위한 기반이 구축되어가는 과정이었다. 비교적 안정적인 소득이 있을 때 꾸준한 저축을 통해 주택 같은 필수적인 자산을 확보하고 여유 현금이 생기기 시작하면서부터 은퇴 이후를 대비한 연금이나 다양한 금융상품들에 가입하는 것으로 확대되어간다. 마지막 단계로 직접적인 주식 투자가 따르는데, 이 또한 투자하려는 기업에 대한 광범위하고 물샐 틈 없는 이해를 전제로 한다.

린치는 설령 경영진이 없더라도 투자자가 직접 경영을 할 수 있을 정도로 기업에 대해 속속들이 알고 있어야 한다고 생각했다. 그리고 이처럼 치밀한 준비의 과정을 거쳐 주식에 직접 투자한 이후에는 지속적으로 그 유효성을 점검하여 판단의 오류를 바로잡거나 시장의 상황 변화에 따라 기대하는 가치를 조정해가야 했다.

가치투자의 귀재로 알려진 버핏Warren Buffett은 기업의 경영에 대해서는 상대적으로 소극적인 태도를 취했던 반면, 기업의 재무제표에 대한 정확한 해석을 중요하게 생각했다. 그는 현재의 실질적인 가치보다 낮은 가격에 거래되는 주식을 매입하여 오랜 기간 보유함으로써 가격상승에 따른 차익差益, Capital Gain을 추구했다.

물론 버핏 또한 투자하려는 기업의 경영에 대해 많은 것들을 이해하고 있을 필요가 있다고 생각했지만, 새로운 산업을 알아가는 것보다 스스로가 소비자로서 친숙한 산업에 국한되는 측면이 있었다. 오히려 그에게 있어 초점은 기업의 재무제표로부터 판단되는 현재의 가치보다 낮은 가격에 주식을 사는 것이었다. 그는 이러한 관점을 "투자란 1달러 지폐를 40센트에 사는 것"이라는 말로 표현한 바 있다. 그에게 있어 투자자의 역할은 직접적인 경영이 아니라, 기업의 우량한 자산을 일반적인 경영진이 효율적으로 활용할 수 있을 것인지를 판단하는데 있었다.

린치나 버핏의 관점에서 한걸음 더 나아간 막스Howard Marks는 투자의 핵심이 다른 투자자들보다 먼저 시장의 흐름을 파악하여 더 빠르게 더 많은 이익을 얻는 것이라고 생각했다. 여기에는 시장의 흐름을 정확하게 판단할 수 있어야 한다는 전제가 필요하기 때문에, 투자가 전문가의 영역에 속하는 것을 전제로 했다.

그가 주목했던 부분은 정보가 비대칭적인 시장의 투자자들이 범하게 되는 가치 판단의 오류였다. 즉 스스로 가치 판단의 오류를 범하지 않으면서 다른 투자자들의 실수를 기회로 활용하여 이익을 얻고자 했던 것이다. 따라서 그는 다른 투자자들의 패턴을 예측하기 위한 다양한 방법들을 개발하는 한편, 이러한 기회가 표면에 드러난 부실채권 투자에 집중했다. 막스의 투자에 대한 관점은 케인즈John Keynes와 유사한 측면이 있는데, 케인즈는 "성공적인 투자란 다른 이들의 예상을 예상하는 것"이라고 표현한 바 있다.

부동산 투자의 일반적 특징

투자는 자산의 '거래'에 기반을 두기 때문에 투자의 대상이 되는 자산은 충분한 유동성流動性, Liquidity을 지니고 있어야 한다. 즉 필요한 시점에 즉시 현금화할 수 있어야 한다는 의미로 거래의 단위가 작고 누구나 접근할 수 있는 시장이 존재해야 한다. 누구나 투자할 수 있는 보편적인 투자 대상으로 시장의 유동성을 흡수해왔던 자산은 주식과 채권이었다. 일반적으로 안정적인 현금 흐름을 추구하는 투자자들은 채권을 선호해왔고 차익의 극대화를 추구하는 투자자들은 주식을 선호해왔다. 그러나 안정성이 뛰어난 채권은 낮은 수익률의 한계를 극복하지 못했고, 상대적으로 수익률이 높은 주식은 과도한 변동성의 한계를 가지고 있었다.

투자자들은 이러한 주식과 채권의 한계를 극복하기 위하여 중도적인 수익률과 변동성을 갖는 대체투자 자산들에 눈을 돌리기 시작했다. 그러나 부동산을 위시한 대체투자 자산들은 주식이나 채권에 비해 거래의 단위가 크고 빈도가 낮아 시장의 규모가 제한적이다. 즉 주식이나 채권에 비해 유동성이 취약하다는 한계를 가지고 있었다. 그럼에도 불구하고 대체투자 자산들, 특히 부동산이 보편적인 투자의 주류 자산군에 편입될 수 있었던 것은 담보대출擔保貸出, Mortgage Loan 제도의 발전에 힘입은 바가 크다.

대출은 고대문명의 시기에 생산의 잉여를 대여했던 것이 기원이라고 할 수 있다. 기록으로 남아있는 인류 최초의 대출은 기원전 3000년경이었는데, 메소포타미아 문명을 일군 수메르인들은 남는 곡물이나 귀금속을 무게로 달아 빌려주고 이를 기록해 두었다가 이자를 붙여 되돌려 받았다. 그러나 당시의 대출은 철저하게 신용에 기반한 제도로 담보의 개념이 존재하지는 않았다.

담보의 개념이 도입된 것은 1930년대 미국의 한 보험사에 의해서였는데, 실질적인 의도는 보험료의 납입 기일을 지키지 않는 가입자의 재산을 합법적으로 빼앗기 위한 것이었다. 오늘날과 같은 부동산 담보대출은 1934년 미국의 연방주택관리청Federal Housing Administration 또는 FHA에 의해서 시작되었다. FHA는 대공황 직후 40% 수준에 머물러있던 주택보유 비율을 끌어올리기 위해 주택을 담보로 주택 가격의 80% 수준까지 대출을 제공하며 주택 구입을 장려했다.

높은 비율의 대출을 불특정 다수의 사람들에게 실행해야 했던 FHA는 정책이 일관되게 지속되도록 하기 위해 원금 상환과 이자 지급의 리스크를 적극적으로 관리할 필요가 있었다. 우선 원금의 상환 기한을 길게 설정했는데, 15년을 기본으로 하여 30년까지 연장이 가능하도록 했다. 대신 원금 상환의 리스크를 통제하기 위해 담보대출 비율Loan to Value 또는 LTV의 개념을 도입하여 대출의 한도를 주택 가격의 일정 비율 이하로 제한했다. 그리고 원리금분할상환元利金分割償還, Amortization 방식을 도입하여 대출을 받는 이들이 이자를 지급할 때마다 이자와 원금의 일부를 분할하여 납부할 수 있도록 했다.

마지막으로 이자 지급의 안정성을 확보하기 위해 대출을 받는 이들의 적격성을 심사하여 대출을 결정했는데, 이는 향후 부채상환비율Debt Service Coverage Ratio 또는 DSCR의 개념으로 발전하게 된다. 이는 대출을 받는 사람의 소득이나 부동산 자체에서 창출되는 현금흐름이 이자의 일정 비율 이상일 경우에만 대출을 실행하는 것을 의미한다. FHA의 이러한 대출 프로그램이 민간은행들에 도입되고 다른 유형의 부동산들에까지 확대되면서 오늘날의 담보대출 제도가 자리 잡았다.

한편, 담보대출은 부동산 투자자가 자본비용資本費用, Cost of Capital을 최적화하는 수단으로서도 의미를 갖는다. 투자자에게 가장 간단한 자본의 조달 방법은 수중에 가지고 있는 현금, 즉 자기자본自己資本, Equity을 활용하는 것이다. 그러나 이 자본을 다른 곳에 투자하여 더 큰 이익을 창출할 수 있다면 유동성이 취약한 부동산에 묶어두는 것이 자본의 효율적 활용이라고 할 수는 없을 것이다. 즉 '기회비용'이 발생하는 셈인데, 이를 해소하기 위해 투자자가 취할 수 있는 방법은 필요한 자본의 일부를 더욱 저렴한 비용에 타인으로부터 조달하는 것이다. 다만, 타인자본他人資本, Debt을 사용하기 위해서는 그에 대한 가격을 지불하게 되는데, 이를 금리金利, Interest Rate라고 한다. 일반적으로 금리는 해당 기간의 화폐가치 하락분과 최소한의 실질적 가치 증가분이 더해져 결정된다.

대주貸主, Lender, 즉 대출을 해주는 사람의 입장에서 부동산은 자본에 대한 가격이 낮게 형성되지만, 안정적인 자산이 담보로 제공된다는 특징을 갖는다. 즉 원금과 이자가 약속한 바대로 상환되지 못할 경우에는 자산을 처분하여 회수가 가능한 것이다. 그러나 차주借主, Borrower, 즉 대출을 받는 사람의 입장에서는 비교적 저렴한 가격에 타인의 자본을 사용할 수 있는 대신 자산과 자기자본을 통째로 잃을 수 있는 리스크에 노출된다. 즉 예상치 못한 상황으로 인해 자산으로부터 창출되는 현금흐름이 원금과 이자의 상환에 충분치 않을 경우에는 담보에 대한 처분의 권리가 대주에게 넘어갈 수 있는 것이다.

따라서 투자자는 자산의 가격과 자산이 창출해내는 현금흐름의 변동성을 고려하여 자기자본과 타인자본의 균형을 유지하며 조달할 필요가 있다. 이는 상충하는 두 이해관계를 조율해가는 과정이라고 할 수 있다. 자기자본의 경우, 현금흐름의 변동성과 이로 인해 자산을 잃을 수 있는 리스크를 부담하며 더 많은 보상을 목표로 한다. 반면, 타인자본의 경우 기대되는 보상이 낮더라도 원금과 이자를 상환 받지 못하는 리스크를 최소화하는 것을 목표로 한다. 이처럼 이해관계가 상이한 자기자본과 타인자본이 거래되는 시장을 통칭하여 자본시장資本市場, Capital Market이라고 하며, 투자자가 자본시장에서 조달한 자본의 가중 평균가격을 자본비용이라고 한다.

오늘날 일반적인 투자 대상의 자산으로 생각할 수 있는 부동산의 유형은 사용 목적에 따라 주거용住居用, Residential, 상업용商業用, Commercial, 산업용産業用, Industrial 등으로 구분할 수 있다. 주거용 부동산은 사용자가 안전하고 쾌적한 안식처의 용도로 점용하는 부동산을 말한다. 여기에는 단독주택이나 공동주택 등이 포함되며 원칙적으로 사용자의 직접적인 소유를 전제로 하지만, 소유자가 다른 사용자에게 임대하여 수익을 확보하는 것 또한 보편화되어 있다.

상업용 부동산은 지속적인 수익의 확보를 주목적으로 타인에게 임대하는 부동산을 말한다. 업무시설, 상업시설, 숙박시설 등이 여기에 포함되며 사용 목적에 있어 가장 넓은 스펙트럼을 갖는다. 산업용 부동산은 생산 설비를 설치하거나 생산된 상품의 저장에 사용되는 부동산을 말한다. 공장이나 물류창고 등이 여기에 포함되는데, 공장은 일반적으로 사용자인 산업 생산자가 직접 소유하는 경우가 많은 반면, 물류창고의 경우 소유자와 사용자가 분리되어가는 경향을 보인다.

부동산은 수요에 비해 공급이 비탄력적이라는 특징을 가지고 있다. 일반적으로 중형 세단 한 대를 조립하는 데에는 대략 20시간이 소요된다. 그러나 아파트의 경우 분양 시점으로부터 입주 시점까지 2년 정도가 소요되고 상대적으로 난이도가 높은 종합병원이나 호텔의 경우에는 신축공사에 3년 정도가 소요된다. 그러나 이는 장소가 이미 확보된 것을 전제로 공간의 창출에 소요되는 기간만을 포함한 것이며, 장소의 확보는 경우에 따라 이보다 더 오랜 기간이 소요될 수도 있다.

일반적으로 아파트가 신축될 수 있는 부지를 새로 조성하는 택지개발사업의 경우 3년 정도가 소요되고, 수많은 필지들을 통합하여 단일 필지로 만들어내는 도시환경정비사업의 경우 더 오랜 기간이 소요되기도 한다. 상대적으로 기존의 건물을 리모델링하는 경우 신축에 비해 짧은 기간이 소요되는데, 대체로 1년 미만에서부터 건물의 규모 확장을 동반하는 경우에는 신축과 비슷한 기간이 소요되기도 한다. 즉 부동산은 수요가 발생하거나 인지되는 시점으로부터 공급이 이루어지기까지 상당한 시차가 발생하기 때문에 수요와 공급의 불균형이 일상적으로 수반된다.

한편, 부동산의 공급이 보이는 비탄력성은 상대적으로 긴 생애주기의 원인이기도 하다. 부동산은 내용연수耐用年數, Useful Llife가 다하면 생애주기가 마감되어 더 이상 애초의 용도로 사용이 불가능해지는 것으로 판단한다. 내용연수는 크게 세 가지의 개념으로 정의될 수 있다. 우선 건물을 구성하는 구조체의 물리적 수명이 다하여 더 이상 사용이 불가능하게 될 때까지의 기간을 물리내용연수物理耐用年數, Physical Life라고 한다. 예를 들어, 철근콘크리트 구조로 지어진 건물의 경우

콘크리트의 중성화가 진행되고 철근의 부식이 시작되는 시점까지를 물리내용연수로 판단하는데, 일반적으로 60년에서 100년에까지 이른다. 그러나 건물의 구조체에 비해 사용 빈도에 따른 마모의 정도가 큰 기계나 전기 설비는 대략 20여 년을 주기로 교체나 전면적인 보수를 필요로 한다.

물리내용연수와 무관하게 세법과 같은 행정적 규제에 따라 건물의 효용성이 상실된 것으로 인정되는 때까지의 기간을 행정내용연수行政耐用年數, Administrative Life라고 한다. 예를 들어, 우리나라의 「법인세법」에서 인정하는 철근콘크리트 구조 건물의 행정내용연수는 40년이며 가구나 집기, 비품 등은 5년이다.[44]

마지막으로 건물의 경제적 효용성 악화로 투자의 가치를 더 이상 발생시키지 못할 때까지의 기간을 경제내용연수經濟耐用年數, Economic Life라고 한다. 예를 들어, 철근콘크리트 구조로 지어진 아파트의 경우 재건축 연한인 30년 내에 경제적 효용성이 소진되는 것으로 판단하는 반면, 상업용 건물일 경우에는 이보다 더 짧은 20년 내·외로 보는 것이 일반적이다.

부동산의 생애주기가 길다는 것은 대규모의 자본을 투입한 생산자의 입장에서 다행스러운 일이지만, 다른 측면에서 보면 생애주기를 유지하기 위한 별도의 비용을 필요로 한다는 의미이기도 하다. 이때 소요되는 비용을 생애주기비용이라고 한다. 부동산이 사용되기 시작하면 처음에는 소비자가 사용성使用性, Usability을 검증하여 생산자의 하자 보수를 거치게 되는데, 이 기간을 도입기라고 할 수 있다. 이 과정이 완료되고 나면 건물의 사용성이 최적화되고 소비자는 본격적으로 그 효익을 향유하게 된다. 이 기간이 성장기에 해당하며 투자자는 가장 큰 이윤을 기대할 수 있게 된다.

그러나 시간이 흐르면서 건물의 설비를 교체하거나 수요의 변화에 따라 건물을 보수할 필요가 생긴다. 이 기간이 성숙기에 해당하며 수요가 절정에 이르는 반면, 건물의 유지관리에 소요되는 생애주기비용이 급격하게 증가하면서 투자자가 얻을 수 있는 이윤이 줄어들기 시작한다. 마지막으로 일정한 시기가 지나면 건물의 일상적인 유지관리나 보수에도 불구하고 사용성과 수요가 급격하게 줄어드는 쇠퇴기에 접어들게 된다. 이 단계에 접어들면 투자자는 해당 건물을 다른 용도로 변경하거나 재개발하여 새로운 생애주기가 시작되도록 해야 한다.

부동산과 호텔 투자의 차이

호텔의 상품이 창출해내는 가치에 있어 3요소가 차지하게 되는 비중은, 재무제표에 일반적으로 나타나는 자산의 구성에 초점을 두고 봤을 때 유형의 가치가 80%, 무형의 가치가 20% 정도를 차지하는 것으로 볼 수 있다. 또한 유형의 가치인 장소와 공간을 분리하여 생각해 본다면 새로 지어진 호텔일 경우 장소와 공간이 비슷한 비율을 보이게 되는 반면, 건물의 생애주기 마지막 단계에 가까울수록 장소가 차지하는 비중이 높게 나타난다. 경험에 비추어 보면 생애주기를 통틀어 각 요소가 차지하는 평균적 비중은 장소가 50%, 공간이 30%, 서비스가 20% 수준이라고 할 수 있다. 즉 자산의 80%를 부동산이 차지하는 것으로, 기본적으로는 호텔 투자가 상당 부분 부동산 투자의 성격을 갖는 것으로 볼 수 있다.

그러나 호텔 자산에는 일반적인 부동산에 비해 훨씬 다양한 내용연수를 갖는 요소들이 공간의 범주에 포함된다. 따라서 호텔의 생애주기 비용은 다른 유형의 부동산들에 비해 규모가 크고 훨씬 복잡한 구조를 갖는다. 구체적으로 호텔에는 내용연수가 짧아 잦은 '교체'를 필요로 하는 매트리스, 욕실의 욕조나 세면기, 배관 설비, 창문, 에어컨, 카펫 등의 요소들이 대규모로 포함되고 사용에 따른 마모가 빈번하기 때문에 일상적인 자본적지출資本的支出, Capital Expenditure의 규모가 크게 나타난다.

따라서 호텔들은 이러한 요소들의 교체비용 지출 추이를 반영하여 최소한의 유보금留保金, Reserve을 적립하고 대규모 지출이 필요한 경우에 사용하게 된다.[45] 일반적으로 매월 발생하는 매출의 4% 내·외에서 유보하는 것이 관행이지만, 실제로 집행된 자본적지출 금액을 보면 신축하여 개관한 초기를 제외하고는 이러한 유보금의 수준을 훨씬 상회하는 경우가 대부분이다.

호텔의 자산 구성이 다른 유형의 부동산들과 구분되는 또다른 특징적 요소는 서비스를 지속적으로 제공하는데 있어 기반이 되는 운전자본運轉資本, Working Capital이다. 운전자본은 거래가 발생하는 시점과 지불이 이루어지는 시점의 차이로 인해 발생하는 지급능력支給能力, Solvency을 관리하기 위해 필요한 현금성 자산을 의미한다.

예를 들어, 호텔에 매출이 발생하더라도 현금이 즉시 들어오는 경우는 드물다. 소비자가 신용카드로 결제하는 경우 신용카드의 결제일

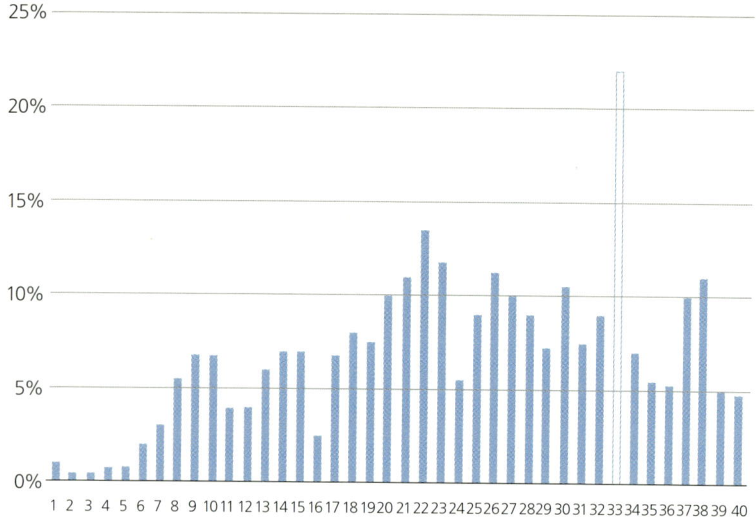

그림 40 **미국 호텔의 내용연수별 자본적지출 규모**

내용연수에 따른 호텔의 자본적지출 규모를 총매출 대비 비율로 표기한 것으로 미국의 501개 호텔이 2007년부터 2012년까지 지출한 금액을 기준으로 했다. 실제로 호텔의 일반적인 자본적지출 유보금 수준인 4%에 비해 훨씬 높은 수준의 지출을 필요로 하는 것을 알 수 있다. [출처: "*ISHC CapEx 2014*", 2014, STR & AHLEI]

이 되어서야 실제로 현금이 수취되기 때문이다. 반면에 인건비나 자재비 등의 비용은 현금이 수취되는 시점보다 일찍 지급되어야 할 수 있기 때문에 항상 일정 수준의 현금을 필요로 한다.

더 나아가 운전자본은 신축 호텔의 현금흐름이 안정되기까지 현금흐름의 병목에 대한 완충적 기능을 수행한다. 즉 신축 호텔의 경우 매출이 안정되기 전까지 이윤이 발생하지 않는 것이 일반적인데, 이와 무관하게 운영에 소요되는 비용은 지급되어야 한다. 즉 호텔의 자산 구성에 있어 장·단기적으로 발생할 수 있는 지급능력의 문제를 관리하기 위한 별도의 여유 현금이 필수적인 것이다.

이처럼 상대적으로 크게 나타나는 자본적지출과 운전 자본에 대한 필요는 부동산보다 오히려 기업에 대한 투자와 유사한 속성이라고 할 수 있다. 특히 이러한 지출이 실제로 발생하는 것은 예측이 가능한 경우도 있지만 그렇지 않은 경우들도 비일비재하다. 따라서 겉으로 명확하게 드러나지 않는 경우가 많아 투자자에게는 일종의 숨겨진 비용이 되기도 한다. 이는 대부분의 호텔 자산 거래에 있어 마지막까지 첨예하게 충돌하는 부분이기도 하다. 따라서 사전에 치밀한 검토와 계획이 전제될 필요가 있다.

산업은 자산가치의 거울이다

화폐의 시간가치

인플레이션이 불러온 또다른 현상은 사회 전체의 시간이 더욱 빠르게 흐르도록 만든 것이라고 할 수 있다. 즉 시간이 갈수록 화폐의 가치가 하락하기 때문에 모든 이들로 하여금 미래보다 지금 당장의 현금을 선호하도록 만들었고, 다른 이들보다 빠르게 양질의 투자 기회를 발굴하기 위해 경쟁하도록 만들었다.

이러한 배경에서 '화폐의 시간가치'라는 개념이 탄생했다. 즉 미래의 화폐가치를 지금의 화폐가치로 환산하여 실질적 가치를 판단하고 투자의 여부를 결정하는 것이다. 구체적으로 미래의 화폐가치는 일정한 할인율割引率, Discount Rate에 따라 현재의 화폐가치로 환산되는데, 할인율은 과거의 인플레이션 수준과 변동성에 따른 기회비용機會費用, Opportunity Cost을 반영하여 결정된다.

화폐의 시간가치가 갖는 의의는 가치의 판단에 시간이라는 요소를 결부시켰다는 데에 있다. 즉 시간의 가치를 화폐 단위로 표현함으로써 가치에 대한 판단의 오류와 이로 인한 불평등 교역의 가능성을 현저하게 낮추었다. 그러나 산업혁명 시기 유럽의 열강들이 식민지를 수탈하는 데에는 시간에 대한 인식의 차이가 중요한 도구로 활용되었었다. 치열한 경쟁 속에서 경쟁자들보다 더 빠르게 물자를 확보해야 했던 유럽 열강들에게 시간은 빠르게 흘렀다.

그러나 화폐가 보편적으로 사용되지 않았고 인플레이션으로부터 또한 상대적으로 자유로웠던 식민지 원주민들의 시간은 그렇지 않았다. 물론 시간에 대한 개념의 차이와 무관하게 유럽 열강들의 막강한 무력이 불평등한 교역의 근본적 원인으로 작용했을 수 있다. 그러나 대체로 신사적이고 평화로운 교역을 표면에 내세웠던 이 불평등 교역의 본질은, 유럽의 열강들이 시간의 비대칭을 활용해 식민지로부터 부富를 착취한 것이었다. 이러한 점에서 시간은 경제적 가치에 가장 중요한 영향을 주는 요소라고 할 수 있다.

한편, 화폐의 시간가치가 갖는 한계는 역설적이게도 시간의 개념에 대한 모호성에 있다. 사실 화폐의 시간가치는 모든 이들의 시간이 시점과 무관하게 균질均質, Homogeneous하다는 가정을 전제로 한다. 즉 화폐의 시간가치에서 1년은 어느 시점의 누구에게나 동일한 1년일 뿐이다. 그러나 대공황 이전과 이후의 시간은 밀도와 속도에 있어 현저한 차이가 존재했을 것이다. 즉 어느 시점을 기준으로 하는지에 따라 측정되는 가치가 달라질 수 있었던 것이다.

마찬가지로 개인에게 있어서도 20대의 1년, 40대의 1년, 60대의 1년은 각각 다른 밀도와 속도를 가질 수 있으며 누구의 시간으로 측정되는지에 따라 가치가 달라질 수 있다. 그러나 화폐의 시간가치 측정에 사용되는 할인율은 미래의 시간이 과거와 비슷한 밀도와 속도를 가질 것이며, 과거의 인플레이션이 미래에도 비슷한 패턴으로 나타날 것이라는 가정을 함축하고 있다는 점에서 분명한 한계가 있다. 그리고 이러한 한계는 종종 가치 판단의 왜곡으로 이어지며 또다시 불평등 교역의 수단으로 활용될 여지를 제공해왔다.

기업과 부동산의 가치

오늘날 투자가 보편화된 것에 비해 투자 자산의 가치에 대한 판단은 여전히 전문가들의 영역에 남아있는 것으로 보인다. 이는 가치 판단의 메커니즘이 발전되는 과정에 다양한 이론적 접근들이 결부된 데서 일차적인 이유를 찾을 수 있다. 그리고 이러한 이론적 접근들이 공통적으로 전가의 보도를 찾고자 시도했던데 이차적인 이유가 있다. 그러나 수많은 이들에 의한 수많은 거래들 중에는 이러한 이론적 접근을 통해 설명되지 않는 경우들이 빈번했고, 결국 수많은 이론들은 점차 의미를 잃어갔다.

그럼에도 불구하고 거래와 관련된 정보가 비대칭적인 시장에서의 가치 판단은 이러한 이론적 접근에 의존할 수밖에 없는 경우가 대부분이다. 여기에서 다양한 이론들의 차이는 결국 시간에 대한 개념을 어떻게 설정하는지에 있다는 점을 이해할 필요가 있다. 그리고 이를 단순화시켜보면 투자자가 판단할 수 있는 가치는 시점에 따라 크게 세 가지로 분류될 수 있다.

가장 쉽게 판단할 수 있는 것은 과거의 가치, 즉 장부가치帳簿價値, Book Value를 통해 현재의 가치를 도출하는 것이다. 장부가치는 기본적으로 과거 거래가 이루어졌던 시점의 가격을 의미한다. 구체적으로 재무제표에 나타나는 자산의 가치를 의미하며 회계상의 가치로 불리기도 한다.[46] 투자자 입장에서는 그 시점으로부터 현재에 이르기까지 창출된 가치와 인플레이션을 이미 알고 있다. 즉 장부가치를 통해 현재의 가치를 비교적 정확하게 유추해낼 수 있으며, 현재의 가격이 실질적인 가치에 비해 높게 책정된 것인지 낮게 책정된 것인지를 비교적 쉽게 판단할 수 있는 것이다. 버핏과 같은 가치투자자들은 장부가치로부터 유추한 현재의 가치보다 낮은 가격에 매입할 수 있는 주식을 투자의 대상으로 해왔다.

장부가치가 투자에 대한 의사결정의 수단으로 사용되기 위해서는 현재의 가치로 환산될 필요가 있는데, 여기에 흔히 활용되는 지표의 하나가 주가순자산비율Price Book-value Ratio 또는 PBR이라고 할 수 있다. 예를 들어, 경쟁 관계에 있는 기업들의 PBR이 평균적으로 1.5배 수준이라고 했을 때 투자 대상 기업의 주가 또한 재무제표상 주당 순자산의 1.5배 수준에서 형성될 것이라고 추정할 수 있는 것이다. 그러나 장부가치는 미래의 성장이 과거와 동일할 것이라는 가정, 즉 균질한 시간을 전제로 하기 때문에 이제 성장하기 시작하는 기업의 가치를 평가하기에는 적절하지 않다는 한계를 갖는다.

현재의 가치를 판단하는데 있어 가장 명쾌하게 직접적인 답을 제시해줄 수 있는 지표는 시장가치市場價値, Market Value, 즉 일반적으로 시장에서 거래되는 가격이라고 할 수 있다. 앞서 설명한 바와 같이 가격 결정의 메커니즘은 수요와 공급의 법칙에서 출발하지만, 수요나 공급 외의 요인들이 가격에 영향을 주는 한 수요와 공급의 법칙만으로는 충분하지 않다. 대신 이를 보완해줄 수 있는 방법이 최근에 있었던 '유사' 거래 사례를 참조하는 것이다. 그러나 시장가치의 함정은 개별적인 거래의 가격이 아니라 광범위하게 시장에서 받아들여질 수 있는 가격을 의미한다는데 있다.

사실 시장에서 이루어지는 수많은 거래들 중에 완벽하게 동일하거나 유사한 거래 사례를 찾는 것은 불가능에 가깝다. 또한 거래의 당사자가 가격이 아닌 다른 요인에 따라 거래를 결정하고 진행하는 경우들 또한 어렵지 않게 찾아볼 수 있다. 따라서 개별적인 거래의 가격이 항상 시장가치에 따라 이루어지는 것은 아니다. 다만, 다수의 비슷한 기회를 두고 선택을 하는 경우 시장가치를 인지하는 것은 유의미한 기준으로 작용할 수 있다. 주식 시장에서 이러한 목적으로 흔히 사용되는 지표가 현 시점의 주당 순이익 대비 주가의 비율인 주가수익비율Price Earnings Ratio 또는 PER이라고 할 수 있다.[47] 예를 들어, 대상 소비자, 생산하는 가치, 자산의 구성이 유사한 힐튼과 IHG는 2018년 7월 기준으로 20배 수준의 PER을 보였다.

미래에 창출될 것으로 기대되는 가치를 점유한다는 투자의 의미에 가장 부합하는 판단의 기준은 미래의 가치, 즉 내재가치內在價値, Intrinsic

Value라고 할 수 있다. 성장하기 시작한 기업이 미래에 이루어낼 수 있는 잠재력은 물론 시장의 다른 경쟁자들과 다른 특수성 또한 반영될 수 있기 때문이다. 구체적으로 내재가치는 특정 기업이 미래에 창출할 것으로 기대되는 현금흐름을 화폐의 시간가치에 따라 현재의 가치로 환산하여 산출할 수 있다. 미래의 현금흐름 추정치에 할인율을 적용하여 현재의 가치로 환산하고 여기에서 이 투자 기회를 점유하기 위해 지출해야 하는 가격을 차감하면 순현재가치Net Present Value 또는 NPV를 산출할 수 있다. 그리고 NPV가 0보다 크거나 같다면 투자에 적합한 기회라고 볼 수 있는 것이다.

그러나 내재가치의 한계는 미래의 현금흐름에 대한 추정에 오류가 있을 경우 전혀 의미를 갖지 못할 수 있다는데 있다. 사실 손에 잡히지 않는 미래를 예측하기 위해서는 수많은 가정들이 개입될 수밖에 없다. 그리고 오류를 줄이고 현실적인 가정을 도출해내기 위해서는 결국 산업 자체에 대한 포괄적이고 정확한 이해가 전제될 필요가 있다. 이러한 점에서 투자자에게 친숙한 산업의 영역에서 더욱 현실적인 가정이 도출될 가능성이 크다. 그리고 만약 친숙하지 않은 산업의 영역에 투자하려는 경우에는 그 산업에 대한 세밀한 학습의 과정을 선행할 필요가 있을 것이다.

아직까지 전가의 보도라고 할 만한 가치 판단의 방법은 존재하지 않는 것이 현실이다. 이러한 상황은 일반인들에게는 물론 전설의 투자자들에게 있어서도 마찬가지이며, 그들 또한 마법의 수정구슬을 손에 들고 있었던 것은 아니다. 오히려 그들의 성공은 시장의 일반적인 수준을 넘어서는 노력의 결과였다. 그리고 그들이 그토록 노력을 기울였던 부분은 자산의 실질적인 가치를 정확하게 판단하기 위한 자신만의 원칙을 개발하는데 있었다.

그들이 공통적으로 강조하는 바는 이러한 노력을 통해 누구나 성공적인 투자의 성과를 얻어낼 수 있다는 것이다. 이에 대해 린치는 "뇌의 3퍼센트를 사용할 수 있는 평범한 사람이라면 누구나 최소한 월가의 전문가들만큼 훌륭하게 주식을 골라낼 수 있다."고 얘기한 바 있다. 그나마 가치 판단에서의 오류를 줄이고 현명한 투자의 의사결정을 위해서는 장부가치, 시장가치, 내재가치를 함께 보완적으로 사용하는 것이 가장 현실적인 방법이라고 할 수 있을 것이다.

상업용 부동산의 가치 평가에는 미래에 발생할 것으로 기대되는 현금흐름을 현재의 가치로 환산하는 소득접근법所得接近法, Income Approach이 가장 널리 활용된다. 그러나 소득접근법에 있어 항상 논란의 중심에 위치하게 되는 것이 할인율이다. 가치의 산출에 결정적 영향을 주는 요소이지만, 할인율의 결정에 수많은 변수들이 개입될 수밖에 없어 가치의 격차가 발생하는 근원으로 작용하기 때문이다.

소득접근법은 다시 직접환원법과 현금흐름할인법으로 세분될 수 있는데, 차이는 기준으로 하는 현금흐름의 시점과 여기에 적용되는 할인율에 있다. 직접환원법의 경우 평가의 시점에 발생하는 현금흐름을 자본환원율資本還元率, Capitalization Rate로 할인하여 가치를 산출한다. 반면, 현금흐름할인법은 상대적으로 예상되는 장기간의 현금흐름을 기대수익률期待收益率, Expected Rate of Return로 할인하여 가치를 산출한다. 일반적으로 기대수익률이란 조달된 자기자본과 타인자본의 자본비용을 가중 평균한 가중평균자본비용Weighted Average Cost of Capital 또는 WACC

을 의미하기도 한다.

이렇게 도출된 가치는 투자자에 따른 특수성이나 자산이 갖는 특수성에 의한 현금흐름의 변동성 등이 반영된 할인율을 사용하기 때문에 투자자와 자산에 따라 다르게 나타날 수 있다. 가장 손쉽게 사용될 수 있는 방법은 이미 알고 있는 현금흐름에 기초한 직접환원법이지만, 현금흐름의 변동성이나 성장 잠재력이 제대로 반영되기 어렵다는 문제를 가지고 있다.

다만, 자본환원율은 특정 유형의 자산군에 대한 수요와 공급의 현황을 비교적 정확하게 알려주는 지표로서 의미를 가질 수 있다. 내재가치의 개념에 더욱 근접한 현금흐름할인법은 상대적으로 장기간의 현금흐름을 추정하기 때문에 변동성이나 성장 잠재력이 비교적 정확하게 반영될 수 있다는 장점을 갖는다. 반면, 장기간의 현금흐름에 대한 추정으로 인해 오류가 발생할 확률이 상대적으로 높기 때문에 이 과정에 수반되는 다양한 가정들에 대한 정확한 검증이 필요해진다.

호텔 자산의 가치 판단

상업용 부동산의 한 형태로서 호텔 자산의 가치 또한 기본적으로 상업용 부동산의 가치 판단 기준을 따른다. 즉 일차적으로 호텔 자산의 가치는 미래에 창출될 현금흐름을 기반으로 소득접근법에 따라 평가될 수밖에 없는 것이다. 이때 기업으로서의 속성이 현금흐름에 반영되어 함께 측정되며 할인율의 결정에 있어서도 부동산과 기업의 속성이 함께 반영된다. 바꾸어 말하면, 호텔의 가치 판단에 있어 오류를 최소화하기 위해서는 호텔이 창출해낼 현금흐름을 정확하게 예측하는 것이 가장 중요한 선결 조건이라고 할 수 있다. 그리고 이를 위해서는 앞서 언급한 바와 같이 호텔 산업에 대한 포괄적이고 정확한 이해가 전제되어야 한다.

호텔이 창출해내는 현금흐름의 예측은 매출과 비용으로 구분하여 생각해볼 수 있다. 매출은 수요의 규모와 소비되는 가격에 따라 결정되는데, 이는 앞서 설명한 내용을 요약해보면 호텔의 매출은 탄력적인 수요와 비탄력적인 공급의 불균형으로 인해 계절성과 주기성을

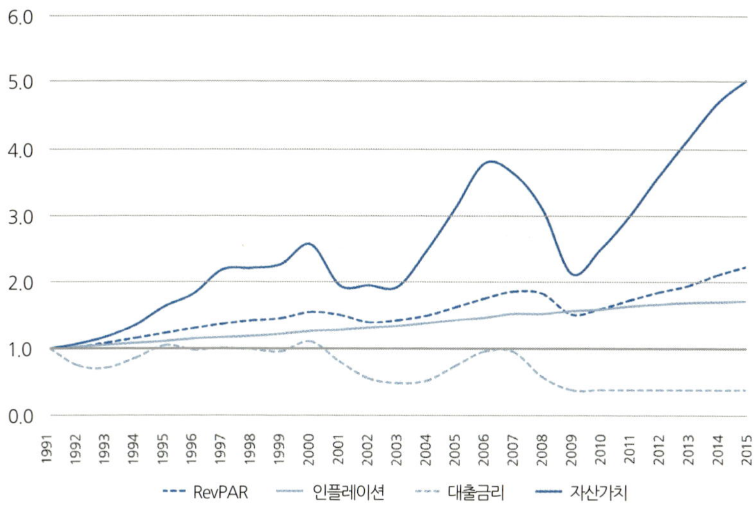

그림 41 **미국의 호텔 자산가치 변동 추이**

인플레이션을 넘어서는 RevPAR 상승세에 지속적인 금리인하가 겹치면서 투자 수요가 상승했고 자산가치가 동반 상승해왔음을 알 수 있다. 더 많은 요인들에 의해 영향을 받는 자산가치의 변동성이 RevPAR에 비해 더욱 증폭되어 나타나는 것을 알 수 있다. [출처: STR Global(RevPAR), Bureau of Labor Statistics(인플레이션), World Bank(대출금리), "*Hotel Valuation Index*", 2016, HVS(자산가치). 1991년을 1.0으로 하는 인덱스로 조정하여 표현]

갖게 되고, 다른 유형의 부동산에 비해 변동성이 뚜렷하게 나타난다. 여기에서의 초점은 이처럼 매출의 변동성이 큰 호텔의 비용 구조가 이를 감당해낼 수 있을 것인지의 여부라고 할 수 있다.

상업용 부동산으로서 호텔이 지속적으로 창출해내는 현금흐름은 소비자들에게 장소, 공간, 서비스를 지속적으로 제공하는데 기반을 둔다. 따라서 생산에 반복적으로 소요되는 비용 또한 이 세 가지 요소로 나누어 생각해볼 수 있다.

우선 호텔이 장소와 공간, 즉 부동산을 지속적으로 보유하는데 있어 발생하는 가장 대표적인 비용은 감가상각비減價償却費, Depreciation and Amortization와 수선유지비修理维护费, Repair and Maintenance라고 할 수 있다. 감가상각비는 부동산의 장부가치가 내용연수에 따라 일률적으로 감소하는 것으로 보고 가치의 감소분을 회계적으로 인식하기 때문에, 실질적인 현금의 지출을 수반하지 않는다.[48] 여기에서 현금의 잉여가 발생하게 되는데, 호텔의 자본적지출 유보금은 이러한 현금의 잉여가 다른 용도로 사용되지 못하도록 하는데 목적이 있다.

반면, 수선유지비는 공간의 범주에 포함되는 요소들의 교체가 아닌 일상적인 수선이나 보수를 위해 실제 현금으로 지출되는 비용을 의미한다. 자본적지출과의 차이점은 회계적으로 자본적지출이 자산의 항목에 속하는 반면, 수선유지비는 비용으로 인식된다는데 있다. 예를 들어, 객실의 에어컨을 교체하는데 지출되는 금액은 자본적지출로서 시설에 대한 재투자로 인식되는 반면, 에어컨의 필터를 교체하는데 지출되는 금액은 수선유지비로 소모성 비용으로 인식되는 것이다. 그밖에 재산세나 손해배상 보험료 등이 부동산으로 인해 발생하는 비용에 포함될 수 있다.

서비스를 지속적으로 제공하는데 있어 반복적으로 소요되는 비용의 가장 큰 부분은 인건비라고 할 수 있다. 호텔 산업의 성장을 견인한 브랜드들은 상품에 대한 가치 제안을 확립해가는 과정에서 호텔의 조직과 인력의 구성에 대한 일률적인 기준을 설정하여 적용했다. 즉 소비의 패턴과 무관하게 유지해야 하는 인력의 규모가 존재하는 것으로 인건비가 고정비용의 성격을 갖는 것이다.

그러나 호텔의 경우 탄력적인 수요로 인해 매출의 변동성이 높기 때문에 제조업 같은 다른 자본집약적 산업에 비해서는 변동비용이 높은 편이라고 할 수 있다. 단지 다른 유형의 부동산들에 비해 서비스가 가치 창출에서 차지하는 비중이 크기 때문에 인건비의 비중이 높게 나타나고, 이는 고정비용의 가장 큰 부분을 차지하는 것이다.[49] 그밖에 서비스의 제공에 소요되는 비용으로 다양한 유통채널에 지급되는 수수료를 생각할 수 있는데, 대부분의 경우 매출과 직접적으로 연동되는 변동비용의 성격을 갖는다.

호텔의 영업에 의한 현금흐름이 안정되는 것은 수요와 소비되는 가격이 안정적으로 유지되기 시작하는 시점을 의미한다. 즉 이 시점부터 생산에 소요되는 비용 또한 안정적인 수준을 유지하게 되는 것이다. 일반적으로 동일한 항목에 대한 지출을 고정비용으로 유지하는 것이 매출에 따라 변화하는 변동비용으로 유지하는 것보다 금액의 부담이 덜하지만, 매출의 변동성이 심한 경우에는 과도한 고정비용이 지급능력의 문제를 불러올 수 있다. 따라서 고정비용과 변동비용으로 유지되는 부분들을 적절하게 나누어 관리함으로써 현금흐름의 변동성을 제어할 필요가 있다.

조금 더 넓은 범위에서 보면, 지급능력의 문제는 호텔 투자자에게 있어 가장 위험한 상황이라고 할 수 있다. 투자자에게 있어 지급능력의 문제는 현금흐름의 변동성으로 인해 인건비와 대출에 대한 이자를 지급하지 못하는 상황을 포함한다. 그러나 앞서 설명한 바와 같이 생산자에 의한 인건비의 통제가 조심스러울 수밖에 없다는 점을 감안하면 투자자의 초점은 결국 자본비용의 최적화로 귀결된다.

이 과정에서 리스크를 회피하려는 두 이해관계의 상충은 부동산 투자에서 일반적인 현상이지만, 현금흐름의 변동성이 더욱 크게 나타나는 호텔의 경우 더욱 첨예하게 나타나는 경우들이 있다. 따라서 호텔 투자에 있어 타인자본의 비율, 즉 담보대출비율에 대하여 보수적으로 접근할 필요가 있다.[50]

호텔에 대한 담보대출과 관련하여 흥미로운 점은 다른 유형의 부동산들과 달리 변동금리 대출이 유리할 수 있다는 것이다. 일반적으로 대규모의 상업용 부동산에 대한 대출은 고정금리가 선호된다. 고정금리의 경우, 이자에 대한 부담이 높기는 하지만 금리의 변동에 따른 리스크를 상당부분 제거할 수 있기 때문이다. 특히 장기간에 걸쳐 임대료가 고정된 경우에는 고정금리 대출이 절대적으로 유리하다.

그러나 현금흐름의 변동성이 상대적으로 큰 호텔의 경우에는 상황이 다르다. 언제든 현금흐름이 이자에 미치지 못할 수 있기 때문이다. 여기에서 호텔 상품이 소비되는 실질 가격, 즉 RevPAR의 변동이 금리의 변동과 유사한 패턴을 유지해왔다는 점에 주목할 필요가 있다. 금리가 높을 때에는 RevPAR 또한 높게 형성되었고 금리가 낮을 때에는 RevPAR도 낮게 형성되었던 것이다. 이는 호텔의 실질 가격이 경기를 민감하게 반영하기 때문에 경기의 척도인 금리를 따라 움직인다는데 이유가 있다.[51]

일반적으로 현금흐름의 변동성이 심할수록 할인율이 상승하고 이로 인해 자산가치가 감소하게 된다. 앞서 설명한 바와 같이, 호텔의 현금흐름은 다른 유형의 부동산들보다 탄력적인 수요와 가격, 비슷한 수준으로 비탄력적인 공급, 기본적으로 높은 고정비용으로 인해 상대적으로 이윤의 변동성이 높게 나타나는 특징을 갖는다. 따라서 일반

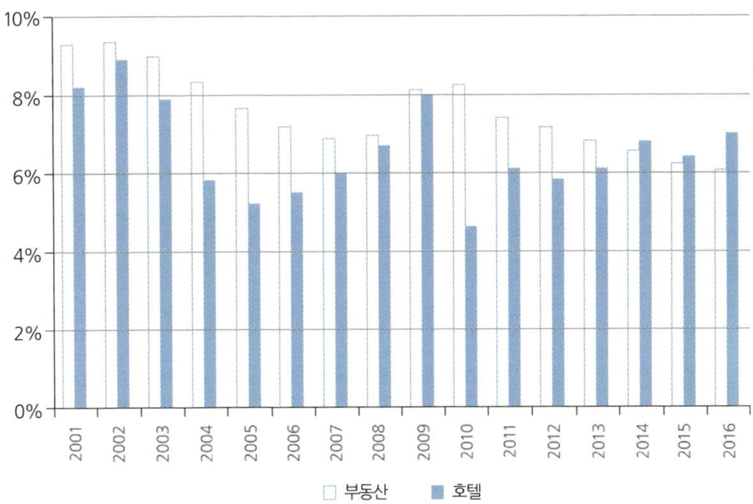

그림 42 부동산과 호텔의 자본환원율

미국의 부동산 전체 평균 자본환원율과 호텔 부동산의 자본환원율 변동 추이를 보면, 호텔은 자산에 대한 수요의 변동성이 크게 나타나는 반면, 자산의 가치는 높게 평가되어왔음을 알 수 있다. 다만, 2014년 이후 호텔의 자산가치가 상대적으로 낮아지는 경향을 보였다. [출처: PWC Real Estate Investor Survey 3Q 2016(부동산), Suzanne Mellen, "*US Hotel Value Gains Moderate as RevPAR Growth Slows and Cap Rates Rise*", HVS, January 23, 2017(호텔)]

적으로 다른 유형의 부동산들에 비해 자산의 가치가 낮게 평가될 수 밖에 없는 것이다. 예를 들어, 비슷한 위치에서 비슷한 규모의 업무시설과 호텔이 비슷한 수준의 현금흐름을 창출하고 있다면, 일반적으로 업무시설의 가치가 호텔 자산의 가치보다 높게 평가된다.

그러나 실제로는 호텔 자산에 대한 수요가 다른 유형의 부동산들보다 높게 나타났고, 가치 또한 상대적으로 높게 형성되어 왔다. 특히 경기가 전반적으로 호황이었던 때에는 이러한 현상이 더욱 두드러지게 나타났는데, 이는 크게 두 가지 이유로 설명될 수 있다.

우선 대부분의 호텔 자산을 호텔의 변동성에 익숙한 투자자들이 보유하면서 경기변동에 따른 일시적 현금흐름 감소에 즉각적으로 반응하지 않게 되었다고 할 수 있다. 예를 들어, 호텔 자산에 대한 투자와 거래가 활성화된 미국의 경우 대부분의 투자자들은 현금흐름의 일시적인 감소 이후에 가파른 상승이 뒤따른다는 것을 경험적으로 인지하고 있다. 따라서 이러한 시기를 충분히 버텨낼 수 있는 자본을 보유한 투자자라면 더더욱 낮은 가격에 자산의 처분을 서두를 이유가 없는 것이다.

다른 하나는 다른 유형의 부동산들에 비해 호텔 자산이 상대적으로 희소하다는데 있다. 즉 호텔 자산의 경우 상대적으로 투자의 기회가 제한적이기 때문에 호텔 산업에 근본적으로 내재하는 현금흐름의 변동성도 투자 수요에 결정적인 영향을 미치지 못했던 것이다. 이는 호텔 자산의 시장가치 평가 지표의 하나인 자본환원율이 일정한 지지선을 형성하도록 했다. 즉 현금흐름의 변동에도 불구하고 자산의 가치가 일정 수준 이하로 하락하지는 않는 특징을 가지고 있다고 볼 수 있다.

현명한 투자자의 선택지들

수익률의 해석

투자란, 미래에 창출될 것으로 기대되는 가치를 점유하기 위해 현 시점에서 가격을 지불하는 것이다. 그리고 미래에 창출될 가치를 판단하는 데에는 다양한 시간의 기준에 따라 도출한 가치들을 조정하고 통합하는 과정이 수반되어야 한다. 다음 단계는 기대했던 가치를 창출해내는 것인데, 목적에 따라 투자자가 이 과정에 개입할 수도 있고 그렇지 않을 수도 있다. 즉 투자자에 따라 다른 양상을 보일 수 있는 부분이라고 할 수 있다. 모든 투자자들에게 공통적으로 수반되는 마지막 단계는 창출된 가치를 이익으로 실현하고 그 성과를 측정하는 것이다.

투자의 출발점이 인플레이션으로부터 자산의 가치를 지켜내는 것이라는 관점에서 보면, 일반적으로 투자자가 기대할 수 있는 가치는 크게 두 가지 유형으로 나누어 생각해볼 수 있다. 하나는 현 시점에서 지출한 화폐의 가치가 최소한 인플레이션 수준으로 증가하는 부분이며, 다른 하나는 이를 초과하여 기업이나 자산의 실질적인 가치가 증가하는 부분이다. 여기에서 고려할 부분은 인플레이션의 영향을 상쇄하는 것이 투자의 출발점일 뿐 종착점이 아니라는 점이다.

오히려 낯선 산업을 이해하려는 수고로움과 지출하는 자본을 잃게 될 수 있는 리스크를 감수하면서도 투자를 결정하는 데에는 자산의 가치가 인플레이션 이상으로 성장하여 든든한 미래의 소비 기반이 구축될 것이라는 기대가 있다. 이처럼 인플레이션을 넘어서는 성장을 실질實質, Real 성장이라고 하며, 인플레이션에 의한 성장과 실질 성장이 합쳐진 명목名目, Nominal 성장과 구분한다. 이러한 점에서 투자는 미래의 실질 성장을 사는 것이라고도 할 수 있다.

한편, 창출된 가치의 증가분은 크게 두 가지의 형태로 실현될 수 있다. 하나는 일정 기간의 가치 증가분이 '배당'의 형태로 해당 기간에 투자자에게 분배되는 것이고, 다른 하나는 누적된 가치 증가분이 '차익'으로 투자의 종결 시점에 한꺼번에 실현되는 것이다. 배당은 특정 시점의 생산 활동으로 창출된 잉여 현금에서 설비에 대한 투자 등을 제외한 후 투자자들에게 지급되는 현금을 의미한다. 반면에 차익은 지속적인 생산 활동이 이끌어낸 기업의 가치 증가분이 주식의 매각 시점에 한꺼번에 실현되는 것을 의미한다.

배당이 기업으로부터 투자자들에게 직접 지급되는 금전적 보상인 반면, 차익은 투자자가 시장에서의 매각을 통해 직접 현금으로 실현하는 가치의 증가분이라는 차이가 있다. 또한 배당은 기업의 생산 활동이 창출해내는 이윤을 기반으로 하기 때문에 상대적으로 변동성이 낮으며 통제가 용이하지만, 차익은 시장의 전반적인 경기나 금리 또는 환율 같은 외부 요소들로부터 많은 영향을 받기 때문에 변동성이 크게 나타나고 정확한 예측이나 통제 또한 어렵다.

투자자의 성향에 따라 배당과 차익에 대한 선호도는 다르게 나타난다. 물론 대부분의 경우 배당과 차익을 동시에 추구하게 되지만, 어디에 더 큰 비중을 둘 것인지에 대해서는 분명한 차이가 존재한다. 일반적으로 안정적인 현금흐름을 선호하는 투자자의 경우 배당에 더 큰 비중을 두는 반면, 현금으로 실현 가능한 가치의 증가분을 극대화하려는 투자자의 경우 차익에 더 큰 비중을 두게 된다.

대체로 장기간 보유를 목적으로 투자하는 경우 불확실성이 높은 차익보다 안정적인 배당을 추구하는 경향이 강하게 드러나는데, 가장 극단적인 형태가 대출이라고 할 수 있다. 반면, 단기간에 가치 증가분을 극대화하여 실현하고자 할 경우 차익을 추구하게 되며, 가장 극단적인 형태가 주식의 초단타 매매라고 할 수 있다.

한편, 배당과 차익의 구성은 투자자의 선호도라는 내부적 요인뿐만 아니라 외부적 요인에 의해서 영향을 받기도 한다. 예를 들어, 배당과 차익에 대한 선호도가 명확하더라도 국가의 규제 등에 의한 제한을 받게 될 수 있다. 배당은 기업의 경영 성과에 직접적으로 결부되기 때문에, 경영 성과의 측정과 기록이 왜곡될 경우 투자자에게 막대한 손실로 돌아올 수 있다.[52]

예를 들어, 투자자가 주식의 투자를 통해 기대할 수 있는 현금흐름이 배당이기 때문에, 주식의 가치는 배당에 따라 결정되는 바가 크다. 즉 기업에게는 투자자들을 유인하기 위해 배당을 극대화하려는 동기가 존재한다. 그러나 기업이 안정적으로 생산 활동을 지속하기 위해서는 일정 수준의 현금을 유보해야 한다는 상충되는 필요가 존재한다. 또한 기업이 창출해내거나 보유한 현금의 수준을 넘어 배당을 지급하는 경우에는 시장 전반에 유동성의 위기를 불러올 수 있다. 이를 통제하기 위하여 국가는 일률적인 회계기준會計基準, Accounting Standards을 도입하여 기업들이 경영 성과를 정확하게 측정하고 기록하도록 하는 한편, 일정한 수준의 재무건전성을 유지하도록 하고 있다.

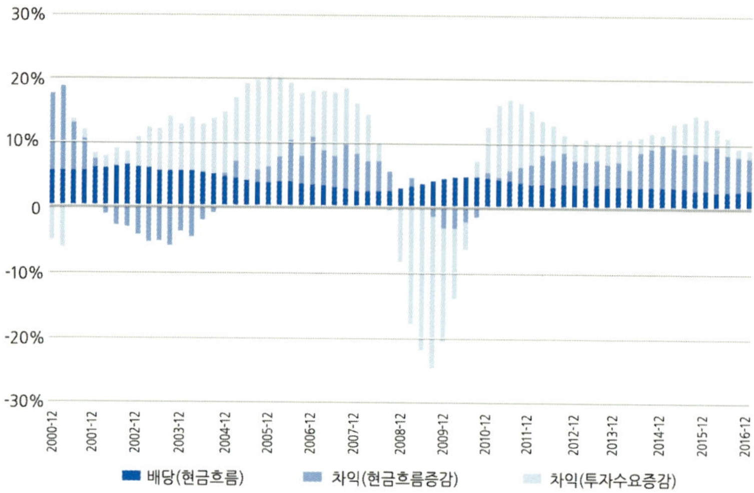

그림 43 부동산 투자 수익률의 해부

미국의 분기별 부동산 직접투자 수익률(NCREIF Property Index)은 수익률을 배당, 현금흐름 증감에 의한 차익, 투자수요 증감에 의한 차익으로 세분하고 있다. 배당이 상대적으로 안정적인 패턴을 유지하는 반면, 투자수요 증감에 따른 차익의 변동성이 가장 크게 나타난다. [출처 : NCREIF]

실현된 투자의 성과는 수익률收益率, Rate of Return이라는 지표를 통해 측정될 수 있다. 기본적으로 수익률이란 투자의 기회를 점유하기 위해 조달했던 자본에 대비하여 현금으로 실현된 가치 증가분의 비율을 의미한다. 앞서 언급한 바와 같이 생산 활동에 소요되는 자본은 자기자본의 투자와 타인자본의 대출을 통해 조달된다. 여기에서 기업의 생산 활동을 통해 창출된 이윤이 조달된 자본 전체에 대하여 차지하는 비율로 표현한 수익률을 자산 수익률Return on Assets 또는 ROA이라고 하며, 흔히 기업 전체의 가치 증가분을 측정하는 도구로 사용한다.

한편, 이윤에서 대출에 대한 이자를 제외한 금액을 자기자본에 대한 비율로 표현한 수익률이 자기자본 수익률Return on Equity 또는 ROE이며, 일반적으로 투자자들이 직접적으로 점유하는 자기자본의 가치 증가분을 측정하는 도구로 사용된다. 일반적으로 대출금리가 자산 수익률보다 낮기 때문에 ROE가 ROA보다 높게 나타난다.[53] 그러나 ROE가 ROA보다 낮게 나타나는 경우들이 있는데, 부득이하게 높은 금리의 대출을 받았거나 자산의 가치를 유지하기 위해 재투자하는 금액의 비율이 높은 경우에 해당된다.

일반적으로 금리는 투자자들이 수익률에 대한 목표를 설정하고 여기에 부합하는 자산을 선별해내는데 있어 결정적인 요소로 작용한다. 기본적으로 금리가 높을 경우 자본이 높은 가격에 거래되는 것이기 때문에, 현금에 대한 투자 수요가 늘어나 은행의 예금이 증가하게 된다. 반대로, 금리가 낮을 경우 자본이 낮은 가격에 거래되는 것이기 때문에, 현금보다는 주식, 채권, 부동산 등과 같은 실물 자산에 대한 투자 수요가 늘어나게 된다. 즉 실물 자산의 가격은 금리가 상승하는 경우에 하락하고, 금리가 하락하는 경우에 상승하게 되는 것이다.

그런데 투자 자산들 중 주식이나 채권의 가격은 금리 변동에 의한 영향을 즉각적으로 받는 반면, 부동산의 가격에는 시차를 두고 영향이 나타난다. 이는 주식이나 채권에 비해 유동성이 취약한 부동산 자산의 속성에 의한 것이다. 따라서 일반적으로 금리가 상승하고 주식이나 채권의 가격이 하락하면 부동산 자산의 가격이 하락할 것이라는 시그널로 볼 수도 있다.

투자자에 따른 성향

현실적으로 투자의 성과에 영향을 주는 요인들을 인지하고 있더라도 투자자가 이들 모두를 직접 통제하는 것은 불가능에 가깝다. 그렇기 때문에 투자 기회에 대한 가치를 정확하게 판단하는 것이 무엇보다 중요하다. 그러나 가치를 비교적 정확하게 판단했더라도 이처럼 통제할 수 없는 요인들로 인해 기대했던 성과를 얻지 못하게 될 가능성은 다분하다. 투자 시점의 가치 판단 근거로 작용했던 가정에 오류가 있었거나 시간의 흐름에 따라 더 이상 유효하지 않게 될 수 있기 때문이다. 이처럼 기대했던 투자성과를 얻지 못하도록 만드는 요인을 리스크라고 한다.

리스크는 내부적 요인일 수도 있고 외부적 요인일 수도 있는데, 본질은 누구도 정확하게 예측할 수 없으며 완벽하게 피해가기 어렵다는데 있다. 즉 투자는 끊임없이 리스크를 상대하며 해소해가는 과정이라고 할 수 있다. 일반적으로 투자에 수반되는 리스크는 현금흐름과 자산가치에 대한 변동성으로 나타난다. 여기에는 수요와 공급의 변화, 금리나 환율에 따른 자본비용의 변화, 규제나 사회적 환경의 변화 등 다양한 요인들이 원인으로 작용할 수 있다.

투자자에 따라 기대하는 가치의 유형, 실현 방법에 대한 선호도, 감내할 수 있는 리스크의 수준이 다르기 때문에 다양한 투자자들이 존재한다. 반면, 이들 모두에게 완벽한 투자 기회는 존재하지 않는다. 따라서 투자자의 입장에서는 자신에게 적합한 자산을 선별해내기 위해 스스로 어떤 유형의 투자자인지를 정확하게 이해할 필요가 있다.

기업의 입장에서는 자본의 조달 구조를 최적화하기 위해 다양한 유형의 투자자들을 효과적으로 조합할 필요가 있고, 이를 위해 투자자의 유형을 정확하게 이해할 필요가 있다. 즉 투자자와 이들로부터 투자를 받는 기업 모두가 투자자의 유형에 대하여 정확하게 이해해야 할 이유가 있는 셈이다.

투자자는 투자의 목적에 따라 재무적 투자자와 전략적 투자자로 구분될 수 있다. 재무적 투자자는 기업의 경영에 참여하지 않으면서 특정 투자 기회에 국한된 재무적 이익만을 얻을 목적으로 투자하는 경우를 말한다. 이와 달리 전략적 투자자는 기업의 경영에 적극적으로 참여함으로써 해당 투자 기회를 통해 경제적 이익은 물론 사업 영역의 확대와 같은 부가적인 이익을 이끌어내는 것을 목표로 한다.

따라서 재무적 투자자에게는 안정적 현금흐름을 추구하면서 리스크의 부담을 최소화하려는 동기가 있는 반면, 전략적 투자자에게는 적극적으로 리스크를 부담하는 대신 차익의 극대화에 초점을 두는 경향이 있다. 즉 재무적 투자자와 전략적 투자자는 상호보완적인 관계를 형성할 수 있으며, 기업의 인수합병에 이들 간의 파트너십이 널리 활용된다.

투자자는 규모와 전문성에 따라 전문 투자자와 일반 투자자로 구분될 수 있다. 전문 투자자는 투자에 대한 경험과 전문성을 보유하고 있으면서 대규모로 투자를 집행하는 투자자로서 흔히 기관 투자자들을 통칭하는 의미로 사용된다. 전문 투자자의 경우, 규모의 경제를 통해 시장에서의 특정한 흐름을 만들어내거나 바꿀 수 있지만, 일반 투자자의 경우 전문 투자자의 움직임을 읽고 따르게 되는 것이 일반적이다.

전문 투자자는 스스로 투자에 대한 판단을 내려야 하며 투자에 수반되는 리스크 또한 직접 부담하게 된다. 반면, 일반 투자자는 전문 투자자의 범위에 포함되지 않는 투자자로서 흔히 개인 투자자들을 지칭한다. 일반 투자자의 경우, 투자에 대한 판단을 전문가에게 의존하거나 일임하는 경우가 많기 때문에 투자의 범위가 제한적이지만, 전문가가 선량한 관리자로서의 의무를 다하지 않아 발생하는 피해에 대해서는 일정부분 보호를 받을 수 있다.

투자자는 모집되는 방식에 따라 사모私募, Private Placement 투자자와 공모公募, Public Offering 투자자로 구분될 수 있다. 공모는 공개된 시장에서 불특정 다수의 잠재 투자자들을 대상으로 자본을 모집하는 것으로 기업공개Initial Public Offering 또는 IPO가 대표적인 사례라고 할 수 있다.[54] 공모는 기본적으로 일반 투자자들의 참여를 전제로 한 것이기 때문에, 자본의 모집 절차에서부터 운용에 이르기까지 투자자의 보호를 위한 다양한 규제가 적용된다. 반면, 사모는 비공개시장에서 제한된 전문 투자자들을 대상으로 자본을 모집하는 것을 의미하며 사모펀드가 대표적인 사례라고 할 수 있다. 사모의 경우 투자자가 투자 기회에 대한 가치와 리스크를 직접 판단하여 투자를 결정하기 때문에, 자본의 모집 절차와 운용에 있어 상대적으로 규제가 덜한 편이다.

일반적으로 기업공개를 할 때 우선 사모를 통해 전문 투자자들로부터 일정 규모의 자본을 조달한 후 남아있는 목표 조달 금액을 공모로 조달하는 단계를 거친다. 이처럼 사모와 공모를 조합하는 경우, 기업은 사모 투자자들을 통해 주가의 안정성을 우선 확보한 후 공모 투자자들을 통해 주가의 극대화를 도모할 수 있게 된다.

호텔 투자의 프로토콜

호텔 투자에 접근하는 가장 첫 단계는 소비자로서의 관점과 생산자로서의 관점을 명확하게 구분하는 것이라고 할 수 있다. 그러나 간단하게 들리는 이 원칙이 현실 속에서 제대로 지켜지는 경우가 생각보다 많지 않다. 물론 소비재로서 너무도 익숙한 호텔을 투자 자산으로 분리하여 바라보는 것이 그렇게 간단한 일은 아니다. 탁월한 수익률을 기록 중인 호텔의 소유주가 자신의 호텔이 다른 어떤 호텔보다 소비자들에게 높은 만족도를 안겨주는 호텔일 것이라고 생각하는 경우, 그리고 누구보다 많은 호텔들을 다녀본 소비자가 자신의 경험에 의존하여 호텔의 투자를 결정하는 경우가 생각보다 비일비재하다.

그러나 소비자의 관점에서 아무리 훌륭한 호텔이라 하더라도 두 번째 방문하기도 전에 문을 닫아야 하는 상황이라면, 이 호텔은 투자에 적합한 호텔이라고 할 수 없다. 마찬가지로 생산자에게 아무리 많은 이윤을 안겨준다고 하더라도 소비자들의 만족도가 낮은 호텔이라면, 결국 오랫동안 존속되기 어려운 상황에 처하게 될 것이다. 즉 이 역시 투자에 적합한 호텔이라고 할 수 없는 것이다. 요컨대, 생산자와 소비자의 만족도가 적절한 균형을 유지하는 호텔이 투자에는 가장 적합한 호텔이라고 할 수 있다.

생산자에게 있어 투자자를 위한 가치의 창출이 지상 과제가 됐지만, 이 또한 소비자를 위한 가치로부터 출발한다. 투자자에게 있어서도 산업에 대한 포괄적이고 정확한 이해는 성공적인 투자를 위한 전제 조건이다. 이러한 점에서 오늘날 가장 보편적 소비재의 하나인 호텔은 대부분의 투자자들에게 가장 쉽게 접근할 수 있는 유형의 자산이라고 할 수 있다. 그러나 안타깝게도 현실은 그렇지 못하며, 호텔은 여전히 전문 투자자의 영역에 머무르고 있다. 가장 큰 이유는 일반 투자자들이 호텔에 내재하는 리스크의 실체를 명확하게 인식하는 데 아직까지 한계가 존재하고, 이에 효과적으로 대응할 수 있는 체계가 시장에 부재하기 때문이다.

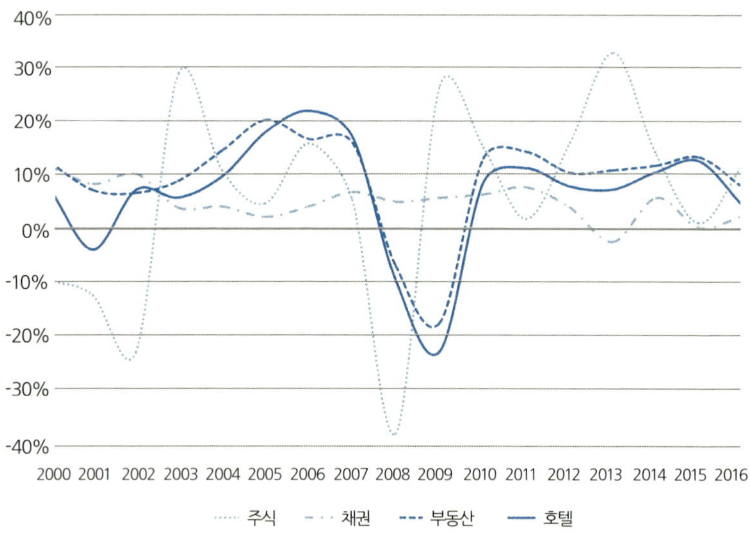

그림 44 **주요 투자 자산군별 수익률 변동 추이**

미국의 주식, 채권, 부동산 및 호텔 투자 수익률 변동 추이를 보면, 채권이 가장 안정적인 패턴을 유지하고 있으며 주식이 가장 큰 변동성을 나타내는 것을 알 수 있다. 부동산과 호텔의 수익률이 보이는 변동성은 주식과 채권의 절충형이라고 할 수 있다. 특히 이들은 주식이나 채권과는 엇갈린 주기를 형성하고 있어 함께 포트폴리오를 이루었을 때 분산투자의 효과가 기대되는 자산군이라고 할 수 있다. 부동산과 호텔은 유사한 패턴을 보이고 있으나 호텔의 변동성이 다소 크게 나타난다. [출처: S&P 500(주식), Barclays US Aggregate Bond Index(채권), NCREIF Property Index - All Properties(부동산), NCREIF Property Index - Hotel(호텔)]

호텔 투자에 수반되는 리스크의 실체는 현금흐름과 자산가치가 보이는 변동성이라고 할 수 있다. 그리고 이에 대응하는 것은 전문 투자자와 일반 투자자 사이에 커다란 차이가 존재할 수밖에 없다. 이러한 차이는 호텔 자산이 거래되는 시장과 이를 위한 자본이 거래되는 시장의 극단적인 비효율성에 원인이 있다. 또한 고도화된 호텔 산업의 가치사슬은 이러한 비효율성을 더욱 심화시키는 측면이 있다.

전문 투자자들은 변동성을 상대적으로 정확하게 판단하고 가치사슬을 효과적으로 통제할 수 있는 우위를 가지고 있다. 변동성을 흡수하고 버텨낼 수 있는 대규모의 자산을 운용하고 있으며, 투자 자산은 가치사슬의 모든 영역에 접근이 가능할 정도로 다각화되어 있기 때문이다. 따라서 전문 투자자들의 경우 특정 시장과 개별 자산에 직접 투자할 수 있는 위치에 있으며 리스크는 다른 유형의 자산, 예를 들면 주식, 채권, 다른 유형의 부동산을 통해 상당 부분 해소가 가능하다. 즉 호텔을 실질적인 고위험 고수익 자산에 대한 투자로서 접근할 수 있는 것이다.

일반 투자자들의 경우에는 호텔을 순수한 고위험 고수익 자산에 대한 투자로만 받아들이기에 한계가 있다. 일차적인 이유는 변동성을 정확하게 판단할 수 있는 정보와 가치사슬을 효과적으로 통제하기 위한 네트워크에 접근이 제한적이기 때문이다. 그러나 더욱 결정적인 이유는, 호텔 투자에 수반되는 리스크를 감당해낼 수 있을 만큼의 자본을 확보하고 있지 못하다는데 있다. 구체적으로 투자의 단위 규모가 크고 변동성이 크기 때문에 투자를 위한 최초의 자금을 조달하는 것은 물론 자본적지출이나 운전자본을 추가로 조달해야 하는 경우 유연한 대처가 쉽지 않다는 의미이다.

따라서 일반 투자자가 특정 시장이나 개별 자산에 직접 투자하는 것은 과도한 리스크에 노출되는 것일 수 있다. 이러한 점에서 상장된 호텔 브랜드나 부동산투자신탁Real Estate Investment Trust 또는 REIT을 통해 호텔 산업 전반에 간접적인 노출을 가지고 가는 것이 일반 투자자에게는 더욱 적절한 방법이 될 수 있다.

전세계의 수많은 투자자들에게 여전히 시간의 비대칭은 존재한다. 투자자들마다 보유한 자본의 속성에 근본적인 차이가 존재하기 때문이다. 이러한 차이는 각각의 투자자들이 들고 있는 자본의 속성에 따른 역할 분담을 불러왔다. 우선 개별 자산에 대한 직접투자는 사모펀드들의 역할이 독보적이다. 금융 관련 규제들로부터 상대적으로 자유로운 사모펀드들은 개별 자산에 대한 투자에 있어 다른 유형의 자본들보다 민첩하게 움직일 수 있고, 운용의 방법 또한 비교적 유연하다.

이를테면, 사모펀드의 경우 이익의 배당이 강제적이지 않기 때문에 이익을 시설의 보수나 개선 등에 자유롭게 재투자할 수 있다. 대신 세제 혜택을 받지 못하기 때문에 투자 기간이 제한된다. 예를 들어, 호텔의 경우 다른 유형의 부동산들에 비해 가구나 집기, 비품의 비중이 상대적으로 크기 때문에 처음 5년 동안 감가상각비가 높게 나타난다. 즉 이 기간에 과세 부담이 가장 낮기 때문에 잉여 현금이 상대적으로 많이 발생하는 것이다. 일반적으로 사모펀드들은 이러한 잉여 현금을 재투자하면서 자산의 가치를 끌어올리고 5년이 경과하기 전에 매각하여 차익을 실현한다.

사모펀드들이 개별 자산을 매각하는 방법에는 크게 두 가지가 존재한다. 하나는 연기금이나 보험사 등과 같이 상대적으로 기동력이 떨어지지만 장기간 보유를 선호하는 전문 투자자들에게 자산을 직접 매각하는 것이다. 다른 하나는 보유한 개별 자산들을 REIT로 상장함으로써 불특정 다수의 일반 투자자들에게 유동화流動化, Securitization하는 것이다. 자산의 직접적인 매각의 경우 불확실성을 최소화할 수 있지만, 매각 가격과 차익을 극대화하기 어렵다는 특징이 있다. 반면, 자산을 유동화하는 경우 매각 가격과 차익을 극대화하기에 유리하지만 불확실성이 크다는 특징이 있다.

다만, 이러한 사모펀드의 호텔 투자가 활성화되기 위해서는 우량한 호텔 자산이 충분히 시장에 공급되고 시장이 이를 흡수해낼 수 있는 풍부한 유동성을 보유해야 한다는 전제가 성립해야 한다. 즉 아직까지는 미국, 영국, 일본, 싱가포르 등 성숙한 호텔시장과 자본시장을 보유한 국가들에서 제한적으로 작동되는 프로토콜이라고 할 수 있다.

상대적으로 우량한 호텔 자산이 충분히 공급되지 못하고 시장의 유동성 또한 제한적인 신흥시장들에서는 호텔을 새로이 개발하여 공급하는 것이 더 보편적인 투자의 형태라고 할 수 있다. 그러나 앞서 설명한 바와 같이 개발은 공급이 이루어지기까지 오랜 기간이 소요되기 때문에 수요와의 괴리가 크게 나타날 수 있다. 또한 새로이 공급이 이루어진 시점으로부터 현금흐름이 안정되기까지의 기간이 지연될 경우에는 수요와 공급의 시차로 인한 리스크가 더욱 증폭되어 나타날 수 있다.

이러한 리스크를 완화할 수 있는 방법은 신축에 소요되는 비용의 부담이 적고 수요의 가파른 성장이 표면적으로 나타나는 시장으로 투자의 목적지를 제한하는 것이다. 이때 함께 고려되어야 하는 부분은 주변의 신규 공급 동향이라고 할 수 있다. 수요의 증가율을 넘어서는 물량의 개발 프로젝트들이 동시에 추진될 경우, 현금흐름이 적절한 기간 내에 안정되는 것을 장담할 수 없게 되기 때문이다.

투자자의 입장에서는 높은 수준의 리스크가 불가피한 호텔 개발 프로젝트의 투자 시점 또한 정교하게 판단할 필요가 있다. 원칙적으로 시장의 주기가 저점에 있을 때 개발 프로젝트에 착수하여 상승세로 전환할 때 개발을 완료하고, 고점에 있을 때 매각하여 이익을 실현하는 것이 이상적이라고 할 수 있다. 그러나 시장의 주기가 저점에 있을 경우 기존 호텔의 시장가치가 개발 원가에 미치지 못하는 것이 일반적이기 때문에, 우량한 입지를 보유한 기존 부동산을 매입하여 리모델링하는 것이 가장 뛰어난 경제적 타당성을 갖는다. 다만, 시장가치가 개발 원가 수준을 회복한 시점부터 직접적인 개발이 경제적 타당성을 가질 수 있게 되는데, 이때 시장의 주기 단계와 개발에의 소요 기간이 면밀하게 검토될 필요가 있다. 결국 투자의 성패가 그에 따라 판가름될 가능성이 크기 때문이다.

개발의 시점과 소요되는 기간이 투자의 결과에 미칠 수 있는 영향을 보여준 사례의 하나로, 스코츠데일에 위치한 몬텔루시아Montelucia 리조트를 들 수 있다. 스코츠데일은 모하비 사막 한가운데 위치한 고급 휴양지로 최고급 리조트들이 즐비한 지역이다. 연중 온난한 기후와 상대적으로 저렴한 부동산 가격 덕에 골프장과 같은 휴양 산업과 IT 및 항공 우주 등의 하이테크 산업이 골고루 발달해 있는 곳이다.

크라운부동산개발Crown Realty & Development 또한 이 시장에서 가능성

그림 45 **몬텔루시아 리조트**

2008년 말 인터컨티넨탈 몬텔루시아 리조트(InterContinental Montelucia Resort & Spa)로 개관하였으나 개발업자의 과도한 개발비용 지출로 인해 개관과 동시에 디폴트에 처했고, 호텔은 채권단에게 넘겨졌다. 2011년 호텔 전문 사모펀드인 KSL이 인수하여 회생작업에 착수했고, 2013년 말 미국의 호텔 위탁 운영사인 옴니(Omni Hotels)에 재매각하여 현재 옴니 스코츠데일 리조트(Omni Scottsdale Resort & Spa at Montelucia)로 운영되고 있다. [출처 : booking.com]

을 본 이들 중 하나였다. 2000년대 초 크라운은 스코츠데일에 위치한 138천㎡의 부지에 고급 리조트를 개발하기 위한 계획에 착수한다. 크라운이 이 리조트 개발을 계획했던 2000년대 초는 9·11 테러로 인해 미국 전역의 호텔 산업이 어려움을 겪고 있었고, 크라운 역시 1억 3천만 불 규모의 예산으로 투자에 대한 효율이 뛰어난 리조트를 개발하고자 했다. 당시 인근 지역에서 가장 높은 ADR은 포시즌스 호텔의 500불 수준이었는데, 크라운은 350불 수준을 목표로 개발비용의 절감과 공사기간 단축에 전력을 다했다.

그러나 설계가 진행되던 중 미국의 호텔 산업은 급격한 회복세를 보이며 호황을 맞았고, 크라운은 전략을 바꾸어 주변의 어떤 호텔보다 고급스러운 호텔을 개발하는 방향으로 선회했다. 영원히 지속될 것 같은 호황을 누리던 스코츠데일 시장에서 350불이라는 목표는 굴러들어온 기회를 발로 차버리는 것처럼 느껴졌기 때문이다. 목표 ADR은 500불을 상향하는 수준으로 조정되었고, 프로젝트의 초점은 가격의 저항선을 뚫기 위해 최고급 사양을 구비하는 방향으로 옮겨졌다. 그리고 최종적으로 투입된 개발 비용은 최초 예산의 두 배가 넘는 규모에 이르렀다.

2008년 11월이 되어서야 293실의 최고급 리조트가 인터콘티넨탈 브랜드를 달고 문을 열었다. 애초 예정보다 3년 이상이 지연되었고, 예산의 두 배 이상이 소요된 결과였다. 그러나 이 과정에서 무분별한 대출로 자금을 조달한 크라운은 호텔이 개장하면서 디폴트 위기에 놓였다. 2008년 발생한 글로벌 금융위기 진원지였던 리먼은 이 프로젝트의 채권단 중 하나이기도 했는데, 이들이 채권을 회수하고자 했을 때에는 이미 크라운의 현금유동성이 바닥을 드러낸 상황이었다. 결국 몬텔루시아 리조트는 개관하자마자 채권단의 손에 넘겨지고 말았다.

통제할 수 없다면 분산하라

비효율적인 시장

소비가 됐건 투자가 됐건 모든 종류의 거래에 있어 발생하는 대부분의 문제는 가치에 대한 판단의 차이에서 발생한다. 사실 가치에 대해서는 모든 이들이 다른 견해를 가질 수 있기 때문에, 개별적이고 독립적이라고 할 수 있다. 특정한 상품에 대해 모든 생산자들과 소비자들은 각각 다르게 가치를 판단할 수 있는 것이다. 마찬가지로 특정한 투자 기회에 대해서도 수많은 투자자들이 각각 다르게 가치를 판단할 수 있다. 그러나 실제로 거래되는 가격은 이처럼 다른 견해들이 만나는 곳에서 당사자들의 합의에 따라 결정되기 때문에 공통적이고 종속적이라 할 수 있다.

일반적으로 거래가 이루어지기 위해서는 당사자들 간에 개별적인 가치의 격차를 조정하여 공통적인 가격을 결정하는 과정이 선행된다. 그러나 다수의 당사자들이 다수의 거래 대상을 동시에 거래하고자 한다면, 개별적인 조정을 통한 가격의 결정이 현실적으로 불가능해진다.

불특정 다수의 참여자들이 경쟁하는 시장은 수많은 비대칭적 시간들의 전장이라고 할 수 있다. 일반적으로 가장 높은 밀도와 속도의 시간을 보유한 이들이 경쟁우위를 갖게 되면서 전체적인 시간의 흐름이 빨라지기 시작하고 이성적인 사고에 허락되는 시간은 점점 사라져간다. 물론 최대한 많은 정보를 최대한 짧은 시간에 확보하고 해석해낼 수 있는 경우에는 그나마 합리적인 판단이 가능하지만, 대부분의 경우 더 많은 부분을 직관에 의존할 수밖에 없게 된다.

충분히 많은 참여자들이 비슷한 수준의 정보를 가지고 경쟁하는 시장에서 형성된 가격은 실질적인 가치를 적절하게 반영하고 있을 가능성이 높다. 이를 '효율적 시장'이라고 하며 효율적 시장에서는 실질적인 가치와 거래되는 가격의 격차가 발생할 확률이 높지 않다. 대신 어떤 참여자도 시장의 평균을 초과하는 이윤을 얻기는 어려워진다. 그러나 참여자들 간에 가지고 있는 정보의 양이나 이를 해석해낼 수 있는 속도의 차이가 존재한다면 가격이 가치와 괴리될 가능성이 높아진다. 이를 '비효율적 시장'이라고 하며 가치의 왜곡이 빈번하게 발생한다.

효율적 시장은 누구나 진입할 수 있고 참여자들 간에 정보의 격차가 존재하지 않는다. 그럼에도 불구하고 가치와 가격의 격차가 발생할 수 있는데, 이는 정보의 비대칭이 아닌 시간의 비대칭에 의한 것이다. 이러한 상황에서는 시간의 밀도와 속도에 따라 경쟁의 우위나 열위가 결정된다.

반면에 비효율적 시장은 정보의 비대칭으로 인한 높은 진입장벽을 가지고 있다. 흥미로운 사실은 이러한 진입장벽이 비슷한 밀도와 속도의 시간을 공유하는 참여자들만 남기면서 다른 이들을 배제시켜간다는 점이다. 즉 가치와 가격의 격차가 정보의 비대칭에 의해서 생겨나고 정보의 취득과 해석 능력에 따라 경쟁의 우위나 열위가 결정되는 것이다. 이 때문에 비효율적 시장에는 가치의 왜곡이 일상적으로 존재한다. 다만, 비효율적 시장에 존재하는 진입장벽이 참여자의 수를 제한하기 때문에 이러한 가치의 왜곡이 개별적으로 존재할 뿐 시장 전반으로 확산되지 않는 것이다.

전적으로 효율적인 시장은 현실적으로 존재하기 어렵다. 그리고 효율적 시장 또한 시간이 흐를수록 비효율성이 강해지는 경향을 보인다. 이는 참여자들이 공통적으로 충분한 정보를 갖지 못한 상태에서 거래를 시작했다가 수많은 거래들이 일정한 패턴을 보이기 시작하면서 정보의 비대칭이 발생하기 때문이다. 즉 거래의 패턴을 파악하고 해석하는 능력에서 경쟁의 우위와 열위가 발생하기 시작하는 것이다. 그레이엄Benjamin Graham은 이처럼 효율적 시장에서 비효율적 시장으로 이전해가는 현상을 두고 "시장이 단기적으로는 투표소와 같지만, 장기적으로는 저울소와 같다."는 말로 표현한 바 있다.

한편, 시장에 혼재하는 효율성과 비효율성은 때때로 가치 판단에 대한 비이성적 맹신이나 맹목적 추종의 형태로 나타나기도 한다. 가장 고전적인 사례로 17세기 네덜란드의 '튤립버블'을 생각해볼 수 있다. 1610년대 튤립의 아름다움에 마음을 빼앗긴 식물 애호가들은 튤립의 구근球根을 고가에 거래하기 시작했고, 튤립에 대한 사재기 현상까지 벌어졌다. 튤립은 단기간에 증식이 어려워 공급이 제한적이었는데, 이로 인한 품귀 현상은 가격을 급격하게 끌어올렸다. 심지어 꽃이 피지 않았음에도 미래의 시점을 특정하여 매매하는 선도거래까지 등장했다.

그러나 이러한 상황이 되자, 본래의 식물 애호가들은 더 이상 튤립을 사지 않았다. 결국 1637년 2월 3일 갑작스럽게 튤립 가격이 폭락했고, 수요가 사라진 시장에서는 부도가 줄을 이었다. 의회는 튤립의 선도거래를 일괄적으로 백지화했고, 소수의 벼락부자와 다수의 파산자를 남긴 채 튤립버블은 막을 내렸다. 물론 기회의 형평성이라는 측면에서 시장의 효율성이 필요한 것은 분명하지만, 비효율성과 공존하는 효율성은 시장의 변동성이 증폭될 수 있다는 사실을 주지할 필요가 있다.

현대 포트폴리오 이론

대공황은 투자에 수반되는 리스크를 진지하게 바라보도록 만든 가장 중요한 계기였다. 대공황 이전의 호황은 기업의 주식은 물론 채권과 부동산 등 모든 유형의 자산에 풍부한 유동성을 공급해주는 거대한 시장을 만들어냈다. 그러나 시장은 그다지 효율적이지 못했고 정보의 비대칭은 뿌리가 깊었다. 시장의 심상치 않은 신호들을 적절하게 해석하지 못했던 많은 이들은 직관에 기대어 거래를 계속해갔다. 결국 하루아침에 직장을 잃고 투자 원금마저 날려버린 이들이 속출했고, 살아남은 이들은 자산의 가치를 안전하게 지켜낼 수 있는 방법을 고민하기 시작했다.

이후 많은 경제학자들이 투자의 안정성에 대한 연구를 활발하게 진행했는데, 1952년 마코위츠Harry Markowitz가 '현대 포트폴리오 이론'을 시장에 소개하면서 분산투자가 강력한 대안으로 부상했다. 현대 포트폴리오 이론은 서로 다른 패턴의 변동성을 갖는 자산들에 함께 투자함으로써 전체 자산군의 평균적인 수익률을 확보하면서도 투자에 수반되는 리스크를 평균 이하로 낮출 수 있다는 이론이다. 이를 실행하는 과정은 우선 리스크를 두 가지 유형으로 분류하는 데서 시작한다.

하나는 시장에 근본적으로 내재하는 체계적體系的, Systematic 리스크로, 분산투자를 통해서도 제거할 수 없는 리스크에 해당된다. 다른 하나는 각 시장 및 자산에 개별적으로 존재하는 비체계적非體系的, Unsystematic 리스크로, 분산투자를 통해 제거가 가능한 리스크에 해당된다. 여기에 시장 전체의 변동성에 대한 자산군별 수익률 민감도인 베타계수 Beta Coefficient를 적용함으로써 투자에 대한 리스크가 반영된 할인율, 즉 기대수익률을 산출할 수 있다.[55]

한편, 산출된 개별 자산의 기대수익률을 기반으로 둘 이상의 자산이 조합된 포트폴리오의 기대수익률과 위험 수준, 즉 수익률의 표준편차를 이끌어낼 수 있는데, 두 자산의 구성 비율에 따른 기대수익률의 가중 평균으로 산출된다. 이를 2차원의 좌표로 도식화하면 수익률이 탁월한 자산의 조합들이 나타나는데, 이 조합들이 연결된 선을 효율적 경계선Efficient Frontier이라고 한다.

효율적 경계선에 위치한 포트폴리오들도 주식이나 채권 같은 위험 자산들만으로 구성되어 있는데, 여기에 무위험 자산을 편입시킬 경우에는 효율적 경계선을 대체하는 자본 배분선Capital Allocation Line이 별도로 존재한다. 즉 포트폴리오를 위험 자산들로만 구성하는 경우 효율적 경계선에 위치한 조합을 따라 투자하는 것이 최적화된 포트폴리오인 반면, 위험 자산과 무위험 자산을 혼합하여 포트폴리오를 구성하는 경우에는 자본 배분선에 위치한 조합을 따라 투자하는 것이 최적화된 포트폴리오라 할 수 있다.[56]

현대 포트폴리오 이론의 가장 큰 의의는, 투자에 수반되는 리스크를 정량화하여 할인율에 반영함으로써 화폐의 시간가치라는 개념을 더욱 정교하게 발전시켰다는데 있다. 그러나 여기에는 세 가지 중요한 가정의 성립이 전제되어야 한다. 우선 투자자들의 의사 결정에 영향을 미치는 변수는 기대수익률과 위험수준 뿐이다. 그리고 투자자들은 누구나 리스크를 회피하고자 하며 주어진 위험수준에서 항상

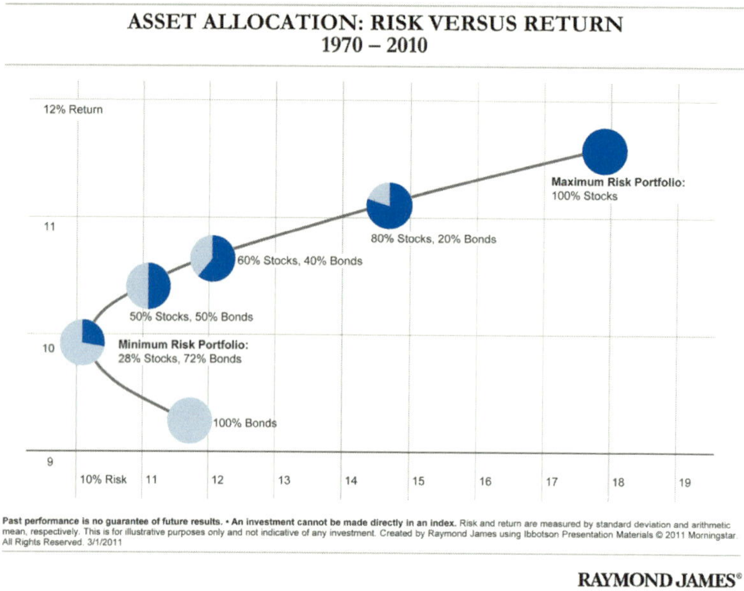

그림 46 **효율적 경계선**

1970년부터 2010년에 이르기까지 미국의 주식과 채권 투자수익률 및 변동성을 기초로 도출한 효율적 경계선으로 세로축은 기대수익률을 나타내고 가로축은 변동성, 즉 수익률의 표준편차를 나타낸다. [출처: "*Long-term Investment Performance*", Raymond James, 2011]

최대한의 수익률을 얻으려 한다. 마지막으로, 시장은 효율적이어서 모든 투자자들이 특정한 자산의 기대수익률과 위험수준에 대해 동일한 정보를 가지고 있다.

현대 포트폴리오 이론은 이처럼 지나치게 단순화된 가정들로 인해 실효성에 대한 도전을 받고 있기도 하다. 즉 시장의 수많은 투자자들은 기대수익률과 위험수준뿐만이 아닌 다른 요인들로 투자를 결정하기도 하고, 기꺼이 다른 이들보다 높은 수준의 리스크를 감수하기도 한다. 또한 과거의 수익률과 표준편차만으로 빠르게 변해가는 미래의 산업구조와 시장을 예측하는데 한계를 드러내는 경우들도 있다.

오늘날의 전문 투자자들에게는 안정성을 확보하면서 수익률이 극대화되는 투자 포트폴리오를 구축하는 것이 개별적인 투자의 수익률 극대화보다 중요한 부분이라고 할 수 있다. 그리고 일반 투자자들에게 있어서도 불확실성의 시대에 안정적인 노후를 준비하기 위해 자산의 포트폴리오를 최적화하는 것이 중요한 문제가 되었다.

흔히 자산배분資產配分, Asset Allocation으로 알려진 이 개념은, 보유한 자본을 다양한 수익률과 리스크의 자산군에 적절하게 분산투자함으로써 지금 필요로 하는 현금흐름을 얻고 미래의 자산 기반을 구축하기 위한 개별화된 전략을 의미한다. 자산배분에 있어 전문 투자자들과 일반 투자자들은 차이를 보이는데, 전문 투자자들의 경우 주식과 채권이 가장 큰 비중을 차지하는 반면,[57] 일반 투자자들의 경우 주택을 위시한 부동산이 가장 큰 비중을 차지하고 있다.[58]

호텔과 포트폴리오 투자

현금흐름과 자산가치에서 나타나는 변동성과 끊임없이 싸워야 하는 호텔 투자에 있어 성과를 이끌어내는 방법에는 변동성을 정확하게 예측하는 방법과 포트폴리오를 통해 리스크를 분산시키는 방법이 있다.

물론 수익률을 극대화하는데 있어 가장 이상적인 경우는 변동성을 정확하게 예측하는 것이다. 인플레이션이나 금리가 안정적인 패턴을 보이고 RevPAR의 주기성 또한 비교적 규칙적인 패턴을 보이는 시장들은 분명 존재한다. 즉 시장에 따라서는 변동성에 대한 예측이 충분히 가능할 수 있고, 실제로 이를 통해 월등한 수익률을 달성하는 투자자들도 있다. 대체로 이들은 전문 투자자이면서 전략적 투자자이고 사모의 형식을 통해 투자하는 경우가 많다. 그리고 이들은 특정 시장이나 개별 자산에 대한 투자를 선호하고 안정적인 배당보다 차익의 극대화에 초점을 두는 경향을 보인다.

그러나 변동성을 정확하게 예측하는 것이 보편적인 접근 방법이라고 하기는 어렵다. 모든 일반 투자자들이나 재무적 투자자들이 특정 시장이나 개별 자산에 대해 충분한 정보와 필요한 네트워크를 가지고 있지는 못하기 때문이다. 설령 이러한 조건이 충족된다 하더라도 투자할 수 있는 호텔 자산이 원하는 시장에 원하는 때에 준비되어 있기를 기대하기도 어렵다. 호텔 자산은 다른 유형의 부동산들에 비해 더욱 희소하고 거래되는 시장 또한 충분한 유동성을 가지고 있지 못하기 때문이다. 결국 보편적인 호텔 투자는 최선이 아닌 차선을 선택하는 과정이라고 할 수 있으며, 오히려 이러한 차선들을 광범위하게 다각화함으로써 호텔 투자에 수반되는 리스크를 상당 부분 제거할 수 있다.

호텔 투자를 분산투자의 관점에서 접근하는 경우, 가장 먼저 투자 포트폴리오 전체에서 호텔이 갖는 의의와 역할을 명확하게 정의할 필요가 있다. 우선 투자 포트폴리오를 구성하는데 있어 호텔을 필요로 하는 이유가 명확해야 한다. 투자자에 따라서는 호텔 산업에 대한 노출이 중요할 수도 있고, 고위험 고수익의 상업용 부동산에 대한 노출이 중요할 수도 있다.

또한 호텔 투자를 통해 기대하는 가치를 어떤 형태로 실현할 것인지에 대해서도 명확한 관점이 필요하다. 투자자에 따라 안정적인 배당을 추구할 수도 있고 차익의 극대화를 추구할 수도 있다. 물론 호텔 산업의 고도화된 가치사슬에는 이 모든 경우에 대한 선택지가 존재한다. 다만, 어떤 경우가 됐건 공통적으로 적용되는 원칙은 호텔이 포트폴리오를 구성하는 다른 자산들과 보완적일 수 있어야 한다.

실제로 호텔은 동일한 변동성을 가정했을 때 전체 투자 포트폴리오의 수익률을 향상시키는 효과를 보였다.[59] 그러나 대규모의 자본을 운용하는 미국의 연기금들은 주식이나 채권 같은 전통적인 자산에 압도적으로 높은 비율로 배분해왔던 반면, 호텔 자산에는 0.4% 수준을 배분하는데 머물렀다. 이는 연기금들이 호텔 투자를 필요로 하지 않아서라기보다 호텔 자산의 거래가 제한적이고, 이로 인해 빠르게 진행되는 거래 관행을 따라가기 어렵기 때문이었다고 할 수 있다.

미국의 호텔 자산 거래에서 가장 공격적인 움직임을 보이는 투자자는 강력한 기동력을 자랑하는 사모펀드들로 이들이 매입하는 호텔 자산이 전체 거래량의 가장 큰 비중을 차지한다.[60] 상대적으로 기동력이 취약한 연기금들은 사모펀드나 REIT에 간접투자의 형태로 참여하는 것을 선호하고, 직접투자의 경우에도 사모펀드로부터 매입하는 것이 일반적이다.[61]

한편, 가장 공격적으로 호텔 자산의 직접투자에 나서는 사모펀드들과 뒤를 잇는 호텔 REIT들 또한 특정 시장의 개별 자산을 매입하는데 있어 이미 구축된 호텔 포트폴리오와의 상호보완성이 중요한 고려 요인으로 작용한다. 예를 들어, 미국 호텔 REIT들의 연차보고서를 보면 새로운 호텔 자산의 매입은 예상되는 현금흐름이 포트폴리오 전체의 RevPAR 성장률과 수익률을 증가시키되 변동성을 감소시키는 경우로 제한한다는 기준을 어렵지 않게 찾아볼 수 있다.

이러한 기준은 규모의 경제가 수반되는 경우에 실질적인 효과를 발휘하게 되는데, 일반적으로 호텔 포트폴리오의 지리적인 다각화로 나타나는 경향이 두드러진다. 즉 전문적인 호텔 투자자들에게 포트폴리오의 규모가 지속적으로 성장해가는 것은 점유율의 문제라기보다 오히려 수익률 향상과 변동성 제어의 문제라고 할 수 있다.

그러나 지리적인 다각화, 즉 장소의 다각화에 비해 공간과 서비스에 대한 다각화는 전문적인 호텔 투자자들에게 있어서도 제한적이며 특정 유형에 대한 뚜렷한 선호도가 존재한다. 일반적으로 가장 선호되는 유형은 두터운 수요 기반을 가지면서 신규 공급이 제한적인 도심 호텔이며, 도심 호텔의 계절성을 보완해줄 수 있는 리조트 호텔이 함께 포트폴리오를 구성하는 것이다.

도심 호텔의 경우 대부분 업무상의 출장을 목적으로 하는 상용-개인 수요에 초점을 두는데, 대체로 9월부터 11월까지 수요가 집중되는 경향이 뚜렷하게 나타난다. 반면에 여름과 겨울에는 도심 호텔의 수요가 눈에 띄게 줄어드는 대신 리조트 호텔에 대한 수요가 급격하게 늘어난다. 이때 도심에 거주하는 인구의 휴가 수요는 대체로 다양한 지역에 분산되기 때문에, 일반적으로 리조트 호텔에 대한 투자의 기준이 훨씬 엄격하게 적용된다. 우량한 호텔 포트폴리오에서 리조트 호텔의 비중이 상대적으로 낮게 나타나는 이유가 여기에 있다.[62]

그러나 도심 호텔과 리조트 호텔은 개별 자산 단위로만 보더라도 대규모의 자본을 필요로 하는 것이 일반적이다. 가장 큰 이유는 대규모의 수요를 흡수하기 위해 자산 자체의 규모가 큰 경우가 많고, 동시에 이들에 대한 투자 수요가 높기 때문이라고 할 수 있다. 따라서 대형 사모펀드나 REIT에 비해 자본 조달 능력이 취약한 중·소규모의 투자자들은 이들과 직접적인 경쟁을 피하며 교외 호텔과 소도시 호텔로 포트폴리오를 구성하는 경우가 많다.

이러한 구성 또한 교외 호텔이 교외 업무 지역에서 파생하는 상용-단체 수요를 흡수하고 소도시 호텔이 이러한 수요들의 워크숍이나 컨퍼런스 수요를 흡수하는 방식의 조합이라고 할 수 있다. 이 경우 상대적으로 단위 객실당 창출되는 현금흐름이 낮기 때문에 자산의 가격 또한 낮게 형성된다. 반면에 낮은 자산 가격으로 인해 배당 수익률이 높은 편이어서 안정적인 배당을 확보하는 데에는 더 적합할 수 있다. 이와 비교했을 때 도심 호텔과 리조트 호텔이 조합된 포트폴리오는 차익의 극대화에 무게가 실려있는 것으로 볼 수 있다.

한편, 지리적 다각화를 통한 성장이 한계에 이른 미국의 대형 사모펀드들과 REIT들은 장소의 범위를 넓혀 전세계의 호텔시장을 대상으로 새로운 성장 동력을 모색하기도 했다. 가장 대표적인 사례가 미국 최대 규모의 호텔 REIT인 호스트 호텔 및 리조트Host Hotels and Resorts가 네덜란드의 연기금Stichting Pensioenfonds과 공동으로 설립한 유럽의 합작투자合作投資, Joint Venture 회사, 그리고 싱가포르의 국부펀드GIC와 공동으로 설립한 아시아의 합작투자 회사였다.[63]

공통적으로 호스트가 전략적 투자자의 역할을 수행하고 각 파트너사들이 재무적 투자자의 역할을 수행하는 구조였다. 그러나 다양한 시장에서의 팽창이 진행되는 과정에서 호스트와 파트너사들의 의견

충돌이 자주 발생했고, 협력 관계에 차질이 발생하기 시작했다. 결국 아시아에서는 호텔 자산들을 매각한 후 철수했고, 유럽에서는 추가적인 성장이 정체되고 있다. 사실 호스트의 경험, 지식, 정보는 미국시장에 대한 편중이 심했기 때문에 전략적 투자자로서 수행할 수 있는 업무가 제한적이었고, 호스트에게 미국 이외의 시장은 부수적인 부분에 머물렀기 때문에 자본의 조달에 있어서도 파트너사와 균형을 유지하기 어려운 측면이 있었다.

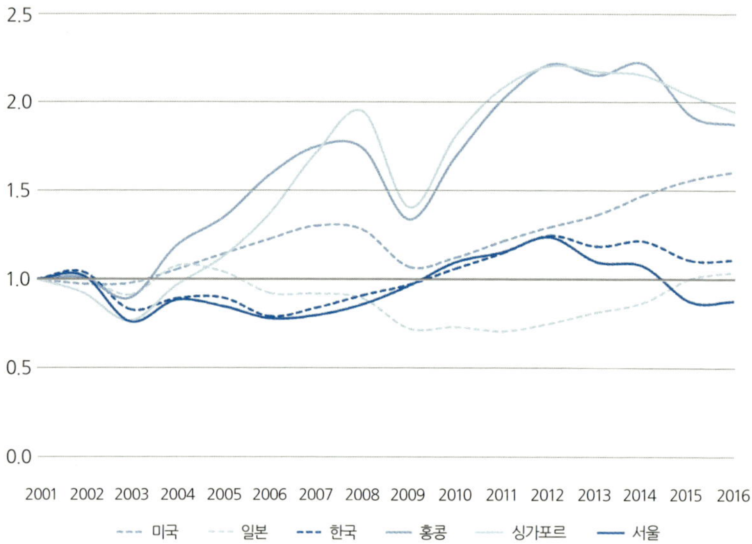

그림 47 세계 주요시장 RevPAR 변동 추이

미국, 일본, 홍콩, 싱가포르, 한국, 서울의 RevPAR 변동 추이를 2001년을 1.0으로 하여 현지 통화 기준으로 표기한 인덱스로 시장에 따라 상이한 변동성과 주기성을 보인다. 즉 글로벌 호텔 포트폴리오를 통해 호텔의 투자 리스크의 해소가 상당 부분 가능할 것으로 기대할 수 있는 것이다. [출처: STR Global(미국), JTB Tourism Research & Consulting(일본), Hong Kong Tourism Commission (홍콩), Singapore Tourism Board(싱가포르), 관광지식정보시스템, 한국호텔업협회(한국, 서울)]

호텔시장만을 두고 봤을 때에는 여전히 호스트의 국제적인 다각화 전략이 충분한 타당성을 가지고 있었다. 미국의 다양한 시장들 또한 서로 다른 호황과 불황의 주기를 보이지만, 미국 이외의 시장들에서는 이 부분이 더욱 뚜렷하게 나타났기 때문이다. 따라서 전세계의 다양한 시장들에 호텔 자산을 보유하게 되면 일차적으로 RevPAR의 변동성이 상당 부분 완화될 것은 자명했다.

문제는 국제적인 다각화가 RevPAR 변동성을 완화시키는 것보다 금리나 환율 같은 자본시장의 요인에 의한 변동성을 더욱 증폭시켰다는데 있다. 이는 근본적으로 호스트의 자본이 미국 달러 기반이었기 때문에 발생하는 문제였다고 할 수 있다. 유럽이나 아시아 시장의 금리와 환율이 기축통화인 미국 달러의 영향을 받기도 했지만, 해당 국가의 특수한 정치적 상황이나 외교적 상황에 의해서도 영향을 받았다. 또한 각 국가마다 독자적인 고용, 과세, 금융 관련 규제들이 존재했다. 결과적으로 호스트는 이러한 변수들을 통제하는데 실패함으로써 미국의 자본이 미국 이외의 호텔시장에 적극적으로 진출하도록 유도해내지는 못했다.

한편, 호스트의 시도는 오히려 유럽이나 아시아의 자본들을 미국 호텔시장으로 끌어들이는 계기로 작용했다. 사실 기축통화인 미국 달러 자산을 보유하는 것은 대부분의 국가에서 선호되는 투자 방식이다. 그리고 미국의 호텔시장은 어떤 시장보다 규칙적이고 안정적인 패턴을 유지하고 있었다. 여기에 중국의 자본들이 적극적으로 뛰어들었다. 중국의 안방보험은 2015년 맨해튼의 월도프 아스토리아 호텔을 20억 불에 매입했고, 2016년 최고급 호텔 포트폴리오인 스트래터직Strategic Hotels & Resorts을 65억 불에 인수했다. 하이난항공은 2016년 미국의 호텔 브랜드 회사인 칼슨Carlson Rezidor Hotel Group을 20억 불에 인수했으며, 당시 세계 최대의 호텔 브랜드 회사였던 힐튼의 지분 25%를 65억 불에 인수했다.

이들은 미국에 국한되지 않고 세계 각지의 호텔 자산들을 확보해 갔는데, 상하이의 포선 그룹이 2015년 프랑스의 클럽 메드를 인수한 데 이어, 완다 그룹은 미국을 포함한 호주, 영국 등지에 직접 호텔을 개발하기 위한 프로젝트에 착수하기도 했다. 그러나 무분별한 외화 유출에 우려를 보내던 중국 정부가 2016년 말 해외 투자에 대한 규제 방침을 전격적으로 발표하면서 시장이 혼란에 빠지기도 했다.[64]

호텔시장과 자본시장 이외에도 다양한 요인들에 의해 영향을 받는 호텔 자산 포트폴리오의 국제적 다각화는 아직까지 온전한 성공 사례가 존재하지는 않는 것으로 보인다. 그렇기 때문에 여전히 무한한 기회가 존재하는 영역이기도 하다. 특히 앞으로의 호텔 산업 성장을 해외 여행객이 이끌어갈 것으로 기대되는 상황에서는 더욱 그렇다. 이러한 점에서 호텔 투자자들의 시각이 특정 시장과 개별 자산을 넘어 글로벌 시장으로 확대될 필요가 있다. 호텔 산업의 관점에서 전세계가 단일시장으로 묶여가고 있기 때문이다.

이때 고려되어야 할 부분은 호텔이 높은 변동성을 갖는 자산이기 때문에 상대적으로 안정적이고 변동성이 낮은 시장에 진입하여 이를 상쇄할 필요가 있다는 것이다. 특히 기축통화인 미국 달러 자산을 확보할 수 있거나, 최소한 미국 달러와의 상관 관계가 높은 통화를 사용하는 시장이 가장 우선적으로 이러한 범주에 포함될 수 있다. 신흥 시장들의 경우에는 호텔 투자 목적으로 선호되기 어렵지만, 경우에 따라 조심스럽게 접근해 볼 수는 있다. 특히 경제 규모의 가파른 성장이 가시적으로 드러나 있고 상대적으로 정치적 리스크가 높지 않으며 금융 및 과세 정책이 투명한 시장이 이러한 범주에 포함될 수 있다.

글로벌 브랜드들은 호텔 포트폴리오의 국제적인 다각화에 있어 부동산 투자자들보다 한걸음 앞선 것으로 보인다. 대부분의 브랜드들이 가치사슬의 진화 단계를 따라 '직접보유 최소화Asset Light' 전략을 추구하게 되면서 상대적으로 자본시장의 문제들로부터 자유로울 수 있었기 때문이다. 이들의 국제적 다각화는 브랜드 수수료의 결정 요인으로 작용하는 RevPAR의 변동성 해소에 초점이 있다. 바꾸어 말하면, 글로벌 브랜드를 도입한 호텔이 들어선 시장은 최소한 RevPAR의 변동성 해소의 측면에서 검증이 완료된 시장이라고 할 수 있는 것이다. 따라서 해외 호텔 자산에 투자하는 경우 해당 시장에 글로벌 브랜드 호텔들이 분포하는 현황은 시장의 성격을 이해하는데 있어 중요한 지표로 작용할 수 있다.

일반 투자자들의 경우, 상장된 호텔 브랜드의 주식에 투자하는 것이 투자자로서 호텔 산업에 진통을 최소화하며 진입하는 창구가 될 수 있다. 무엇보다 호텔 브랜드들은 글로벌 시장에 다각화된 사업장을 구축하고 있는 동시에 호텔 산업의 가치사슬에 대한 통합자로서 역할하고 있기 때문이다. 또한 이들은 상장사로서 회계 관리는 물론 사업 활동의 많은 부분들을 투명하게 공개해야 한다. 즉 호텔 산업의 최전선에 있는 생산자들로부터 업계의 동향과 현안에 대한 생생한 정보를 비교적 손쉽게 얻을 수 있는 것이다. 이러한 과정을 통해 쌓게 되는 호텔 산업의 지식과 정보는 궁극적으로 호텔 자산에 대한 투자에 있어 단단한 초석으로 작용할 수 있다.

일반 투자자들이 호텔 자산에 투자하려는 경우에는 미국의 연기금들과 유사하게 접근하는 것이 안전한 방법이라고 할 수 있다. 즉 자산의 포트폴리오 다각화에 직접 뛰어들어 사모펀드나 REIT 같은 전문 투자자들과의 경쟁에 에너지를 소비하는 것보다 이들이 유동화 하는 투자 상품에 간접투자의 형태로 접근하는 것이다. 포트폴리오를 통한 분산투자가 호텔에 내재한 변동성의 완화에 가장 효과적인 방법이라고 보면, 일반 투자자들은 이러한 사모펀드나 REIT의 유동화 상품들을 통해 다각화된 자산 포트폴리오에 접근성을 확보할 수 있게 된다. 아울러 이러한 호텔 자산 포트폴리오들의 선행 지표라고 할 수 있는 글로벌 호텔 브랜드에 동시에 투자할 경우 투자자의 지식과 경험이 호텔 산업의 가치사슬 전반을 관통하게 될 수 있다.

표 3. 호텔 REIT 및 브랜드사의 투자 관련 지표

구분	REIT				브랜드			
	호스트	파크	HPT	애플	힐튼	매리엇	IHG	하얏트
베타계수	1.51	–	1.37	1.21	1.47	1.28	1.68	1.25
PBR	2.25	1.13	1.42	1.73	14.85	13.14	–	2.29
PER(TTM)	24.25	2.60	14.65	18.48	19.22	35.27	21.28	16.65
EV / EBITDA	13.65	12.83	14.17	11.05	17.87	18.79	17.22	13.84

미국 주요 호텔 REIT 및 브랜드 회사의 2018년 7월 23일 종가 기준 자료. REIT의 경우 PBR을 통해 시장가치의 적정성을 판단할 수 있는데 호스트가 상대적으로 고평가된 반면, 비교적 최근에 상장된 파크는 저평가된 것으로 보인다. 브랜드사의 경우 PER을 통해 시장가치의 적정성을 판단할 수 있으며 매리엇이 상대적으로 고평가된 반면, 하얏트는 저평가된 것으로 보인다. EV / EBITDA를 통해서는 기업가치의 적정성을 판단할 수 있는데, 전반적으로 브랜드가 REIT에 비하여 높게 평가된다. [출처 : 야후 파이낸스]

CHAPTER 05 — 호텔 투자의 쾌속 질주

세계화의 거대한 물결

신자유주의의 확산

> *세계화의 물결 속에서 통합되어가는 전세계 호텔시장은 이미 세계화된 자본시장과의 연계를 통해 호텔을 투자 자산으로 진화시켰다.*

생산과 소비를 동력으로 성장가도를 달려온 자본주의 경제 체제에는 다양한 이해들이 상충하며 경쟁한다. 그리고 이렇게 상충하는 이해들은 균형을 이루지 못한 채 시기에 따라 권력의 쏠림을 달리해왔다. 물론 권력의 중심을 차지한 주체들은 항상 통합자를 자처했지만, 이들 또한 경쟁을 통해 이윤을 추구하는 경제 주체의 속성으로부터 자유로울 수 없었다.

사실 상충하는 이해들의 완벽한 균형은 자유로운 경쟁을 통해 발전의 동력을 얻는 자본주의의 속성과 부합하지 않는 측면이 있다. 치열한 경쟁이란 결국 시장에서의 권력을 차지하기 위한 투쟁이기 때문이다. 오히려 문제는 시장의 권력이 이동하지 못하고 한 곳에 머무르게 되거나 권력이 남용되어 자유로운 경쟁을 가로막는 경우일 것이다. 자본주의 경제 체제에서 국가의 역할이 여기에 있다. 그리고 자본주의 이념이 발전해온 역사 또한 국가의 역할에 대한 기대가 발전해온 역사라고 할 수 있다.

자본주의의 태동은 절대왕정 시기의 중상주의 정책에까지 거슬러 올라가지만 국가의 역할이 논의된 것은 스미스의 『국부론』을 시작으로 볼 수 있다. 그는 경제 주체의 이기적인 이윤 추구 행위와 자유로운 경쟁이 보이지 않는 손에 의해 저절로 균형을 찾아갈 것이라고 믿었다. 그는 가격 결정의 메커니즘에 국가가 인위적으로 개입하는 것이 오히려 균형의 회복을 방해하기 때문에 기업의 자유로운 활동을 가로막는 모든 제도가 철폐되어야 한다고 주장했다.

스미스의 관점에 기초한 자본주의의 개념을 자유자본주의라고 한다. 자유자본주의는 국가 간의 교역에 있어서도 자유로운 경쟁이 보장되는 자유무역을 주장했다. 이러한 자유무역을 뒷받침한 전제는 각국의 환율이 금을 기준으로 고정되는 금본위제였는데, 인위적인 화폐의 발행이 없다면 국가 간의 물가 수준이 저절로 균형을 찾게 되면서 통화 증발에 따른 인플레이션이 일어나지 않는다.[65] 그러나 자유자본주의는 인플레이션과 탐욕스러운 자본의 독점을 제어하지 못했고 대공황을 거치면서 역사 속으로 사라지게 된다.

대공황을 통해 자유자본주의의 한계를 지켜본 케인즈는 『고용, 이자, 화폐의 일반이론』을 통해 자유자본주의가 근본적으로 완전 고용을 이루어낼 수 없으며 부와 소득의 불균형을 만들어낸다고 지적했다. 그는 불완전 고용의 해소를 위해 국가가 적극적인 조세, 통화, 금융, 재정 등의 정책을 통해 시장에 개입해야 한다고 주장했다.

수정자본주의로 불리는 그의 이론에 의하면, 소득과 고용의 유지를 위해서는 소득과 소비의 격차를 줄일 수 있는 투자가 실행되어야 했다.[66] 그러나 민간 기업의 투자는 자본의 한계 효율, 즉 투입한 자본에 대한 기대수익률이 현행 이자율보다 높을 경우에만 실행되기 때문에 국가가 투자에 적극적으로 개입하여 유효 수요를 창출할 필요가 있다고 주장했다. 루즈벨트 대통령의 적극적인 지지를 얻었던 수정자본주의는 1970년대 오일쇼크에 의한 불황을 겪으면서 도전에 직면했다.

수정자본주의에 대한 비판론자들은 당시 전세계 경제의 발목을 잡고 있던 스태그플레이션Stagflation[67]이 국가의 과도한 시장 개입에 따른 실패라고 지적하며 자유로운 경쟁으로의 회귀를 주장했다. 다만, 이들도 대공황의 트라우마를 완전히 부정하지는 않았고, 준칙에 의한 소극적인 통화정책과 국제금융의 자유화를 통하여 안정된 경제 성장에 도달해야 한다고 주장했다. 이러한 관점을 신자유주의라고 하는데, 신자유주의자들은 자유무역과 국가 간 분업을 통한 세계화를 전면에 내세웠다.

신자유주의는 케인즈의 완전고용을 노동시장의 유연화로 대체했고 국가가 직접 관장해오던 투자를 다시 민간 기업의 역할로 넘겼다. 오늘의 자본주의를 지배하는 신자유주의는 자유방임적 경제를 통한 경쟁의 효율성과 국가경쟁력 강화라는 긍정적인 측면, 그리고 불황, 실업, 소득 불균형, 국가 간의 갈등 심화라는 부정적인 측면을 동시에 보이고 있다. 특히 국가 간 분업을 통한 세계화는 전세계가 점점 단일 경제권으로 작동하도록 했고, 한 국가의 노동시장이 다른 국가들로부터 독립적으로 존재하지 못하도록 만들었다.

자유자본주의, 수정자본주의, 신자유주의 이념에 공통적으로 깔려 있는 전제는 투자, 생산, 소비의 선순환 구조와 그 안에서 이윤을 추구하는 생산자들 간의 경쟁이 자본주의 경제 체제를 지탱하는 근간이라는 것이다. 차이점은 국가가 이 선순환 구조에 주체로서 참여하는지와 생산자들 간의 경쟁을 얼마나 통제하는지의 여부에 있다. 자본주의 경제 체제에서 정부의 바람직한 역할에 대한 논의는 멈추지 않는 쳇바퀴와 같다. 다양한 이해들이 충돌하고 경쟁이 존재하는 한 국가는 통합자로서의 역할을 수행해야 한다. 그리고 시장의 권력이 결코 완벽한 균형에 도달할 수 없기 때문에 권력을 끊임없이 이동시키는 정부의 역할 또한 시기에 따라 유연하게 전환될 필요가 있을 것이다.

세계화의 메커니즘

제2차 세계대전을 통해 세계 최대의 경제력을 갖게 된 미국은 국제통화기금IMF, 세계은행, 관세 및 무역에 관한 일반협정GATT의 삼각편대를 앞세워 미국 달러의 패권을 유지하는 동시에 전세계를 미국 중심의 신자유주의 경제 체제로 통합하고자 한다. 이 시기부터 세계화라는 슬로건을 전면에 내세운 신자유주의의 물결이 급격하게 전세계로 확산되었는데, GATT를 받아들인 국가는 IMF와 세계은행의 우산 아래에 편입될 수 있었다.

1944년 브레턴우즈 협정의 결과로 1946년 출범한 IMF는 제2차 세계대전 상황에서의 무분별한 환율 정책이 가져온 혼란을 되풀이하지 않고자 가맹국들이 환율 안정을 위해 협력한다는 기치를 내걸었다. IMF가 수행하는 기능은 크게 세 가지로 이루어진다. 우선 가맹국들의 환율을 미국 달러 기준으로 표기하고, 환율의 평가는 IMF의 통제를 받도록 했다. 그리고 국가 간 무역에 수반되는 결제에 있어 복수의 환율을 사용하거나 국가에 따라 다른 환율을 적용하지 못하도록 했다. 마지막으로 가맹국의 국제수지가 적자를 기록하는 경우 IMF가 외환, 즉 미국 달러를 대여하도록 했다. 2016년 기준으로 188개국이 가입되어 있으며 현재 6,920억 불 규모의 재원을 확보하고 있다.

IMF는 1997년 우리나라의 외환위기 당시 195억 불 규모의 구제금융을 제공한 바 있어 '금모으기운동'을 기억하는 세대들에게는 비교적 친숙한 이름이다. 그러나 구제금융 시기를 살아온 이들이 경험적으로 인지하고 있을 법한 비판을 여러 곳으로부터 받고 있다. 이를테면, 구제금융을 받는 국가들에 과도한 긴축 정책과 고금리 정책을 요구하여 오히려 상황을 더 악화시키는 측면이 있다는 것이다.

사실 우리나라는 구제금융 체제를 4년 만에 조기 졸업하여 영향이 덜한 셈이지만, 그렇지 못한 국가들의 경우 대부분의 재정 정책에 있어 IMF의 실질적인 통제를 받게 된다. IMF의 통제는 오로지 미국 달러에 대한 환율의 안정에 초점을 두고 해당 국가의 재정 정책을 통제하기 때문에, 시간이 흐를수록 경제 체제가 미국 달러에 실질적으로 종속되는 결과를 불러오게 된다.

세계은행은 IMF와 함께 출범한 국제부흥개발은행IBRD과 1960년 출범한 국제개발협회IDA를 통칭하여 이른다. IMF와 동일한 가맹국을 보유하고 있으며 크게 2단계의 목표를 가지고 있다. 우선 빈국의 빈곤을 퇴치하고 개발도상국의 개발을 지원하는 것을 목표로 한다. 그리고 다음 단계로 지원국의 산업구조를 개선하여 거시경제를 안정시키는 것으로 목표로 한다. 지원의 형태는 개별적인 프로젝트에 낮은 이자의 대출을 제공하는 형식이 주를 이루며, 지원국은 외국인 투자관리 정책과 관련하여 세계은행의 지침을 따라야 한다. 한편, 부수적으로 전세계 국가들의 다양한 통계 지표와 자료들을 공개 데이터베이스로 운영하고 있다.

세계은행에서는 16%의 투표권을 보유한 미국의 영향력이 IMF에서보다 더욱 크게 나타난다. 실제로 설립 이후의 총재들은 모두 미국인들이 역임해오고 있다. 세계은행은 대출 프로그램을 통해 빈국이나 개발도상국이 미국의 방식으로 소비 기반을 형성하도록 했고, 방대한 데이터베이스를 통해 그들의 자산을 선점해가는 채널로 작용한 측면이 있다. 이로 인해 세계은행 또한 IMF와 유사한 비판을 받고 있는데, 세계은행의 부총재를 역임한 바 있는 경제학자 스티글리츠Joseph Stiglitz는 세계은행이 충분한 경쟁력을 갖지 못한 국가들에 신자유주의를 강제로 이식함으로써 해당 국가의 경제 체제가 장기적인 건전성을 확보하지 못한 채 개발될 수 있다고 비판한 바 있다.

신자유주의와 자유무역의 완성은 1947년 미국의 주도로 23개국이 제네바에 모여 조인한 GATT였다고 할 수 있다. 이는 국제무역의 활성화를 위한 관세의 철폐를 목적으로 도입되었다. 구체적으로 협정의 내용은 세 가지 기본 원칙을 근간으로 하고 있다. 우선 가맹국들 간의 무역에 있어 상호 최혜국 대우를 하며 내국인과 차별을 두지 않는 것이다. 그리고 가맹국들 간에 수·출입 제한을 철폐하고 자국의 산업을 보호하는 수단으로 오로지 관세만이 활용될 수 있다는 것이다. 마지막으로 가맹국들 간의 공정한 경쟁을 위해서 덤핑이나 국가의 보조금 지급을 원칙적으로 금지하는 것이다. GATT는 1995년 이러한 원칙을 더욱 적극적으로 실행하고 통제할 수 있는 세계무역기구 World Trade Organization 또는 WTO로 대체되었고, 현재 120개국이 가입되어 있다.[68]

한편, WTO의 자유무역 체제는 국가 간 자유무역협정Free Trade Agreement 또는 FTA이 활성화되면서 전세계를 촘촘한 그물망으로 덮어갔다. GATT가 가맹국들에게 자유무역과 관련하여 동일한 원칙들을 적용하는 다자주의多者主義, Multilateralism 메커니즘이었다면, FTA는 무역의 당사자인 국가들 간에 무역장벽 철폐를 합의하는 양자주의兩者主義, Bilateralism 메커니즘으로서의 의미를 갖는다. 즉 자유무역을 위한 일반적 원칙 아래에 수많은 세부적 규칙들이 수립되어 적용되는 것이었다. 자유무역협정은 1994년 미국, 캐나다, 멕시코의 북미자유무역협정North American Free Trade Agreement 또는 NAFTA을 시작으로 성장하여 현재 전세계에 420여 개의 개별적인 무역협정이 발효되어 있다.

IMF로 확보한 미국 달러 패권과 세계은행을 통해 확대한 글로벌 소비시장은 GATT를 통해 국가 간 분업 체계로 이어지며 미국 중심의 신자유주의 경제 체제를 전세계로 확산시켰다. 그리고 이 과정에서 미국을 위시한 선진 국가들은 신흥 국가들의 자산을 선점해갔다. 동시에 WTO에 대해서도 IMF나 세계은행과 비슷한 성격의 비판들이 제기되고 있다. 가장 큰 부분은 경제구조가 취약할 수밖에 없는 약소국가들은 자유무역으로 인해 취약성이 더욱 심화되고 결국 빈곤의 확산으로 이어지게 된다는 것이다.

이는 실제로 충분한 생산성을 확보하지 못한 산업을 도태시키며 소득의 양극화를 불러오는 측면이 있다. 또한 각 국가들의 문화적 특수성이 배제된 채로 생산성에 따라 산업구조가 형성될 수밖에 없어 문화적 사대주의가 확산된다는 것 또한 자주 제기되는 비판의 하나이다. 더 나아가 국가 간 분업 체계는 개발의 단계가 낮은 국가들에 공업 생산의 기반을 이전시키며 환경오염을 가속화시킨 측면 또한 존재한다.

해외여행의 보편화

자동차가 미국의 산업과 도시 구조는 물론 미국인들의 삶을 통째로 바꾸어가고 있을 때도 해외로의 물자 운송은 대부분 선박에 의존했다. 석유를 연료로 하는 내연기관이 선박에도 도입되면서 운송 효율성이 향상되기는 했으나, 철도나 자동차에 비할 바는 아니었다. 1934년 건조된 퀸메리호가 1,900여 명을 태우고 시속 53㎞ 속도로 운항했던 반면, 같은 해 운행을 시작한 디젤기관차 파이오니어제퍼는 23톤의 화물을 적재하고 시속 125㎞로 달렸다.[69] 그러나 장거리 해외여행이 본격적으로 발전하게 된 것은 제트엔진이 탄생하고 나서였다.

제트엔진의 개발은 화물이나 여객 운송이 아닌 전쟁의 필요로부터 시작되었다. 제2차 세계대전이 발생하기 직전 영국의 휘틀Frank Whittle과 독일의 오하인Hans Joachim von Ohain은 각각 제트엔진의 개발에 몰두하고 있었다. 이들은 1937년에 제트엔진을 만들어내지만, 이를 실제 비행기에 장착하여 운항한 것은 항공사의 적극적인 지원을 등에 업은 오하인이 먼저였다. 오하인이 최초로 제트기의 운항에 성공한 1939년 독일은 제2차 세계대전을 일으켰고, 영국 정부는 뒤늦게 휘틀을 지원하여 1941년이 되어서야 제트기를 띄울 수 있게 되었다.

미국에서도 GE가 미군의 요청에 의해 제트엔진 개발에 나섰다. 휘틀의 설계도를 기반으로 제트엔진 개발에 착수한 GE는 1942년에 미국 최초의 제트기를 만들어냈다. 이후 미국은 지속적으로 제트엔진의 성능을 개선하며 초대형 수송기에까지 장착했고, 한국전쟁을 거치며 세계 최대의 군용 제트엔진 생산국으로 성장했다.

제2차 세계대전이 끝나자, 이 기간에 만들어진 수송기의 상당수가 민간인들의 이동과 민간 물자의 수송을 위한 민항 제트기로 변환되었다. 군용 제트기 제조에 있어 선두주자는 더글러스와 록히드였고, 뒤를 이어 보잉이 뛰어들었다. 그러나 보잉은 전후 민항 제트기 제조 분야에서 더 빠르게 움직였고, 마침내 1958년 미국 최초의 여객용 민항 제트기 보잉 707을 출시했다. 민항 제트기 시장에서 우위를 점한 보잉은 1966년 록웰의 항공우주 부문을 인수하며 사업영역을 확장했고, 1997년 경쟁사였던 더글러스마저 인수하며 세계 최대 규모의 항공우주회사로 성장했다.

한편, 전세계를 단일경제 체제로 통합하고 효율적으로 통제하기 위해서는 이에 부합하는 기동성이 필요했다. 이러한 측면에서 최적의 해법은 민항 제트기였는데, 이를 활용하기 위해서는 효율적인 항공 네트워크의 구축이 선결되어야 했다. 가장 대표적인 항공 네트워크 체계는 '허브 앤 스포크Hub-and-spoke'로 각 국가나 지역별로 지정된 거점Hub 공항들 간에 1차 노선을 운항하고 국가나 지역 내에서 이를 중심으로 위성Spoke 공항까지 2차 노선들을 운항하는 것이다. 반면에 거점 공항을 거쳐 가는 대신 위성 공항들 간에 1차 및 2차 노선의 구분 없이 직항 노선으로 운항하는 것을 '포인트 투 포인트Point-to-point'라고 한다.

허브 앤 스포크의 경우, 적은 노선으로 연결되는 범위를 최대화할

그림 48 **미국의 항공 네트워크**

기본적으로 '허브 앤 스포크' 체계에 기반을 두고 있으며, 샌프란시스코, 로스엔젤레스, 덴버, 휴스턴, 시카고, 클리블랜드, 워싱턴디씨, 뉴욕의 8개 거점 공항을 중심으로 여러 위성 공항들에 노선이 운영된다. [출처: Travel Maps and Major Tourist Attractions Maps]

수 있다는 장점이 있지만, 2차 노선의 수요가 1차 노선의 규모와 불일치하는 경우 공항 운영비용의 비대칭이 발생하는 단점을 갖는다. 따라서 비교적 대규모의 수요를 보유한 지역에 취항하는 대형 항공사들이 허브 앤 스포크를 주로 활용한다. 반면에 포인트 투 포인트는 거점 공항을 거치지 않기 때문에 환승이 필요하지 않고 공항 운영비용 또한 최소화할 수 있는 반면, 항공사의 입장에서 더 많은 노선을 운항해야 하는 부담을 떠안게 된다. 따라서 포인트 투 포인트는 일반적으로 다수의 저비용항공사들이 노선을 분담하여 운영하는데 최적화되어 있다.

민항 제트기와 함께 여권의 보급은 해외여행이 보편화될 수 있는 계기로 작용했다. 여권의 역사는 기원전으로 거슬러 올라가지만, 근대적인 여권의 개념은 15세기 영국의 헨리 5세에 의해 탄생했다. 산업혁명 시기 철도교통의 발전으로 국경을 넘는 이들의 규모가 급증하면서 통일된 기준의 필요성이 대두되었지만, 제1차 세계대전의 발발로 이에 대한 논의는 적극적으로 진행되지 못했다.

그러다가 제1차 세계대전이 끝난 1920년 UN의 전신이라고 할 수 있는 국제연맹國際聯盟, League of Nations이 '여권과 통관에 관한 파리 회의 Paris Conference on Passports & Customs Formalities and Through Tickets'를 개최하면서 마침내 국제사회에 통용되는 여권의 기준이 확립되었다. 이 시기부터 유럽의 여러 나라에서는 국경을 넘기 위해 여권의 소지를 의무화했고, 미국에서는 이보다 늦은 1941년이 되어서야 국경을 넘고자 하는 모든 국민에게 여권의 소지를 의무화했다.[70]

여권의 보급은 국가가 출입국에 대한 현황을 파악하고 통계를 낼 수 있도록 함으로써 이에 대한 통제의 기반을 제공했다. 또한 미국의 입장에서는 신자유주의와 자유무역의 확산 경과를 측정하는 지표로 활용되기도 했다. 동시에 여행 관련업계에는 수요를 더욱 정밀하게 분석하여 상품을 최적화할 수 있는 도구로 작용했다. 민항 제트기와 여권의 보급으로 여행사들은 해외여행 관련 상품의 유통시장 중심부를 차지하게 되었다. 이들은 단순히 항공편의 예약에 국한되지 않고 호텔이나 렌터카 등 여행에 필요한 모든 상품들을 패키지로 유통했기 때문에, 당시만 해도 단일 품목을 대량으로 생산하는 항공사나 호텔 브랜드들보다 소비자들을 흡수하는데 있어 분명한 우위를 가지고 있었다.

해외여행이 보편화되면서 미국을 중심으로 진행되어온 호텔 산업의 급격한 성장은 전세계로 확산되어갔다. UNWTO 자료에 따르면, 오늘날 전세계에서 60만 개의 호텔이 2,270만 개의 객실을 공급하고 있다.[71] 그리고 이 호텔들은 연간 37억 명의 자국민들과 11억 명의 외국인들에 의해 소비되고 있다.[72] 전체 용량의 57% 정도가 소비된 셈이며, 소비된 용량의 77%는 자국민들에 의한 소비였다.

호텔의 소비자들은 연간 4,311억 불을 호텔에 지출했는데, 1박에 평균 91불 정도를 지출한 셈이다.[73] 특히 지난 10년 동안 호텔의 공급이 연평균 2% 증가했던 것에 비해, 소비는 물량과 지출의 규모에 있어 9%의 성장률을 유지해왔다. 2016년 기준으로 호텔 산업의 전세계 GDP에 대한 직접 기여도는 3% 수준이며, 이로부터 파생되는 간접적인 기여까지 포함할 경우 10%에 이른다.[74]

여기에서 눈에 띄는 부분은 연평균 3%의 성장에 머물렀던 외수 수요에 비해 12%의 높은 성장률을 유지해온 내수 수요가 실질적인 성장을 견인해왔다는 점이다. 이는 외수 수요를 흡수하는데 있어 어떤 국가도 압도적인 점유율을 보이지는 못했으며, 해외로 여행하는 수요는 분산되는 경향을 보여왔다는 점에서 더욱 그렇다.[75]

그러나 더뎌 보이는 외수 수요의 성장을 특정 국가가 전적으로 견인해왔다는 사실은 앞으로의 성장이 다른 양상으로 전개될 수 있다는 단서를 제공한다. 중국은 지난 10년 동안 연평균 15%의 해외 여행객 증가율을 보였으며, 현재 전세계 해외 여행객의 17%를 차지하는 세계 최대의 여행 수요창출 국가로 성장했다. 그럼에도 불구하고 중국에서 여권을 보유한 인구가 아직 9%에 미치지 못한다는 점을 감안하면 이러한 추세는 멈추지 않을 것으로 보인다.[76] 즉 앞으로 전세계 호텔 산업의 성장 기회는 내수 수요보다 외수 수요가 견인해 갈 가능성이 크고, 여기에 중국의 해외 여행객들의 기여도가 높을 것으로 예상된다.

스미스여행 연구소: 호텔 투자의 도량형 통일

스미스여행 연구소

컨설팅 회사에서 데이터 애널리스트로 경험을 쌓아오던 랜디Randy Smith는 1985년 부인 캐롤린Carolyn과 함께 펜실베니아주 랭카스터에서 '스미스여행 연구소Smith Travel Research'를 창업했다. 애초에 그의 목적은 미국 전역의 호텔 목록을 제작하여 호텔업자들에게 판매하는 것이었다. 그러나 이 사업은 그가 기대했던 만큼 성공적이지는 못했다. 그의 호텔 목록은 그에게 데이터 분석가로서의 성취감을 안겨주었을 뿐 정작 호텔업자들이 활용할 수 있는 용도가 명확하지 않았던 때문이다.

순서가 뒤바뀐 셈이지만, 그는 야심차게 시작한 사업에 대한 수요가 존재하는지, 그리고 그의 사업 아이템이 과연 충분한 수요를 창출해낼 수 있는지에 대해 절박한 고민을 시작하게 된다. 이때 불현듯 그의 머리를 스쳐가는 회사가 있었다. 바로 멤피스에서 태어나 자라온 그에게 친숙했던 홀리데이인이었다. 당시 홀리데이인은 미국 최대의 호텔 브랜드로서 산하 호텔들의 운영 실적을 통합하여 관리할 수 있는 홀리덱스를 보유하고 있었다.

그러나 이 방대한 자료에도 불구하고 호텔들의 운영 실적을 경쟁 호텔들과 비교하여 평가하기 위한 메커니즘은 부재했다. 즉 시장의 특수성이 감안되지 않은 채로 맨해튼의 홀리데이인과 댈러스의 홀리데이인이 동일한 기준에 따라 비교 평가될 수밖에 없었던 것이다. 이러한 한계가 갖는 문제점은 실질적인 경쟁 상황과 다른 메시지를 전달함으로써 결과적으로 잘못된 결정에 이르게 할 수 있다는 것이었다.

랜디는 주저 없이 홀리데이인을 찾아 객관적인 성과 측정 메커니즘의 필요성을 역설했다. 당시 경쟁 호텔의 주차장에 있는 차량의 수를 세어 경쟁 현황을 판단해오던 홀리데이인 역시 더 정교한 방법을 필요로 하던 터였다. 결국 홀리데이인은 밑져야 본전이라는 생각으로 그에게 이 일을 맡겨보기로 결정했다.

랜디는 홀리데이인과의 계약이 다른 호텔 브랜드들로부터의 호응을 자연스럽게 이끌어내 줄 것으로 기대했었다. 그러나 지속적인 접촉에도 불구하고 다른 업체들로부터는 별다른 관심을 받지 못하고 있었다. 물론 몇몇 호텔 브랜드들이 그의 아이디어에 대해 긍정적인 생각을 가지고 있기는 했지만, 모든 경쟁 브랜드들의 자료가 포함되지 않는다면 의미가 없을 것이라는 회의론 또한 만만치 않았다. 홀리데이인과의 계약으로 겨우 바깥세상의 빛을 보게 되었던 그의 아이디어는 또다시 절체절명의 위기에 처했다.

마치 주저앉을 듯 보였던 그의 아이디어는, 업계의 절대 권력으로 군림하던 힐튼의 제안으로 회생의 기회를 얻었다. 힐튼은 당시 가장 치열하게 경쟁 중이던 쉐라톤이 참여한다면 그의 아이디어에 동참하겠다고 제안해왔다. 극적으로 회생의 기회를 얻게 된 랜디는 혼신의 힘을 다해 쉐라톤을 설득했고, 쉐라톤은 힐튼의 참여가 전제된다면 동참하겠다는 의사를 전달해왔다. 결국 호텔업계를 선도하던 홀리데이인, 힐튼, 쉐라톤이 참여하게 되면서 1987년 업계 최초의 경쟁 현황

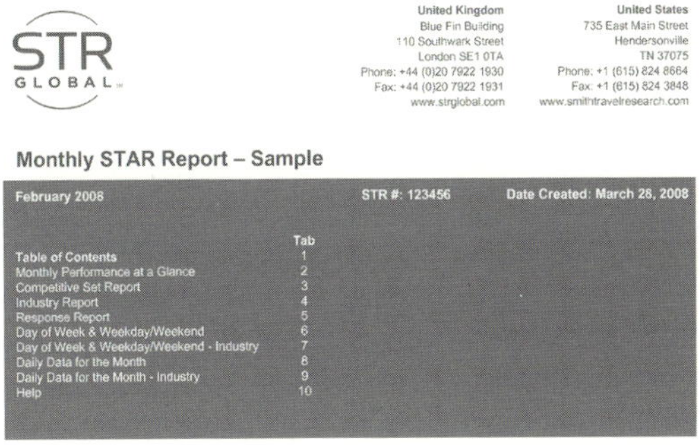
STR GLOBAL

United Kingdom
Blue Fin Building
110 Southwark Street
London SE1 0TA
Phone: +44 (0)20 7922 1930
Fax: +44 (0)20 7922 1931
www.strglobal.com

United States
735 East Main Street
Hendersonville
TN 37075
Phone: +1 (615) 824 8664
Fax: +1 (615) 824 3848
www.smithtravelresearch.com

Monthly STAR Report – Sample

February 2008 | STR #: 123456 | Date Created: March 28, 2008

	Tab
Table of Contents	1
Monthly Performance at a Glance	2
Competitive Set Report	3
Industry Report	4
Response Report	5
Day of Week & Weekday/Weekend	6
Day of Week & Weekday/Weekend - Industry	7
Daily Data for the Month	8
Daily Data for the Month - Industry	9
Help	10

그림 49

STAR 보고서

특정 호텔이 속한 시장과 인근 경쟁호텔들의 매출 지표, 즉 Occupancy, ADR, RevPAR를 비교할 수 있다. [출처: STR Global]

분석 보고서인 'STARSmith Travel Accommodation Report'가 탄생했다. 그리고 호텔업계는 경쟁의 현황과 경영의 성과를 실시간으로 측정할 수 있는 시대를 맞이했다.

STAR는 시장의 경쟁 현황을 측정하여 비교할 수 있도록 함으로써 참여한 모든 호텔이 시장에서의 상대적인 포지셔닝을 판단할 수 있도록 해주었다. 그리고 이렇게 증가한 시장에의 가시성은 호텔 소유주들이 대규모 자본에 더욱 쉽게 접근할 수 있는 기반으로 작용하기도 했다. 은행들은 호텔에 대한 대출을 심사할 때마다 호텔 소유주들에게 STAR를 요구했고, 시장 평균에 비해 더 나은 실적을 보이는 호텔들은 더욱 손쉽게 대출을 받을 수 있게 되었다.

호텔의 경쟁력 측정 도구들

그러나 STAR를 통해 자신의 가치 제안을 명확하게 시장에 전달했음에도 불구하고 랜디는 여전히 어려움에 허덕이고 있었다. 그의 자료는 그가 인식하지 못했던 몇 가지 한계를 지니고 있었다. 우선 판단의 기준으로 제시되는 시장 평균지표가 지나치게 포괄적이었다. 예를 들어, 교외의 한적한 곳에 위치한 홀리데이인은 아무리 운영이 잘되더라도 도심에 위치한 홀리데이인의 운영 실적과 직접 비교되기 어려운 한계가 존재한다. 그럼에도 불구하고 인근 지역의 모든 호텔들을 포괄하는 시장 평균 지표에 비추어 개별 호텔의 경영 성과가 판단되도록 함으로써 자료의 원래 취지가 왜곡되는 측면이 있었다. 그리고 이러한 이유로 그의 데이터 기반이 몇몇 대규모 호텔 브랜드들로 제한되어 있었다. 그의 자료는 브랜드 회사들이 자신의 브랜드가 시장에서 어떻게 포지셔닝되고 있는지를 포괄적으로 판단하는데 있어 유용하게 활용될 수 있었지만, 개별 호텔의 경영 성과를 판단하는 데에는 한계가 존재했던 것이다.

1989년이 되어 그의 사업은 또 한 번 도약의 기회를 얻게 된다. 웨스틴Westin은 인접한 경쟁호텔 5~6개 정도만을 대상으로 점유율을 산출해 줄 것을 요청했다. 특정한 호텔을 운영하는 관점에서는 가장 직접적인 도움이 될 수 있는 자료임에는 분명했다. 랜디는 비공개를 전제로 제공된 개별 호텔의 데이터가 노출되는 것을 우려하여 이 제안을 거절했다. 그러나 웨스틴의 끈질긴 설득 끝에 랜디는 우려를 해소하기 위한 몇 가지 규칙을 만들어냈다. 그리고 이러한 규칙이 예외 없이 적용된다는 전제 하에 결국 웨스틴의 제안을 수용했다.

그가 만든 규칙은 우선 경쟁 호텔들의 개별적인 자료가 노출되지 않도록 경쟁 호텔군의 운영 실적이 평균 수치로만 제공된다는 것이었다. 그리고 그의 고객들이 임의로 개별 호텔들의 수치를 추정해내는 것을 방지하기 위해 경쟁 호텔군을 선정하는데 있어,

다음과 같은 추가적인 규칙을 도입했다.

- 경쟁 호텔군은 해당 호텔을 포함하여 최소 4개 이상의 호텔로 구성될 것
- 단일 호텔 또는 단일 브랜드 호텔들이 경쟁 호텔군 객실수의 40% 이하일 것[77]
- 단일 브랜드사의 호텔들이 경쟁 호텔군 전체 객실수의 60%를 초

과하지 않을 것[78]

- 경쟁 호텔군은 대상 호텔을 포함하여 최소 3개의 브랜드사 호텔들을 포함할 것

STAR가 이처럼 직접적인 경쟁 현황을 분석하는 자료로 바뀌면서 브랜드를 도입하지 않은 개별 호텔들까지 운영 실적 데이터를 제공하기 시작했다. 이제 호텔의 총지배인은 자신의 호텔이 경쟁 호텔들과 비교하여 어느 정도의 성과를 보이는지를 지속적으로 점검할 수 있게 되었다. 그리고 브랜드는 자신의 브랜드를 사용하는 호텔들의 운영 실적을 더욱 정교하게 점검하여 필요한 지원이나 조치들을 신속하게 내려보낼 수 있게 되었다. 또한 각 호텔의 소유자들은 STAR 보고서를 기초로 자신의 호텔에 대한 시장가치를 더욱 정확하게 판단할 수 있게 되었다. 은행들 또한 호텔에 대한 대출을 결정함에 있어 감내해야 하는 리스크가 현저하게 낮아졌음은 물론이다.

STAR의 한차례 혁신을 통해 호텔 공급자들에게 더욱 의미 있는 자료를 제공할 수 있게 된 랜디는, 이 모멘텀을 지속시키기 위한 방안들을 탐구하기 시작했다. 그는 방대하게 구축한 데이터베이스가 기존 생산자들의 경영 개선뿐만 아니라 새로이 시장에 진입하고 하는 생산자들에게 결정적인 도움을 줄 수 있을 것이라는데 착안했다. 그리고 이들에게도 그의 가치 제안을 확산시키기 위해 정교하면서도 쉽게 시장을 파악할 수 있는 메커니즘의 개발에 착수했다.

그가 구축한 메커니즘은 생산자 관점으로 분류한 호텔의 유형이었다. 당시 보편화되었던 호텔 등급평가 체계와 달리 그는 호텔 상품의

속성과 이를 구성하는 요소들에 주목했다. 그는 호텔이 들어선 위치를 도심, 교외, 소도시, 공항, 고속도로, 리조트의 여섯 가지로 분류했다. 그리고 가격에 따라 최고가, 고가, 중가, 중저가, 저가의 다섯 가지로 분류했다. 그는 그간 축적해온 데이터베이스에 포함된 모든 호텔들을 이 기준에 따라 분류하였다.

하지만 이러한 데이터베이스가 유용하게 활용되기 위해서는 생산자가 이 새로운 분류 방식을 조금 더 쉽고 빠르게 사용할 수 있어야 했다. 그는 이 두 가지 요소를 아울러 미국 전역의 호텔들을 분류해 낼 수 있는 단일한 체계를 고민하기 시작했다. 그는 호텔 상품의 가치 제안, 소비의 패턴, 가격의 포지셔닝이 브랜드에 따라 규칙적으로 나타난다는 사실에 주목했다. 즉 호텔들의 경쟁이 비슷한 가치 제안을 제공하는 브랜드들 간의 경쟁이라고 보면, 경쟁의 현황을 더욱 쉽고 빠르게 판단할 수 있을 것이라는데 생각이 닿았던 것이다.

랜디는 호텔 브랜드들의 분포와 이들 간의 경쟁 관계를 추적하기 시작했고, 마침내 호텔 체인 스케일Hotel Chain Scale로 불리는 분류체계를

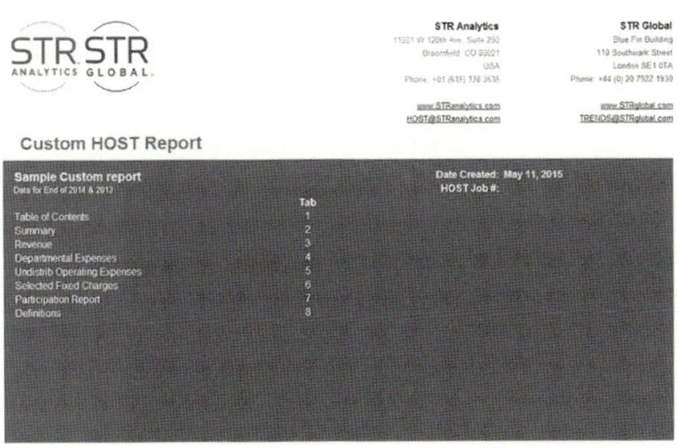
STR Analytics
11001 W 120th Ave, Suite 250
Broomfield CO 80021
USA
Phone: +01 (615) 338 3636
www.STRanalytics.com
HOST@STRanalytics.com

STR Global
Blue Fin Building
110 Southwark Street
London SE1 0TA
Phone: +44 (0) 20 7922 1930
www.STRglobal.com
TRENDS@STRglobal.com

Custom HOST Report

Sample Custom report
Data for End of 2014 & 2013

Date Created: May 11, 2015
HOST Job #:

	Tab
Table of Contents	1
Summary	2
Revenue	3
Departmental Expenses	4
Undistrib Operating Expenses	5
Selected Fixed Charges	6
Participation Report	7
Definitions	8

그림 50

HOST 보고서

특정 호텔이 속한 시장과 인근 경쟁 호텔들의 매출은 비용 및 손익 현황을 비교할 수 있다. [출처 : STR Global]

고안해냈다. 이는 호텔상품을 Luxury, Upper-Upscale, Upscale, Upper-Midscale, Midscale, Economy의 여섯 가지로 분류했는데, 비슷한 가치 제안, 소비의 패턴, 가격 포지셔닝을 보이는 브랜드들이 동일한 카테고리에 포함되도록 했다. 동일한 시장에 위치한 경쟁 브랜드들의 평균적인 운영 실적 지표는 동일한 수요를 두고, 실질적으로 경쟁하는 호텔들의 자료였기 때문에 경영의 성과를 직접적으로 측정할 수 있도록 해주었다.

랜디는 여기에 그치지 않고 객실이 아닌 기타 부분의 매출과 호텔의 부분별 운영비용을 포함하여 전반적인 현금 창출 능력을 보여주는 HOST 보고서를 1991년 출시했다. HOST에서도 경쟁 호텔군을 선택하는 원칙은 STAR와 거의 동일하게 적용되었고, 형식은 숙박업 회계기준에 따랐다. 이를 통해 랜디는 시장의 전반적인 경쟁 환경은 물론 특정 경쟁 호텔군의 손익 현황까지 포함하는 자료를 일괄적으로 제공하기 시작했다.

2008년에는 딜로이트의 'HotelBenchmark'와 'The Bench'와 합병한다는 보도자료를 냈다.[79] 이들은 유럽 및 아시아 지역에서 STAR와 유사한 역할을 수행해왔던 데이터 플랫폼들이었는데, 글로벌 브랜드를 도입한 호텔의 비율이 상대적으로 낮아 유의미한 데이터를 확보하는 데 어려움을 겪고 있었다. 2000년대 후반에 들어서야 글로벌 호텔 브랜드들이 아시아 시장에서 급격하게 팽창하기 시작했지만, 주력이 아닌 호텔 경영성과 측정에 이미 많은 기회비용을 지불한 딜로이트는 추가로 비용을 지출하고 싶지 않았고, 결국 스미스여행 연구소에 이들을 넘기는 대신 이에 대한 지분을 받았다.

호텔 투자의 도량형 통일

별점이나 다이아몬드 같은 호텔의 등급평가 체계는 근본적으로 소비자의 직접적이고 주관적인 평가로, 생산자에게는 소비자에게 제공해야 하는 가치의 판단을 더욱 어렵게 만드는 측면이 있었다. 소비자의 높은 만족도가 항상 높은 가격을 의미하는 것은 아니었을 뿐더러 소비자의 만족도가 높은 호텔들은 생산에 투입되는 원가에 비해 가격이 지나치게 낮은 경우들이 많았기 때문이다. 즉 궁극적으로 이윤을 추구하는 생산자들에게 있어 소비자들로부터 높은 등급을 받는 것이 그다지 큰 의미를 갖지 못하게 된 것이다. 호텔 체인 스케일은 가격 외에도 입지여건과 시설의 규모 및 구성이 유사한 브랜드들을 하나의 등급에 포함하여 생산자가 투입해야 하는 원가의 유의미한 추정을 가능하게 했다.

오늘날 스미스여행 연구소의 데이터베이스는 전세계 1,450여만 실의 호텔들이 참여하고 있는데, 이는 전세계 호텔의 64%를 차지한다.[80] 그리고 세계 최대의 호텔시장인 미국의 경우 100%에 육박하는 511만 실이 여기에 참여하고 있다. 이 호텔들은 동일한 기준에 따라 경영의 성과를 측정하여 생산자들이 효과적인 경영 전략을 도출하는데 있어 실질적인 기준을 제시했다.

특히 호텔 등급평가 체계가 통합된 관점을 형성하는데 실패하면서 유명무실하게 된 것과 달리 스미스여행 연구소는 시장에 존재할 수 있는 다른 관점을 제거하는데 성공함으로써 이러한 문제의 여지를 사전에 차단했다. STAR는 미국 이외의 지역에서 딜로이트의 보고서들과 경쟁 관계에 있었고, 이들은 서로 출혈 경쟁을 해가며 결과적으로 통일된 경영성과 측정 기준이 탄생하지 못하게 될 수도 있었다. 그러나 이들의 통합으로 호텔 산업은 경영성과 측정의 통일된 기준을 갖게 되었다.

경영성과 측정의 통일된 기준이 투자자들에게 갖는 의미는 전세계 모든 호텔의 가치가 같은 방식으로 평가될 수 있게 되었다는 점이다. 즉 전세계가 단일 호텔시장을 형성해 가는데 있어 가장 중요한 제도적 기반이 구축된 것이었다. 이로 인해 투자자들은 호텔 자산의 가치를 정확하게 판단하기 위해 투입해야 하는 노력과 시간을 절약할 수 있었고, 호텔 자산의 거래는 훨씬 빠른 속도로 진행될 수 있게 되었다. 상장된 호텔 브랜드들의 연차보고서에는 스미스여행 연구소의 자료들이 빠지지 않고 등장하고 있으며, 많은 국가들이 호텔 산업의 통계를 집계하고 공유하는데 있어 스미스여행 연구소의 자료를 활용하기도 한다.

물론 전세계 호텔 산업에 있어 스미스여행 연구소의 역할이 독점적 상황으로 해석될 수도 있고 이를 경계하는 시선이 분명히 존재한다. 스미스여행 연구소가 자신들의 데이터베이스를 활용해 호텔시장이나 자본시장의 흐름을 인위적으로 움직이고자 한다면, 당연히 문제가 될 수 있는 상황일 것이다. 그러나 이들은 아직까지 과거의 자료를 분류하여 제공하는 역할에 무게 중심을 두고 있으며, 이를 통한 자신들의 견해나 앞으로의 예측을 제공하는데 있어서는 상대적으로 소극적인 태도를 유지하고 있다.

매리엇 형제: 가치사슬을 통한 성장과 안정의 균형

1세대 매리엇 주식회사

유타주의 한 농가에서 가족의 농장 운영을 도우며 대학을 마친 윌러드Willard Marriott는 1927년 대학 졸업과 함께 워싱턴 디씨에서 루트비어를 판매하는 작은 점포를 시작했다. 그의 사업은 워싱턴 디씨 인근 지역에서 '핫샵Hot Shoppe'이라는 이름의 패밀리 레스토랑 체인으로 꾸준하게 성장했고, 1937년 워싱턴 디씨의 후버공항에서 기내식 사업에 진출하기까지 이르렀다. 같은 해에 그는 핫샵을 뉴욕 증시에 상장함으로써 본격적인 성장의 기반을 구축하고, 1939년 제2차 세계대전의 발발과 함께 군사기지 및 정부기관의 급식에까지 사업 영역을 확장해 나갔다.

식·음료 사업을 중심으로 꾸준하게 확장해가던 그는, 1957년 워싱턴 디씨 인근에 365실의 트윈 브리지 모터 호텔Twin Bridges Motor Hotel을 개관하면서 호텔 사업에 진출했다. 그러나 당시 그는 호텔 브랜드로서의 확장을 염두에 두고 호텔 사업을 시작한 것이 아니라, 패밀리 레스토랑 체인의 확장을 위한 수단으로 생각했었다. 따라서 패밀리 레스토랑의 수요가 집중되었던 고속도로변에 중저가 모텔을 직접 소유하고 운영하는 형태를 취했다. 그러나 홀리데이인과 마찬가지로 50년대 초 미국 정부의 주간고속도로 건설 사업이 추진되면서 호텔 사업을 급격하게 확장시킬 수 있는 기회를 얻었다.

패밀리 레스토랑, 항공기 기내식, 그리고 호텔에 이르기까지 다양하게 사업 영역을 확장해온 핫샵은 1967년에 '매리엇 주식회사Marriott Corporation'로 이름을 바꾸고 호텔 사업에 더욱 힘을 실어 확장하기로 결정했다. 비록 주식회사의 형태를 갖추어 규모를 확장하기는 했지만, 매리엇은 가족 사업과 다름이 없었다. 1972년 윌러드는 45년간 지켜왔던 최고경영자 자리를 첫째 아들인 빌Bill에게 넘겨주었다.

이후 20여 년간 빌과 그의 동생인 리차드Richard는 아버지가 이끌어온 사업을 꾸준하게 키워갔다. 이들은 매리엇의 호텔 포트폴리오를 1993년까지 미국 전역에 걸쳐 126개로 확장시켰다. 흥미로운 부분은 당시까지도 매리엇의 호텔 사업은 초창기와 마찬가지로 소유와 운영이 통합되어 있었다는 점이다. 즉 126개에 달하는 호텔 자산의 대부

그림 51 **트윈 브리지 모터 호텔**

매리엇 계열의 최초 호텔인 트윈 브리지 모터 호텔(Twin Bridges Motor Hotel)의 1957년 모습으로, 버지니아주의 알링턴에 위치하고 있다. [출처 : Marriott News Center]

분을 직접 소유하고 운영하는 고전적 가치사슬을 고수하고 있었던 것이다.

2세대 매리엇의 계열분리

한편, 1993년 10월 빌과 리차드는 매리엇 주식회사를 두 개의 독립적인 회사들로 계열분리 했다.[81] 당시 미국 호텔 산업의 리더는 완성도 높은 원형을 앞세워 급속도로 팽창하던 홀리데이인이었다. 후발주자였던 매리엇은 점유율을 끌어올리기 위해 뭔가 다른 방법이 필요했다. 매리엇 형제는 홀리데이인과 그들의 차이에 대해 집요하게 분석하기 시작했고 끊임없는 조사와 분석, 그리고 토론이 이어졌다. 이들은 마침내 지난 20년간 유지되어온 가치사슬이 성장의 속도를 제한하는 원인이었다는 사실에 의견을 같이 했다.

우선 그들의 가치사슬에서 가장 핵심적인 부분은 호텔의 생산성, 즉 지속적으로 더 많은 소비자들을 흡수하여 소비되는 가격을 최대한 끌어올리고 운영비용을 효율화함으로써 창출되는 현금흐름을 극대화하는 것이었다. 다른 한편으로 이러한 생산성의 기반이 되는 자산을 가능한 한 저렴한 가격에 확보하고 유지보수에 소요되는 비용을 최소화함으로써 호텔 부동산의 가치를 창출하는 것 또한 비슷한 수준의 중요도를 가지고 있었다.

이렇게 소유와 운영이 일체화되어 있던 그들의 가치사슬은 상품의 생산성의 향상과 호텔 부동산의 가치 창출이 동시에 만족시키는 경우에만 확장을 허락했다. 그러나 이 두 기준을 동시에 만족시키는 경우는 거의 없었다. 반면, 홀리데이인은 전자에 해당하는 가치사슬에 주력하고 있었기 때문에, 역량의 집중과 경쟁우위의 확보에 더 유리한 상황이었다.

그들의 딜레마는 단지 성장의 속도를 높이기 위해 과연 그동안 축적해온 경험과 지식의 절반을 송두리째 포기할 것인가 하는 부분이었다. 굳이 하나를 선택하고자 하더라도 당시의 가치평가 방법은 어느 쪽을 선택할 것인지를 명확하게 결정하게 해 줄 만큼 정교하지 못했다. 다만, 그들에게 소유와 운영이 동일한 성장의 속도를 갖기 어렵다는 것은 확실했다. 구체적으로 운영 사업의 성장 속도를 자산에 투자하는 사업이 따라가는 것은 불가능한 일이었다.

사실 이 두 사업 영역은 사실 서로 다른 시간의 흐름과 자본비용을 갖는 영역이었다. 결국 빌과 리차드는 소유와 운영을 분리하되, 이들을 평행하게 유지하면서 서로간의 시너지를 도모하는 방향으로 의견을 모았다. 빌은 위탁 운영의 형태로 호텔의 운영을 전담하는 매리엇 인터내셔널Marriott International을, 그리고 리차드는 호텔 자산의 가치 증가에 초점을 둔 호스트 매리엇Host Marriott을 맡았다.[82]

매리엇 인터내셔널은 기존에 보유했던 호텔 포트폴리오의 운영만을 전담함으로써 홀리데이인과 직접적인 경쟁을 표방했고, 여기에 역량을 집중할 수 있게 되었다. 어떤 면에서는 호스트라는 든든한 지원군 덕분에 홀리데이인보다 더 빠르게 성장을 이끌어낼 수도 있는 상황이었다. 한편, 호스트 매리엇은 호텔의 생산성에 대한 경쟁우위를 한층 강화한 매리엇 인터내셔널의 역량을 등에 업고 다른 호텔 투자자들에 비해 높은 수익률과 자산가치의 차익을 기대할 수 있게 되었다.

그림 52 **매리엇 마르퀴스 샌프란시스코**

매리엇 마르퀴스(Marquis)는 매리엇 브랜드의 호텔들 중에 초대형 호텔들을 별도로 분류한 하위 브랜드라고 할 수 있다. 대체로 호텔이 위치한 시장에서 핵심적인 위치에 거대한 규모의 시설을 보유하고 있으며, 일반적으로 시장의 ADR 형성에 막대한 영향력을 행사한다. [출처: Agoda]

투자자들은 훨씬 명확해진 가치사슬과 기대되는 시너지에 열렬히 환호했고, 두 형제는 전보다 훨씬 수월하게 시장의 자본을 조달할 수 있었다. 계열분리를 통해 전문화된 영역에 역량을 집중할 수 있게 된 이들은 점유율을 빠르게 올려줄 수 있는 대형 호텔들의 확보에 주력했고, 마침내 정체되어가는 홀리데이인의 점유율을 추월했다.

악어와 악어새의 홀로서기

호텔의 운영과 소유라는 서로 다른 사업 영역에서 리더로 성장한 두 회사는, 성장의 모멘텀을 이어가기 위해 상호 의존도를 낮추고 각각 더 넓은 시장에 문호를 개방했다. 1998년 호스트는 매리엇 계열이 아닌 다른 브랜드의 도입에 대해서도 적극적으로 고려할 것임을 선언했다.[83] 대신 매리엇도 다른 호텔 소유주와 위탁 운영계약을 체결할 수 있도록 허용함으로써 이 두 회사는 각각의 독자적인 성장을 추구하기 시작했다.

사실 그동안 유지되어온 이들의 배타적 관계는 그동안의 가파른 성장에 동력으로 작용했지만, 점점 한계를 보이기 시작했던 터였다. 예를 들어, 호스트가 특정 시장에 부지 매입과 호텔의 신축을 검토할 때 대상 부지의 맞은편에 이미 매리엇 호텔이 위치한 경우에는 투자를 포기해야 하는 경우들이 생겨났다. 마찬가지로 매리엇이 더 빠른 성장을 원하는 경우에도 호스트의 자본 조달 상황에 따라 제약을 받는 경우들이 생겨났다.

이를 계기로 호스트는 호텔 전문 투자자로서 다각화된 포트폴리오를 구축해갈 수 있는 기반을 마련했다. 1999년에는 호스트 호텔 및 리조트로 회사의 명칭을 변경하고, REIT로 상장하여 더욱 광범위한 투자자층으로부터 자금을 조달할 수 있는 체계를 구축했다. 한편, 매리엇 또한 호스트뿐만이 아닌 더욱 광범위한 소유자 층을 포획하기 위하여 브랜드 포트폴리오를 다변화하는데 힘을 쏟았다. 자체적으로는 코트야드Courtyard, 타운플레이스TownePlace, 페어필드Fairfield, 스프링힐Spring Hill 등 다양한 등급의 하위 브랜드들을 출시했다. 그리고 리츠칼튼Ritz Carlton, 르네상스Renaissance, 레지던스인Residence Inn 등의 브랜드들을 인수하여 브랜드 포트폴리오를 다각화했다. 즉 모든 유형의 호텔 상품을 제공할 수 있는 브랜드 포트폴리오를 통해 다양한 층위의 호텔 소유주들을 흡수할 수 있게 된 것이었다.

2015년 11월 객실수 기준으로 전세계 2위의 호텔 체인인 매리엇은 8위인 스타우드의 인수합병을 발표했다.[84] 스타우드의 주주들이 주당 0.92주의 매리엇 주식과 현금 2불을 받는 구조로 전체 거래의 규모는 122억 불에 달했다. 이 뉴스가 전파를 탔을 때 객실 전쟁이 과열되어 가던 전세계의 호텔업계는 충격에 휩싸였다. 무엇보다 세계 최대의 호텔 체인으로 치고 올라간 힐튼에게는 반가울 게 없는 소식이었다. 2014년 말 기준으로 힐튼은 715천 실을 보유하여 2위인 매리엇에 근소한 차로 앞서 있었으나, 매리엇과 스타우드가 합병하게 되는 경우 대략 354천 실 수준의 커다란 격차로 뒤지는 상황이었다.

그러나 2016년 3월 중국의 안방보험이 현금 130억 불에 스타우드를 인수하겠다는 제안을 스타우드 주주총회에 제출하면서 스타우드의 인수전은 예측이 불가능한 국면으로 접어들었다. 물론 이들의 제안은 매리엇과는 달리 순수하게 현금으로 주식을 인수하는 것으로, 주주들이 지향하는 바에 따라서는 호불호가 갈릴 수 있는 상황이었다. 물론 대부분의 주주들은 입장이 비교적 명확했다. 이익의 실현을 위해 또 다시 시간을 보내는 것보다는 당장 현금으로 이익을 실현하는 것에 무게가 실렸다.

결국 이러한 분위기를 감지한 매리엇은 스타우드 주당 0.80주의 매리엇 주식과 현금 21불을 지급하는 것으로 다시 제안했고, 거래의 규모는 136억 불까지 늘었다.[85] 여기에 중국 정부의 해외 투자 규제 정책이 시행되면서 결국 스타우드는 매리엇의 품에 안기게 되었다.

스타우드의 합병을 통해 매리엇은 전체 객실수 1백만 실이 넘는 압도적인 규모의 세계 최대 호텔 브랜드사로 자리매김하게 되었다. 또한 산하에 30개의 브랜드를 거느리며 전세계 호텔시장의 유통채널에 지배적인 영향력을 행사할 수 있게 되었다.

가치사슬을 통한 성장과 안정의 균형

빌과 리차드가 시장에 던진 메시지는 명확하고 강력했다. 이들은 호텔 산업이 성장을 지속해 가는데 있어 가치사슬이 어떻게 진화해 가야 하는지를 직접적으로 보여주었다. 사실 이들의 성공 전까지 호텔 브랜드를 표방하는 생산자들의 롤 모델은 홀리데이인이었다. 누구나 호텔 자산의 소유에 따른 리스크를 제거하고 비교적 자본 조달의 부담이 적은 서비스의 생산에 매진했다.

그러나 시장에 공급된 호텔 자산은 이들 모두를 수용하기에 턱없이 부족했고, 이들 간에 소모적인 경쟁이 이어졌다. 이렇게 가치사슬의 균형이 무너지면서 모두가 기피했던 호텔 소유주들이 오히려 유리한 입지를 차지했다. 호텔 자산을 보유한 이들은 호텔의 운영을 맡길 다양한 선택지를 갖게 되었고, 위탁 운영사들의 치열한 경쟁은 전체적으로 수수료를 낮추는 결과를 불러왔다.

소모적인 수수료 인하 경쟁은 수많은 위탁 운영사들을 자본시장으로부터 소외시켜갔다. 고정자산을 최소화하면서 몸집이 가벼워진 위탁 운영사들의 현금 창출 능력에 박수를 보냈던 자본시장이, 이제는 이들의 성장과 생존에 의문을 제기하기 시작했던 것이다. 빌과 리차드의 성공은 가치사슬의 진화의 과정에서 자본이 어떤 역할을 할 수 있는지에 대해서도 정답을 제시했다. 사실 자본시장의 논리는 간단했다. 누구에게나 명확한 가치 제안과 이를 실현해낼 수 있는 현실적인 가치사슬, 그리고 이를 통한 이익의 실현은 자본시장의 호응을 이끌어내기 위해 필요한 전부였기 때문이다.

빌과 리차드를 통해 드러난 것은 분화형 가치사슬이 지속되기 위해서는 가치사슬을 구성하는 요소들이 균형을 유지해야 한다는 사실이었다. 근대 호텔 산업의 발명품이라고 할 수 있는 분화형 가치사슬은 소유와 운영이 평행하게 존재하는 영역이라는 것을 막연하게나마 생산자들에게 인식시켰다. 그러나 가치사슬의 한쪽에 생산자들이 쏠리게 되는 현상을 불러오기도 했다.

물론 이러한 상황이 된 것에서 자본시장의 책임이 없지는 않다. 자본시장의 반응에 따라 생산자들이 특정한 방향으로 움직였을 가능성이 크기 때문이다. 어쩌면 자본의 논리와 언어에 익숙하지 않았던 생산자들로서는 유일한 선택지였을지도 모르는 일이다. 그러나 기본적으로 경제적 이익을 추구하는 자본이 특정한 산업의 가치사슬이 진화해갈 방향을 제시해줄 리는 만무하다.

한편, 스타우드의 인수합병을 통해 누구도 가보지 않은 길을 가고 있는 매리엇은 이제 다음 단계의 도전에 직면해 있다. 우선 스타우드의 합병을 통해 매리엇이 당장 얻게 되는 것은 성장의 차원을 넘어서는 압도적 점유율, 그리고 이를 통해 기대할 수 있는 가격의 통제권이라 할 수 있다. 반대로, 거대해진 덩치로 인해 기동력이 취약해질 가능성이 크다. 즉 30개에 달하는 브랜드들 간에 포지셔닝이 겹치지 않도록 각 브랜드들의 가치 제안을 명확하게 정비할 필요가 있는 것이다. 자칫 소비자들에게 혼란을 불러올 경우 걷잡을 수 없는 결과가 될 수 있기 때문이다.

또한 매리엇 호텔의 소유주들이 REIT 등과 같이 기동력이 상대적으로 취약한 집단에 높게 분포하고 있다는 것 또한 신중하게 들여다볼 필요가 있다. 소유와 운영의 균형을 잃지 않기 위해서는 점점 속도가 빨라지는 호텔 자산의 거래 관행과 보조를 맞출 필요가 있기 때문이다.

스타우드: 현란한 자본의 수사학

쉐라톤 인수전

1997년 겨울 코네티컷주 그리니치에 위치한 사무실에서 배리Barry Sternlicht는 몇 시간째 긴장된 표정으로 전화기를 응시하고 있었다. 당시 적대적 인수합병을 통해 성장한 대기업 ITT는 문어발처럼 불어난 계열사들을 두고 각각의 개별적 매각이나 기업 공개를 통한 구조조정을 단행하는 중이었다. 그리고 그날은 ITT의 이러한 구조조정 과정에 있어 중요한 결정 하나가 내려질 예정이었다. ITT가 보유하고 있던 거대한 호텔 브랜드들 중 하나인 쉐라톤이 누구의 손에 안겨질 것인지가 판가름 나는 날이었다.

호텔업계의 절대 권력이었던 힐튼과, 이에 비해 상대적으로 존재감이 미미했던 사모펀드 스타우드 캐피탈Starwood Capital은 쉐라톤을 삼키기 위해 지난 2년 여간 치열한 전투를 벌여왔다. 그런데 쉐라톤의 주주총회가 이미 끝났을 시간임에도 배리에게는 아무런 연락이 없었고, 그는 극도로 예민해져 있었다.

다음날 아침이 되어서야 배리는 그토록 기다렸던 전화를 받는다. 엘라 계곡을 두고 벌인 다윗과 골리앗의 전투에서 다윗이 승리했다는 소식이었다. 물론 가장 결정적인 승리의 요인은 공격적인 인수 금액이었다. 배리가 제안한 인수 금액은 133억 불로 힐튼이 제안한 65억 불 보다 무려 2배가 넘는 금액이었다.[86]

이 결과에 당혹스러워 했던 것은 힐튼만이 아니었다. 이 치열한 전투를 관심 있게 보도해왔던 언론들 또한 당혹스럽기는 마찬가지였다. 당시 언론은 힐튼이 어느 정도의 가격에 인수할 수 있을 것인지에 초점을 맞추었을 뿐, 이제껏 존재감이 없었던 스타우드 캐피탈의 품에 쉐라톤이 안겨질 것이라고는 생각하지 못했던 것이다.

물론 쉐라톤이 배리의 첫 호텔 브랜드는 아니었다. 1994년 그는 이미 웨스틴을 일본의 아오키 주식회사Aoki Corporation로부터 사들였던 경험이 있었다. 그리고 1997년의 쉐라톤 인수를 통해 포 포인츠Four Points와 럭셔리 컬렉션을 함께 손에 넣으면서 호텔 브랜드 사업에 진출한 지 4년여 만에 쟁쟁한 호텔 브랜드들과 어깨를 나란히 하는 브랜드 포트폴리오를 구축한 것이었다.

앞서 설명한 바와 같이, 호텔 브랜드의 가치사슬은 자산에 대한 직접투자를 수반하여 브랜드의 가치 제안을 시장에 인식시키고 점차 자산을 유동화해가는 방향으로 진화해간다. 그러나 이러한 일련의 과정에는 상당한 시간이 소요되는 것이 일반적이다. 배리는 이처럼 지루한 가치사슬의 진화 과정을 급격하게 단축시킴으로써 호텔 산업이 자본시장의 시계에 맞추어 움직일 수 있다는 것을 입증했다.

자본시장의 전략적 투자자

여기에는 배리가 자본시장에 몸담고 있으면서도 호텔 상품에 대한 독자적인 가치 제안을 가지고 있었던 데에 힘입은 바가 크다. 사실 그가 인수한 호텔 브랜드들은 그만의 독자적인 가치 제안을 실현하여 유통시키기 위한 수단이었다. 이 부분이 전통적인 자본의 속성과 가장 다른 점이라고 할 수 있다. 전통적인 자본이 재무적 투자자의 성격에 가까웠던 것에 비해, 독특한 포지셔닝의 사모펀드를 운용하는 그는 전략적 투자자의 관점을 가지고 있었던 것이다.

배리는 부동산 투자에 발을 딛게 되면서부터 건물의 디자인에 남다른 관심을 가지고 있었는데, 호텔은 이러한 개인적인 관심과 사업적인 수완을 접목시킬 수 있는 좋은 아이템이었다. 그에게 있어 훌륭한 디자인은 이를 소비하는 사람들이 가격의 프리미엄을 지불하도록 하는 핵심적인 요소였고, 부동산의 가치를 극대화 할 수 있는 수단이었다. 호텔에 투자하기 시작한 이후 그는 도심부의 쇠락한 호텔들을 사들여, 디자인을 전면적으로 바꾸어 활기를 되찾도록 하는 것으로 실험을 시작했다. 특히 그는 창의적인 인테리어 디자인을 통해 죽어 있는 공간에 엣지를 불어넣을 수 있다고 생각했다.

다만, 슈래거가 부티크 호텔에서 로비와 같은 공용 공간에 엣지를

그림 53 **웨스틴의 Heavenly Bed**
웨스틴 브랜드를 상징하는 침대 매트리스, Heavenly Bed는 출시되었던 당시 돌풍을 일으켰고, 소비자들의 요청에 따라 매트리스를 별도로 판매하기도 했다. [출처 : Westin Hotels & Resorts]

불어넣어 호텔을 즐거운 공간으로 만들어냈던 것과 달리, 그는 호텔 상품의 핵심적 요소인 객실 자체에 엣지를 불어넣어 호텔이 소비자들에게 쾌적한 체류 환경을 제공해야한다고 생각했다. 구체적으로 그가 쉐라톤을 인수하고 난 후 가장 많은 시간과 노력을 들였던 부분은 욕실에 대한 시설 기준을 개선하는 것이었다. 그리고 웨스틴의 경우에는 침실의 매트리스에 대한 기준을 획기적으로 개선하고자 했다. 실제로 호텔 소비자들이 전체적으로 가장 많은 시간을 보내게 되는 곳은 침대였고, 깨어있는 상태에서 가장 많은 시간을 보내는 곳은 욕실이었다는 점을 감안하면 그는 호텔 상품의 핵심을 제대로 건드린 셈이었다.

그러나 그가 생각하는 가치 제안을 더욱 폭넓게 확산시키기 위해서는 결국 자본의 힘이 필요했다. 특히 새로운 시도에 수반되는 리스크를 감안했을 때 대출이 아닌 자기자본의 형태로 자금을 끌어들일 필요가 있었다. 그에게 선택지는 사모펀드와 REIT가 있었다. 사모펀드의 경우 가장 익숙한 방식이었고 빠른 속도로 움직일 수 있다는 장점이 있었지만, 그가 생각하는 가치 제안이 오랜 기간 지속되도록 하기에는 한계가 있었다. 반면에 REIT는 자본의 운용 방법에 있어 상당한 규제가 따랐고 속도가 제한되었지만, 세제 혜택이라는 이점으로 인해 장기간 지속될 수 있다는 특징을 가지고 있었다. 그의 선택은 기동력이 뛰어난 사모펀드를 통해 신속하게 자산을 확보하고 장기적인 REIT 플랫폼으로 옮겨 담는 것이었다. 그리고 여기에 그의 가치 제안을 널리 유통시킬 수 있는 플랫폼, 브랜드를 더하여 가치사슬을 완결시켰다.

자본시장에서 출발하여 철저하게 자본시장의 시계를 따라 움직였던 배리에게 자신의 가치 제안을 자본의 언어로 소통해내는 것은 어려운 일이 아니었다. 그는 다양한 투자자들의 필요와 그들이 들고 있는 자본의 속성을 누구보다 정확히 알고 있었고 이를 충족시키는 방법 또한 손에 들고 있었다. 그리고 그가 구축한 가치사슬은 투자자들의 필요를 채워주면서 자본이 끊임없이 순환할 수 있는 메커니즘을 성공적으로 만들어냈다. 스타우드 호텔 및 리조트Starwood Hotels & Resorts의 상장을 통해 투자자들은 원하는 수익률을 실현했고, 배리 또한 그가 꿈꾸었던 호텔 상품에 대한 가치 제안이 지속적으로 유통될 수 있는 체계를 만들어낼 수 있었다.

현란한 자본의 수사학

호텔 브랜드에 대해서는 상대적으로 제한적인 경험만을 가지고 있던 그는, 어떻게 쉐라톤이라는 브랜드의 가치를 그처럼 공격적으로 평가할 수 있었을까? 그리고 이처럼 공격적인 가격에도 불구하고 피델리티Fidelity Investments나 소로스George Soros 같은 자본시장의 큰 손들을 설득해낼 수 있었던 비밀은 무엇이었을까?

가장 큰 요인은 배리가 누구보다 현란하게 자본의 언어를 구사했던 데서 찾을 수 있다. 그가 호텔 자산에 대한 직접투자를 통해 가치제안을 시장에 인식시킨 후 이를 신속하게 시장에 유동화 할 수 있었던 것은 사모펀드와 REIT를 연계시켰기에 가능했다. 한편, 그의 가치제안에 대하여 포지셔닝 전략을 수립하고 유통채널을 구축해가는 생소한 과정은 인수합병을 통해 끌어들인 호텔 산업의 전문가들을 통해 진행했다. 공통적으로 자본의 언어를 속속들이 체득하여 구사할 수 있어야 가능한 일이었다. 이렇게 탄생한 '스타우드 호텔 및 리조트'는 당시 호텔업계가 상상할 수 없었던 짧은 시간에 세계 최대의 호텔 브랜드 체인들 중 하나로 자리매김 할 수 있었다.

배리는 법원 경매로 나온 임대주택들을 싼 값에 사들여 운영과 재무구조를 정상화한 후 매각하여 차익을 실현하는 방식으로 자본시장에 발을 들였다. 전형적인 사모펀드의 접근방식이었고, 다른 사모펀드들과 특별히 다를 것은 없었다. 즉 이것으로 큰 손들의 관심과 신뢰를 얻어낼 이유가 되지는 못했던 것이다. 다만, 일부 기관투자자들이 그의 사모펀드에 투자했고, 그는 이를 기반으로 포트폴리오를 확

그림 54

배리와 샘 젤

배리(오른쪽에서 세 번째)와 임대주택 REIT 에쿼티 주택의 창업자인 샘 젤(Sam Zell, 맨 오른쪽)이 컨퍼런스에서 패널로 함께 토론하고 있다. [출처 : Milken Institute]

장하여 REIT로 상장하거나 상장된 REIT에 매각하면서 투자자들에게 꾸준히 차익을 실현시켜주었다.

그의 이름이 시장에 각인되기 시작한 계기는 그가 심혈을 기울여 구축해왔던 임대주택 포트폴리오를 1993년 대규모 임대주택 REIT였던 에쿼티 주택Equity Residential에 매각하면서였다.[87] 같은 해에 그는 첫 호텔 자산을 인수했고, 1994년 파산 직전의 호텔 REIT였던 호텔 투자자 신탁Hotel Investors Trust의 과반 지분을 확보했다. 그리고 이 호텔 REIT의 자본조달 구조를 개선하는 한편, 그의 사모펀드가 보유한 호텔 자산들을 현물로 출자하여 스타우드 호텔 신탁Starwood Lodging Trust을 출범시켰다.

여기에서 배리는 현란한 자본의 언어구사 능력을 발휘하기 시작했다. 당시 REIT 관련 규제는 REIT의 호텔업 영위를 허용하지 않았는데, 그는 호텔업을 영위할 수 있는 별도의 페이퍼 컴퍼니, 즉 운영법인을 설립하여 REIT의 주식과 결합하여 거래되도록 했다. 즉 호텔 자산에 대한 소유권이라고 할 수 있는 REIT의 주식과 호텔의 경영에 대한 통제권이라고 할 수 있는 운영법인의 주식이 마치 하나의 주식인 것처럼 거래되는 결합형結合形, Stapled REIT의 개념을 도입한 것이었다.

결합형 REIT 구조에서 운영법인은 호텔의 경영을 담당하는 주체로서 호텔에서 발생하는 현금흐름으로 REIT에 임대료를 납부한다. 일반 투자자들에게 대규모 상업용부동산에 대한 투자 기회를 제공하기 위해 제도화된 REIT가 매력적인 이유는, 세제 혜택이 제공된다는데 있었다. 하지만 자본에 의한 산업 질서의 붕괴를 방지하기 위해 임대료를 수취하는 이외의 적극적 영업 활동이 허용되지 않았고, 이익의 대부분이 투자자들에게 배당으로 지급되어야 했다. 즉 운영법인은 세제 혜택의 적용 대상이 아니었다. 그러나 배리는 운영법인의 현금흐름 대부분을 REIT에 임대료로 지급하도록 함으로써 투자자들이 결과적으로 세제 혜택을 향유할 수 있도록 했다.

과세 당국의 입장에서는 이를 의도적인 탈세 행위로 바라볼 수 있는 여지가 다분했다. 그러나 당시에는 법인세를 납부하는 운영법인과 운영법인으로부터 임대료만을 받는 REIT에 동시에 투자하는 것을 제한하는 규제가 명시적으로 존재하지 않았었다. 잡음이 끊이지는 않았지만, 배리는 결합형 REIT를 통해 자본시장에서 가장 영향력 있는 호텔 투자자로서 명성을 얻어갔다.

그러나 이 혁신적인 투자 구조는 쉐라톤 인수전 이후 고전적 가치사슬을 표방하던 호텔업계의 절대 권력, 힐튼으로부터 지속적인 공격의 대상이 되었다. 힐튼은 스타우드 캐피탈의 투자 구조를 의도적인 탈세 행위로 몰아가기 위해 지속적으로 로비했고, 이들 간에는 소송이 끊이지 않았다.[88] 지루하게 이어진 이 전쟁은 2000년대에 들어 결국 스타우드 캐피탈의 승리로 막을 내린다. 상대적으로 자본의 언어에 서툴렀던 힐튼은 쉐라톤 인수전에 이어 또다시 스타우드 캐피탈의 역습에 당한 셈이었다.

2001년 미국 의회는 운영법인을 REIT의 자회사로 두는 것을 허용하도록 관련 법안을 개정했다.[89] 즉 REIT 구조에서 호텔의 소유와 운영이 실질적으로 통합될 수 있는 길을 열어주었던 것이다. 다만, 이 운영법인의 이익에 대해서는 정상적인 법인세가 부과되었고, 의도적인 탈세를 방지하기 위해 시장에서 통용되는 공정한 수준으로 임대료를 책정하도록 했다. 이는 세제 혜택이라는 엄청난 장점에도 불구하고 제도권 기관 투자자들의 호텔 투자를 가로막고 있던 통제의 부재가 해소되었다는 것을 의미했고, 전문 투자자들이 REIT를 통해 적극적으로 호텔 투자에 나서기 시작한 계기로 작용했다.

그러나 배리가 구사했던 현란한 자본의 수사학修辭學, Rhetoric은 일반 투자자들에게 그다지 위력을 발휘하지 못했던 것으로 보인다. 누구보다 빠른 속도로 움직여왔던 그가 수많은 주주들을 상대로 그의 비전을 알리고 설득하는 일은 생각보다 빠르게 진행시키지 못했다. 또한 상장으로서 적용받는 규제들은 그의 기동력에 제동을 거는 일들이 많아졌다. 점점 주주들에 의해 선임된 이사진과 충돌하는 경우가 늘었고, 결국 2005년 스타우드 호텔 및 리조트의 최고경영자 자리에서 물러났다.

결과만 놓고 보자면, 이사진들의 판단이 성급했던 것으로 보인다. 배리는 여전히 스타우드 캐피탈을 통해 호텔 자산은 물론 전세계 각지의 호텔 브랜드들에도 적극적인 투자를 지속하고 있다. 반면에 스타우드 호텔 및 리조트는 배리가 떠난 이후 자본시장과의 소통에 문제가 발생하기 시작했고, 결국 매리엇에 인수되면서 화려했던 생애주기를 마감했다.

배리는 호텔 산업의 가치사슬이 균형을 이루어야 한다는 것을 알고 있었고, 그 과정에서 자본이 어떤 역할을 수행해야 하는지에 대해서도 명확한 관점을 가지고 있었다. 이러한 점에서 매리엇 형제와 같은 화두를 호텔 산업에 던졌던 것이기도 하다. 그러나 매리엇 형제와 달리 그의 출발점은 호텔 산업이 아닌 자본시장이었고, 자본의 논리를 통해 호텔 산업을 성장시키고자 했다는 점에서 커다란 차이가 있다.

되돌아보면, 궁극적으로 종착하고자 했던 호텔 브랜드와 관련해 배리가 보였던 유일한 한계는 호텔 브랜드 포트폴리오를 구축해가는 과정에서 브랜드 포트폴리오가 매리엇 만큼 다각화되지 못했던 데에 있다. 즉 브랜드 포트폴리오가 특정한 유형에 집중되었던 측면이 있는 것이다. 물론 호텔 브랜드와 관련한 배리의 여정이 중단되지 않았더라면 이러한 부분이 달라졌고, 결과적으로 스타우드의 운명이 달라졌을지도 모르는 일이다.

호시노 리조트: 투자 자산으로서의 전통문화

호시노 온천 료칸

게이오 대학에서 경제학을 전공하고 코넬 대학에서 호텔경영학 석사를 마친 엘리트 요시하루Yoshiharu Hoshino는, 1991년 31세의 나이로 가업을 이어받는다. 그의 조부가 나가노의 가루이자와에 건립한 료칸旅館, Ryokan은 이로써 3대째 가업으로 이어지게 된 셈이었다. 요시하루의 조부인 쿠니지Kuniji는 목재 산지로 유명했던 가루이자와에서 임업을 영위하다가, 이 지역이 주말 여행지로 각광을 받기 시작하면서 1914년 료칸을 건립했다. 이후 인근에서 온천이 발견되면서 호시노 온천 료칸이라는 이름으로 본격적인 운영을 시작했다. 초창기의 호시노 온천 료칸은 전통적인 고급 료칸의 요소들에 충실하면서 번성했던 과거에 대한 향수를 가진 당대의 지성들로부터 강한 호응을 이끌어냈다.

료칸은 에도막부江戶幕府[90] 시절에 일본의 주요 간선도로를 따라 들어서기 시작한 고급 숙박시설을 일컫는다. 특히 막부 시절 막강한 권력을 휘두르던 무사계급이 안전하고 편안하게 묵어갈 수 있도록 도심부를 벗어나 빼어난 풍광을 가진 환경에 들어섰다. 입구에는 담소를 나눌 수 있는 커다란 응접실이 있었고, 여기에서 복도를 따라 각각의 객실로 연결되었다. 다다미 바닥이 깔린 객실은 복도에서 미닫이문을 통해 들어갈 수 있었는데, 모든 객실이 빼어난 풍경을 즐길 수 있는 발코니를 별도로 가지고 있었다. 대부분의 고급 료칸은 온천 지역에 위치했기 때문에, 투숙객이 온천욕을 즐길 수 있는 공중목욕탕, 오후로Ofuro가 설치되었다. 식사는 대부분 각각의 객실에서 개별적으로 이루어졌기 때문에, 객실마다 조그마한 교자상이 항상 구비되어 있었다. 그리고 교자상과 함께 투숙객이 직접 사용할 수 있는 다기茶器들이 준비되어 있었다.

그림 55 **1930년대의 호시노 온천 료칸**
2대째였던 요시마사가 운영하던 시기의 호시노 온천 료칸 모습. 당대의 문인들이 즐겨 찾는 곳이었고, 탄초카이라는 야생 조류 관찰 프로그램이 진행되기도 했었다. [출처: Hoshino Resorts, Wikiwand]

호시노 온천 료칸은 이러한 전통적인 고급 료칸의 요소들을 충실하게 가지고 있었다. 다만, 입구 근처의 응접실이 일반적인 료칸들에 비해 크게 만들어져, 여러 사람들이 함께 식사나 차를 즐길 수 있었다는 정도가 차이점이었다. 1921년부터 이곳에서 당대의 지성들이 예술 자유교육 워크숍Liberal Education of Art Workshop을 개최하면서 호시노 온천 료칸은 일본 문화의 중심지로 자리 잡고 전성기를 맞았다. 쿠니지의 아들인 요시마사Yoshimasa가 가업을 물려받은 후 호시노 온천 료칸은 선대로부터 이어온 고급문화의 중심지로서의 입지를 더욱 강화해갔다.

요시마사는 고급 료칸에서 흔히 기대되는 요소들에 탄초카이探鳥界, Tancho-kai라는 야생 조류 관찰 프로그램을 더했다. 당시만 해도 일본인들에게 야생 조류는 대부분 식용으로 인식될 뿐 감상의 대상은 아니었다. 그러나 호시노 온천 료칸 인근에는 다양한 종류의 야생 조류가 서식하는 임야가 위치하고 있었고, 시인이자 조류 연구가였던 고도Godo Nakanishi가 이곳을 자주 찾았다. 그는 호시노 온천 료칸을 찾을 때마다 요시마사와 야생 조류에 대한 생각들을 나누었는데, 결국 이 두 사람은 야생 조류 관찰이라는 아이디어에 의기투합했다. 이들의 노력으로 인근의 임야는 가루이자와 야생 조류 국립공원으로 지정받게 되었고, 시대를 한참이나 앞선 생태관광의 중심지로 제2의 전성기를 구가했다.

호시노 리조트

요시마사의 아들인 요시하루가 가업을 이어받던 시기의 호시노 온천 료칸은 이제까지와는 다른 새로운 동력이 절실했다. 이 무렵 가루이자와는 이미 전국적인 관광지로서 각광을 받고 있었고, 1987년 「종합 관광단지 개발법」이 제정된 이후에는 리조트 건립 붐이 일고 있었다. 2대를 거쳐 가업으로 이어오면서 고급 료칸의 대명사로 자리 잡아 왔지만, 호시노 온천 료칸은 더욱 편리한 시설로 무장한 새로운 료칸들과의 힘든 경쟁이 불가피한 상황이었다. 이러한 위기를 헤쳐가기 위해 요시하루는 완전히 새로운 사업 모델을 구상하고 있었다.

일본은 자신의 전공과는 전혀 다른 분야의 가업을 이어받는 것이

자연스러운 문화를 형성하고 있다. 요시하루는 이를 수동적으로 받아들이기보다 이를 위해 미국에 호텔경영학을 공부하러 떠날 만큼 당찬 구석이 있었다. 유학하는 동안 그가 접한 미국의 호텔 산업은 그 규모나 사업 방식에 있어서 그가 지금까지 알고 있던 숙박업과는 차원이 다른 거대한 산업이었다. 특히 미국의 호텔 산업을 빠르게 키워냈던 위탁 운영과 프랜차이즈의 개념은 그의 앞에 놓인 뿌연 안개를 일시에 걷어냈다.

석사를 마치던 시기에 그는 이들에 대해 더 많은 것들을 알고 싶었는데, 마침 시티그룹의 호텔 부분 애널리스트로 일자리를 얻게 되었다. 여기에서 대형 호텔 브랜드들의 사업을 깊이 있게 접할 수 있었고, 틈틈이 가업을 이어가기 위한 계획들을 다듬어갔다. 새로운 구상이 어느 정도 구체화되어갈 무렵 요시하루는 호시노 온천 료칸의 이사회에 그의 아이디어를 제안했다. 그러나 선대로부터 이어져온 가업을 더욱 부흥시키고자 했던 그의 아이디어는 보수적인 이사회의 반대에 부딪혀 무위로 돌아가고 말았다.

가업을 이어가기 위해 고향에 돌아오자마자 좌절을 경험한 그는, 시티그룹의 일본 지사로 자릴 옮겨 그동안 구상해왔던 사업 모델을 시험해보기로 했다. 여기에서 그는 골드만 삭스 같은 미국계 투자은행의 자본을 끌어들여 노후한 온천 료칸을 사들인 후 시설을 보수하고 경영을 정상화하여 매각하는 방법으로 상당한 차익을 투자자들에게 안겨주었다. 이렇게 그의 아이디어가 몇 차례에 걸쳐 성공적인 결과를 보여주고 난 후에야, 호시노 온천 료칸의 이사회는 그를 다시 불러들였다. 1995년 마침내 요시하루는 본인이 그토록 꿈꾸어왔던 대로 가업을 넘겨받고 회사의 명칭을 호시노 리조트Hoshino Resorts로 변경했다.

그가 3대째 이어져온 가업을 위기에서 구하기 위해 꺼내든 카드는 호시노 온천 료칸을 위탁 운영 기반의 브랜드로 바꾸는 것이었다. 이는 소유와 운영이 일체화되어 있던 당시의 료칸 업계에서 한 번도 시도된 적이 없었던 접근이었다. 그리고 주인이 손님을 대접하는 형식이 지배적이었던 전통적인 료칸 업계에서는 이를 료칸의 근본을 무시하는 발상으로 치부하기도 했다.

그럼에도 요시하루가 흔들림 없이 본인의 아이디어를 밀고 나갈 수 있었던 것은, 선대로부터 쌓아온 전통에 대한 자부심과 세계 최대의 호텔시장에서 경험한 가치사슬에의 확신이 있었기 때문이었다. 새로운 시설로 무장하고 쏟아져 나오는 료칸들은 기존의 료칸 소유주들의 관점에서 두려운 경쟁자들이었다. 하지만 기존에 쌓아온 명성을 기반으로 브랜드를 구축하고 확장하려는 경우에는 무궁무진한 고객군일 수 있었다. 요시하루는 가업을 이어받자마자 새로이 들어서는 료칸들의 소유주들과 위탁 운영계약을 체결하는데 전력을 다했다. 물론 그의 선대에서 료칸 업계에 쌓아온 명성이 그에게 가장 큰 자산이었다.

그러나 그의 혁신적인 아이디어는 생각만큼 활발하게 뻗어나가질 못했다. 그는 자신의 가치 제안이 조금 더 명확하게 전달될 필요를 느꼈고, 선대로부터 넘겨받은 최초의 호시노 온천 료칸의 재개발을 결정했다. 여전히 원래의 호시노 온천 료칸에 대한 두터운 단골 고객군을 가지고 있기는 했지만, 새로이 들어서는 료칸들에 비해 경쟁력이 급격하게 쇠퇴해가고 있는 것 또한 부인할 수 없는 현실이었다. 그러나 이 료칸은 그가 야심차게 구축하고 있던 브랜드의 가치 제안을 상징하는 상품일 필요가 있었다. 새로이 료칸을 건립하고 요시하루에게 위탁 운영을 맡기려는 이들에게는 시설의 표준이 되어야 했고, 기존의 료칸 소유주들로부터 위탁 운영을 얻어내기 위해서는 운영에서의 표준도 되어야 했다.

결국 1914년 건립되었던 호시노 온천 료칸은 2005년 호시노야 가루이자와Hoshinoya Karuizawa라는 이름으로 재개관했다. 이후 쿄토와 오키나와에 직접 보유하면서 운영 중이던 최고급 료칸들에 호시노야라

그림 56 **호시노야 가루이자와**

호시노 온천 료칸 자리에 2005년 들어선 호시노야 가루이자와 전경. 시설이 현대화되어 과거의 모습을 찾아볼 수 없지만, 인테리어나 서비스에 원래의 정취를 현대적으로 재해석하여 담아내고자 했다. [출처: Unique Nagano]

는 브랜드를 공통적으로 사용하도록 했다. 그리고 2011년에는 대중적인 료칸 브랜드 카이Kai와 현대적 스타일의 리조트 브랜드 리조네어Risonare를 호시노야의 하위 브랜드로 출시하여 브랜드 포트폴리오를 다각화했다.

호시노 리조트 REIT

그러나 요시하루의 노력에도 불구하고 위탁 운영 기반의 브랜드가 정착하기에는 여전히 전통적인 료칸 업계의 장벽이 견고했다. 호시노 리조트는 2012년까지 일본 전역에 3개의 호시노야 료칸, 8개의 카이 료칸, 2개의 리조네어 리조트를 운영하며 브랜드를 구축해갔지만 모두 직접투자로 확보한 자산들이었다. 요시하루의 당초 계획대로 브랜드가 성장해가기 위해서는 고정자산에 묶인 자본을 풀어 몸집을 가볍게 하면서 외부에서 자본이 지속적으로 유입될 수 있는 방법이 필요했다. 그리고 이제 더 이상 선대로부터의 유산에 기댈 수 있는 상황도 아니었다.

2013년 2월 요시하루는 도쿄 증권거래소에 호시노 리조트를 REIT로 상장하기 위한 신청서를 제출했다. 미국과 달리 일본의 REIT는 결합형 구조를 기본으로 한다. 미국 호텔 REIT들의 경우 TRS가 도입되면서 결합형 구조가 더 이상 인정되지 않게 되었는데, 이로 인해 REIT가 자산관리 조직과 인력을 직접 보유하는 자기관리 REIT 방식이 주류를 차지했다. 반면에 결합형 REIT의 경우 별개의 회사들인 REIT와 운영법인의 관리를 위한 조직과 인력이 이들과 별도로 존재하고 위탁관리 계약을 통해 이들을 관리하는 것이 일반적이다.

요시하루 또한 호시노 리조트가 보유한 자산들을 자회사로 분리하는 한편, 운영법인과 자산관리 회사를 별도의 자회사로 분리했다. 이 중 자산을 보유한 자회사가 호시노 리조트 REIT로, 운영법인이 사업신탁Business Trust 또는 BT으로 함께 상장되었다. 반면, 자산관리 회사는 여전히 호시노 리조트의 자회사로 REIT와 BT의 관리 업무를 각각의 주주들로부터 위탁받아 수행하는 구조였다. 즉 두 법인의 실질적인 관리 조직과 인력은 자산관리 회사 소속이었다.

이후 호시노 리조트 REIT의 지분은 증시에서 기관 투자자들과 개인 투자자들에게 유동화되었고, 호시노 리조트가 직접 보유한 지분은 현재 3% 수준까지 낮아졌다.[91] 호시노 리조트의 지분이 낮아지게 된 것은 보유한 지분을 시장에서 유동화했던 것 외에도 REIT가 지속적으로 자산을 늘려가는 과정에서 시장의 자본이 추가로 유입되었던 이유도 있었다. 이를 통해 호시노 리조트는 요시하루가 계획했던 바대로 브랜드를 확장해갈 수 있었다. 브랜드의 확장은 REIT의 자산이 늘어날 때마다 호시노 리조트가 BT와 위탁 운영계약을 체결하는 형태로 이루어졌다.

현재 호시노 리조트는 일본 전역에 5개의 호시노야 료칸, 15개의 카이 료칸, 3개의 리조네어 리조트를 운영하고 있으며, 이 중 4개의 호시노야 료칸, 8개의 카이 료칸, 2개의 리조네어 리조트를 호시노야 리조트 REIT가 소유하고 있다. 호시노 리조트 REIT는 이들 외에도 42개의 타 브랜드 호텔들을 인수하며 다각화된 호텔 포트폴리오를 구축했다.

투자 자산으로서의 전통문화

오늘날 민간 자본이 투자하지 못하는 자산은 많지 않다. 그동안 국가의 투자를 통해 공급되었던 공공재들마저도 민간 자본이 활발하게 투자를 집행하고 있다. 그러나 전통 호텔은 민간 자본이 투자하기 어려운 몇 안 되는 자산군의 하나였다. 가장 큰 이유는 전통 호텔이 소비자들에게 제공하는 가치가 산업화 이전의 전통문화라는 데 있다. 즉 생산의 과정에 표준화, 분업화, 집중화 등이 결부되는 순간부터 상품의 근본적인 가치가 훼손될 여지가 발생하는 것이다. 따라서 자본의 논리에 의한 가치의 창출과는 거리가 한참이나 떨어진 영역이라는 것이 일반적 인식이었다.

그러나 우여곡절 끝에 요시하루가 이루어낸 성과는 이러한 인식이 전환될 수 있는 계기가 되었다. 전통문화의 영역에도 자본주의의 연료라고 할 수 있는 자본이 흐름이 이어질 수 있고, 이를 통해 전통문화가 성장해갈 수 있다는 것을 시장에 입증해보인 것이다. 요시하루는 전통문화를 생산하는 가업의 환경에서 자라면서 상품으로서 전통문화가 갖는 핵심적인 요소들을 무의식중에 체득했을 것이다. 그리고 성장한 이후에는 의식적으로 자본의 논리와 언어를 섭취하며 소화했다. 여기에 이들을 통합하여 가업을 더욱 키워내겠다는 의지가 더해지면서 그동안 불가능한 듯 여겨졌던 전통문화의 투자 상품화를 이루어낼 수 있었다.

물론 전통문화가 투자의 대상이 되는 것에 대해 다양한 견해들이 있을 수는 있다. 그러나 자본주의 체제에서 전통문화가 생명력을 유지하는 것은 물론 확산되기 위해서는 결국 자본의 힘이 필요할 수밖에 없다. 자본으로 인해 전통문화가 왜곡되고 변질될 수 있어 자본과 거리를 두겠다는 것은 스스로 생명 연장을 포기하는 일일 수밖에 없다. 박제된 전통문화가 오늘을 사는 이들에게 의미를 갖기는 점점 어려워질 것이기 때문이다. 오히려 전통문화의 핵심적인 가치들이 보편적으로 확산되기 위해서라도 자본의 도움을 얻어낼 필요가 있다.

이제 생애주기의 도입기를 지나 성장기로 향해가는 호시노 리조트의 다음 단계는 국제적인 포트폴리오 다각화일 것이고, 이 부분은 또 다른 도전이 될 것이다. 일본의 전통문화를 수출해야 하는 문제이기 때문이다. 2017년 인도네시아 발리에 호시노야 리조트가 개관하면서 이러한 도전은 이미 닻을 올린 것으로 보인다. 이 리조트에서 흥미로운 부분은 전통적인 일본 료칸의 요소들과 인도네시아의 전통문화 요소들이 결합된 형태를 보인다는 점이다. 과연 아시아를 넘어 서구에까지 이러한 통합의 메커니즘이 이어질 수 있을지의 여부가 흥미로운 관전 포인트일 것으로 생각된다.

블랙스톤: 호텔 산업의 새로운 통합자

블랙스톤 1기

2017년 기준으로 4,341억 불 규모의 자본을 운용하고 있는 세계 최대 규모의 사모펀드 블랙스톤Blackstone Group은, 리먼에서 함께 일했던 피터Peter Peterson와 스티븐Stephen Schwarzman이 1985년 인수합병 자문사를 창업하면서 출발했다. 2년 여간 자문 수수료를 통해 자본을 축적한 그들은 1987년 첫 펀드를 출시하면서 본격적인 사모펀드로 출범했다. 이후 그들은 투자 포트폴리오를 다양한 산업 분야로 확대해가는 한편, 자신들의 사업 또한 자본시장의 다양한 영역으로 확장해갔다. 오늘의 블랙스톤은 글로벌 대체 투자, 특히 부동산 투자 영역에서 압도적인 입지를 확보하고 있는데, 이들의 해외 투자와 부동산 투자는 1991년이 되어서야 닻을 올렸다.

공교롭게 블랙스톤의 부동산 투자는 호텔로부터 시작되었고, 호텔은 여전히 그들의 부동산 투자 포트폴리오에 있어 중요한 부분을 차지하고 있다. 블랙스톤의 호텔 투자는 크게 2기로 구분될 수 있다. 1기는 헨리Henry Silverman의 주도로 부동산 투자가 시작된 시점에서 그가 블랙스톤을 떠날 때까지이고, 2기는 존Jon Gray이 바톤을 넘겨받은 시점부터 지금에 이른다.

1기의 가장 대표적인 투자는 HFSHospitality Franchise Systems였다. 헨리는 1991년 호텔 브랜드인 라마다Ramada와 하워드 존슨Howard Johnson의 지분 65%를 1억 4천만 불에 인수하고, 같은 해에 데이즈인Days Inn을 2억 5천만 불에 인수했다. 그는 이들을 합병하여 HFS를 출범시켰고 1992년 기업공개를 단행했다. 1993년 HFS는 수퍼8Super8 모텔을 추가로 인수하며 몸집을 키웠고, 블랙스톤은 HFS에 대한 지분을 시장에서 유동화 해갔다. 헨리는 1997년 HFS를 통해 에이비스Avis 렌터카의 모회사인 CUC와의 합병을 추진했는데, 140억 불에 달했던 합병이 마무리된 1998년 HFS의 최고경영자로 옮겨 회사의 명칭을 센던트Cendant

로 변경했다.[92] 이 시기를 기준으로 블랙스톤의 호텔 투자는 1기에서 2기로 넘어가게 된다.

블랙스톤 2기

존이 이끄는 2기의 블랙스톤 또한 호텔 투자에 적극적이었다. 2004년 호텔 브랜드였던 프라임Prime Hospitality을 7억 9천만 불에 인수했고, 또다른 장기체류 호텔 브랜드 ESAExtended Stay America를 31억 불에 인수했다.[93] 그리고 2005년에는 중저가 호텔 브랜드 라퀸타La Quinta를 34억 불에 인수했다. 2007년에는 프라임을 라퀸타로 합병했고, ESA를 사모펀드인 라이트스톤Lightstone Group에게 80억 불에 매각했다.

그리고 같은 해에 블랙스톤 역대 최고 금액의 투자인 동시에 가장 많은 이익을 안겨준 힐튼의 인수에 뛰어들었다. 당시 힐튼은 2005년 래드브록으로부터 되찾아온 힐튼 인터내셔널을 흡수하여 힐튼 월드와이드를 출범시킨 뒤, 어지럽혀진 브랜드들의 재정비를 막 끝낸 참이었다. 이 합병을 통해 힐튼은 객실수 기준 세계 5위의 호텔 브랜드로 다시 올라서 있었다.

2007년 7월 블랙스톤은 260억 불에 힐튼을 인수한다는 보도자료를 냈다.[94] 인수 금액은 당시 상장사였던 힐튼의 시가총액보다 무려 30% 이상 높았는데, 80%를 대출로 조달하는 전형적인 차입매수Leveraged Buy-out 또는 LBO였다.[95] 전세계의 호텔업계는 다양한 의견들을 쏟아내며 힐튼의 앞날에 대한 기대와 우려를 동시에 보냈다.

우선 대출을 통해 대부분의 자본을 조달한 사모펀드가 호텔업계의 상징적 입지를 가지고 있던 힐튼에게, 과거의 영광스러운 시기를 되찾아줄 수 있을 것인지를 의심하는 눈초리가 지배적이었다. 한편으로는 비대해진 조직으로 경영이 방만해진 힐튼이 사모펀드의 치열한 구조조정 과정을 통해 재무적 건전성을 되찾아 갈 것이라는 기대감 또한 동시에 존재했다. 블랙스톤은 업계의 설왕설래를 뒤로 한 채 힐튼을 비공개 기업으로 전환하고 대대적인 구조조정에 착수했다.

인수 금액 260억 불에는 힐튼의 기존 선순위 대출 65억 불이 포함된 금액이었고, 이를 그대로 넘겨받는 조건이었기 때문에 실질적으로 조달해야 하는 자본은 195억 불이었다. 블랙스톤은 55억 불의 자기자본에 120억 불의 선순위 대출과 20억 불의 후순위 대출로 자본을 조달했다.[96] 합계 140억 불에 이르는 대출에는 골드만 삭스Goldman Sachs, 베어 스턴스Bear Stearns, 메릴 린치Merrill Lynch, 모건 스탠리Morgan Stanley, 도이치 뱅크Deutsche Bank, 리먼 등 미국 자본시장의 대표주자들이 대거 참여했다.

이후 블랙스톤은 힐튼으로부터의 현금흐름을 투자자들에게 배당하는 대신 꾸준히 대출을 상환해갔다. 그러나 2008년의 글로벌 금융위기는 힐튼과 블랙스톤을 위기로 몰아넣었다. 2008년 리먼의 부도는 미국의 모든 소비를 얼어붙게 만들었고, 힐튼의 영업이익 또한 큰 폭으로 하락했다. 이는 기업가치 폭락으로 이어졌고, 블랙스톤은 힐튼에 투자한 자기자본의 손실을 인식할 수밖에 없었다.[97] 즉 블랙스톤이 힐튼을 빼앗기고 투자한 자본을 송두리째 날려도 이상할 것 없는 상황이었다.

그러나 존은 이러한 상황을 기회로 활용했다. 힐튼 인수 당시 대출에 참여하려는 자본들의 경쟁이 치열해지면서 블랙스톤은 자신들에게 유리한 조건을 이끌어냈었다. 존은 이를 십분 활용하여 20억 불의 후순위 대출을 우선주 형태의 자기자본으로 전환시켰고, 선순위 대출 채권 18억 불을 8억 불에 사들였다. 힐튼이 그동안 상환했던 18억 불을 포함하면 대출은 최초의 205억 불에서 149억 불로 줄었지만, 그 과정에서 블랙스톤이 추가로 투입한 자본은 8억 불에 불과했다.

2013년 12월 힐튼의 기업공개 계획이 발표되었다.[98] 구조조정이 진행된 6년 동안 힐튼은 객실수 기준으로 IHG를 제치고 매리엇과 근소한 차이의 2위 브랜드사로 성장해 있었다. 자본 조달 구조와 관련해서는 185억 불의 선순위 대출 중에 53억 불이 상환되었고, 20억 불의 후순위 대출은 우선주 형태의 자기자본으로 전환되었으며, 블랙스톤이 인식한 자기자본 손실은 회복된 상태였다. 블랙스톤의 자기자본은 시장에서의 공모 가격에 따라 이익을 기대할 수 있는 상황이었다. 공모가 마감되면서 힐튼은 24억 불의 자본을 추가로 조달했고, 블랙스톤은 90억 불의 차익을 회계장부에 기록했다. 6년간의 구조조정 작업 1단계가 성공적으로 완료되었고, 블랙스톤은 곧바로 2단계에 착수했다.

2016년 2월 힐튼이 3개 법인으로 분할될 것이라는 보도 자료가 배포되었다.[99] 힐튼이 직접 소유하고 있는 호텔들을 파크 호텔 및 리조트라는 REIT로, 호텔과 속성이 다른 타임셰어를 힐튼 그랜드 베케이션Hilton Grand Vacation으로 분리하는 것이었고, 힐튼 월드와이드의 기존 주주들은 분리된 각 법인에 대하여 동일한 비율의 지분을 유지하는 조건이었다. 특히 파크의 경우 67개 호텔에 3만 5천여 실을 보유한

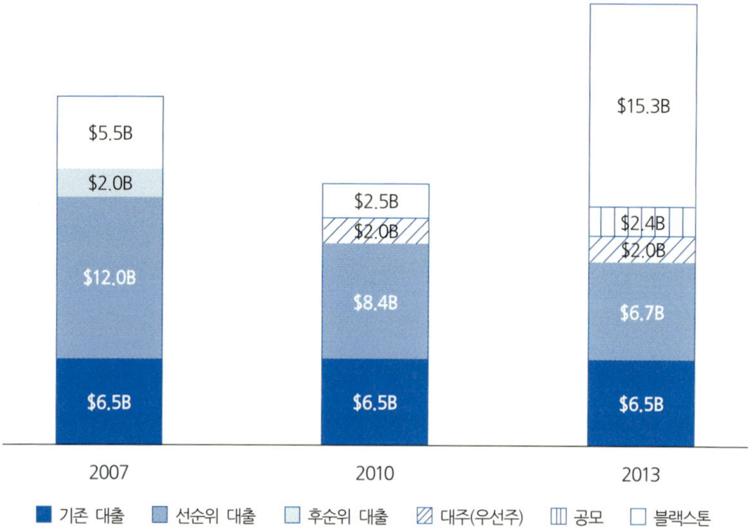

그림 57 **힐튼의 자금조달 구조**

2007년 인수 당시 55억 불이었던 블랙스톤의 자기 자본은 글로벌 금융위기 이후 2010년 27억 불까지 줄어들었다. 당시 후순위 대출의 우선주 전환과 선순위 대출의 상각을 통해 블랙스톤은 힐튼을 가까스로 지켜냈지만, 2013년 상장 시점에는 추가로 투입한 8억 불을 제외하더라도 90억 불에 이

100억 불 규모로 호텔 REIT 시장에 진입함과 동시에 호스트의 뒤를 이어 2위에 오르는 상황이었다.

이는 블랙스톤의 출구전략이 본격적으로 진행되기 시작했음을 의미했다. 호텔 자산 투자, 호텔 브랜드, 타임셰어는 전혀 다른 시간의 흐름과 자본비용을 갖는 사업 영역으로, 투자자에 따라서는 관심 있는 사업 이외의 부분이 투자를 가로막는 요인이 될 수 있었다. 즉 계열분리를 통해 투자자들에게 각자의 포트폴리오를 구성할 수 있는 유연성을 제공하여 유동화에 참여할 수 있는 투자자의 범위를 넓히려는 의도였던 것이다.

기업공개와 계열분리 이후 블랙스톤은 3개 법인에 대한 지분을 꾸준히 시장에 매각해왔는데, 기업공개 당시 77%였던 지분은 2016년 10월 40% 수준까지 줄어있었다. 2016년 10월 블랙스톤이 힐튼의 지분 25%를 중국의 하이난 항공에 매각하기로 했다는 사실이 발표되었다.[100] 해당 지분에 대한 계약 금액은 65억 불로 당시 시장에서 거래되는 가격보다 15%가 높았다. 위기를 맞기도 했던 이 거래는 중국 정부의 해외 투자 규제를 가까스로 피하면서 2017년 1분기에 완결되었다. 마침내 2018년 5월 블랙스톤은 힐튼에 남아있던 지분 6%를 처분하면서 힐튼에서 완전히 철수했다. 2007년 블랙스톤의 사모펀드가 투자한 55억 불의 자기자본은 여러 우여곡절을 겪기는 했지만, 11년에 걸쳐 195억 불로 블랙스톤에게 돌아왔다.

호텔 산업의 새로운 통합자

블랙스톤은 2006년부터 힐튼의 인수를 준비해왔다. 당시 존이 가장 먼저 주목했던 부분은 아직 힐튼 계열의 브랜드가 진출하지 않은 아시아와 유럽의 시장들이 많다는 것이었다. 즉 그에게 힐튼의 성장 잠재력이 너무도 확실했던 것이다. 또한 힐튼 인터내셔널과의 합병 이후, 조직이 제대로 정비되지 못하고 있는 상황 또한 그의 관심을 끌었다. 바꾸어 말하면, 비용을 절감하여 경영의 효율성을 확보할 수 있는 기회 또한 명확했다. 힐튼과 비교할 정도의 규모는 아니었지만 그는 이미 이러한 부분에서 성공적인 경험을 가지고 있었다.

힐튼의 인수가 완료되고 나서, 존에게 가장 시급했던 일은 그의 이러한 생각을 정확하게 이해하고 실행에 옮겨줄 조직을 만들어내는 것이었다. 이를 위해 존은 당시 미국 최대의 호텔 REIT 호스트의 최고경영자였던 크리스Chris Nassetta를 영입했고, 본사를 베벌리 힐즈에서 워싱턴 디씨 인근으로 옮겨왔다. 결과적으로 존의 판단은 적중한 셈이다. 힐튼의 기업공개가 있었던 2013년 객실수 기준으로 전세계 2위 브랜드사로 올라선 힐튼은 이듬해 결국 매리엇을 앞질렀기 때문이다.

블랙스톤이 인수하기 전의 힐튼은 사실 구조조정이 절박하게 필요한 상황이었다. 과거의 영광에서 깨어나지 못한 이들은 시장의 변화를 읽어내지 못했고, 가치사슬의 진화는 지지부진했다. 사실 호텔 브랜드의 생애주기 단계에 있어 힐튼의 모호한 가치사슬은 점점 임계점에 다가가는 중이었고, 시장은 이를 인지하고 있었다. 이는 힐튼을 자본시장으로부터 점점 고립시켜가는 중이었다.

힐튼의 본사에 자본시장의 시계가 걸리지 않았더라면 힐튼은 결국 나락으로 떨어질 수도 있었다. 블랙스톤을 통해 힐튼은 매리엇과 함께 호텔 산업의 양강 구도를 구축했다. 글로벌 브랜드로서 힐튼은 스타우드 인수를 통해 다시 왕좌를 탈환한 매리엇을 여전히 뒤쫓고 있으며, 호텔 REIT 시장에 새로 진입한 파크는 경쟁자들과 한참이나 거리를 둔 채 호스트를 향해 달려가고 있다.

자본시장은 치열하게 전개되는 힐튼과 매리엇의 점유율 전쟁에 주목하는 한편으로, 블랙스톤의 다음 여정 또한 유심히 지켜보는 중이다. 어떻게 보면 블랙스톤으로부터 뒤통수를 맞았다고도 볼 수 있는 미국 자본시장의 대표주자들은 여전히 투자 콘텐츠를 찾아 블랙스톤의 문을 두드리고 있다.

호텔 산업의 영역에서 블랙스톤은 이제 성장 동력을 잃어가는 호텔 REIT 시장에 정조준하는 것으로 보인다. 이들은 최근 중규모 호텔 REIT인 라살 호텔LaSalle Hotel Properties을 인수하고자 시도했고, 과거 그들이 안방보험에 매각했던 스트래터직을 다시 가져올 것이라는 소문이 월가를 떠돌고 있다. 일반 투자자들에게 우량한 호텔 자산에 대한 투자 기회를 제공해야 하는 호텔 REIT들은 사모펀드들에 비해 취약한 기동력과 강제적인 배당 조건에 의한 자본적지출의 한계 등으로 성장에 한계를 보여왔다. 그리고 이러한 상황을 타계하기 위해 누군가의 손길을 필요로 하는 것이 사실이다. 과연 블랙스톤이 정체된 호텔 REIT 시장에 그들의 생동감 넘치는 에너지를 주입할 수 있을지는 두고 볼 일이다.

PART 3

미 래

CHAPTER 06

호텔 산업에 남겨진 과제들

불확실성의 시대

신자유주의의 균열

> *지금 호텔 산업의 과제들은 모든 산업들의 공통된 과제이기도 하다. 그리고 호텔 산업은 이미 그 답을 가지고 있는 것 같다*

전광석화와 같이 전세계를 장악한 신자유주의 경제 체제는 성장이 정체되면서 파열음을 내기 시작했다. 그리고 그 최전선에 미국과 중국이 자리하고 있다. 1976년 시장경제를 도입한 중국은 1987년 개방정책을 기점으로 경제 규모를 급속도로 키워가기 시작했다. 그리고 1987년 GDP 규모 기준으로 세계 11위에 불과했던 중국은, 2010년 마침내 일본을 앞지르고 세계 2위의 경제 대국으로 성장하기에 이른다.

이 기간 중국 정부의 초점은 세계 최대의 인적자원에 대한 활용도를 끌어올리는 데에 있었다. 이를 위해 가장 먼저 교육제도를 전면적으로 개편하여 실용적 기술의 교육을 확대하고 일부 대학들을 집중적으로 육성했다. 그리고 IBRD의 차관을 도입하여 사회기반시설을 구축해가는 한편, 동부 연안을 중심으로 외국 기업들의 생산 기지를 적극적으로 유치해갔다. 이는 성장이 정체되던 산업구조의 재편을 필요로 했던 선진국가들, 특히 미국의 필요와 부합했고 자연스럽게 국가 간 분업체계로 이어졌다.

중국이 신자유주의라는 토양에서 성장한 것은 분명하지만, 중국이 완전히 개방된 자본주의를 표방한 적은 없다. 사실 중국은 시장을 개방하던 때부터 자본주의에 대한 경계태세를 일관되게 유지해왔을 뿐만 아니라 미국 달러의 패권을 정조준해왔던 것으로 보인다. 중국은 세계 최대의 소비시장인 미국을 업고 전세계를 '메이드 인 차이나'로 물들이는 한편으로, 미국 달러에 종속되지 않기 위한 다각도의 노력을 추진해왔다.

가장 직접적으로 산업의 성장을 따라 미국 국채를 포함한 미국 달러 보유량을 세계 최대 수준으로 늘려갔다. 그리고 아프리카 및 중남미의 국가들과 지속적인 협력 관계를 구축하여 천연자원들을 확보해갔다. 동시에 금 보유량을 늘려 자국의 산업을 미국 달러에 대한 환율 변동의 영향으로부터 보호하기 위한 조치들을 취했다. 마지막으로 '위안화 국제화'를 표방하며 위안화를 무역 결제 통화로 유도하는 한편, 아시아인프라투자은행AIIB 같은 경제협력기구를 창설하여 여기에 다른 국가들을 끌어들였다.

미국 달러의 패권에 대한 국제사회의 불만을 모르는 바가 아니었지만, 그에 대한 중국의 광범위한 도전이 표면화되는 것은 미국에게 불편할 수밖에 없는 상황이었다. 특히 가장 큰 부분은 미국이 그동안 공들여 쌓아온 신자유주의 경제체제에 대한 위협이었다. 위기감이 커져가던 상황에서 미국 우선주의를 앞세운 트럼프Donald Trump가 대통령으로 당선되자, 미국은 중국에 대한 거센 반격을 시작했다.

2018년 7월 6일 미국은 340억 불 규모의 중국산 수입품에 25%의 관세를 부과했고, 중국은 이에 대한 보복으로 340억 불 규모의 미국산 수입품에 25%의 관세를 부과했다. 이에 미국은 7월 10일 2,000억 불 규모의 중국산 수입품에 10%의 관세를 추가로 부과하겠다고 발표했고, 중국은 곧바로 600억 불 규모의 미국산 수입품에 관세를 추가로 부과하겠다고 대응했다. 그러자 미국은 앞서 발표한 10%의 추가 관세를 2019년부터 25%로 인상하겠다며 맞불을 놓았다.

현재 중국은 미국의 보복 행위에 대해 WTO에 제소하는 한편, 다른 국가들과의 공동 대응을 모색하고 있다. 그러나 중국에게 상황은 녹록치 않아 보인다. 무엇보다 전세계 경제의 패권을 두고 거대한 대외 전쟁을 벌이는데 있어 최근 불거지기 시작한 중국 내부의 문제들이 발목을 잡을 것으로 보인다.

사실 중국은 고도의 성장기를 거쳐 온 국가들이 겪게 되는 문제들에 봉착해 있다. 지금 중국은 소득의 양극화, 자산의 버블, 성장의 정체, 세대 간의 충돌 등 고성장의 부작용들을 극복해야 하는 상황에 있다. 또한 미국 달러의 패권에 정면으로 도전하기에는 대미 무역의 존도가 높고, 미국 달러의 위상은 너무도 확고하다. 명목상 신용화폐인 미국 달러는 사실 석유의 결제 통화로서 그 힘을 유지하고 있으며, 셰일Shale 원유는 미국을 세계 최대의 산유국으로 만들면서 입지를 더욱 강화시킬 것으로 보인다. 반면, 중국은 각고의 노력에도 불구하고 이에 대응할 수 있는 카드를 손에 넣지 못한 상황이다.

단일시장을 형성해가며 성장을 멈추지 않던 전세계 호텔 산업에 있어 가장 큰 불안 요인은 이처럼 파열음을 내기 시작하는 자유무역과 국가 간 분업체계라고 할 수 있다. 만약 자유무역과 이에 따른 국가 간 분업체계가 붕괴되기라도 한다면, 많은 호텔시장들이 수요의 기반을 새로 구축해야 하는 상황에 내몰리게 될 것이다.

이는 기존의 호텔 자산들이 운영의 방식은 물론 시설의 규모나 구성에 있어서도 재조정을 거쳐 가게 될 수 있음을 의미한다. 그러나 앞서 말한 바와 같이 호텔의 공급은 탄력적이지 않다. 여기에 요동치는 금리와 환율이 복합된다면 그간 호텔 산업에서 입지를 다져온 생산자들과 투자자들은 사면초가의 상황을 피하기 어렵게 될 것이다.

폭주하는 양극화

호텔 산업에 있어 자유무역과 국가 간 분업체계의 파열음은 성숙한 시장과 신흥 시장의 양극화가 심화되는 양상으로 나타날 가능성이 크다. 우선 두 강대국들의 충돌은 신흥 시장들의 불확실성을 증가시키면서 소비재로서의 호텔은 물론 투자 자산으로서의 호텔 전반에 대한 수요를 위축시킬 것이다. 이로 인해 신흥 시장의 호텔 자산 가치는 하락하게 될 가능성이 크다. 반면, 호텔에 대한 소비와 투자 수요가 상대적으로 안정적인 선진시장에 집중되면서 이 시장들의 자산 가치는 치솟게 될 것이다. 더군다나 선진시장의 늘어난 유동성을 흡수한 투자자들은 자산가치의 상승에도 불구하고 상대적으로 안정적인 자국 내에서 투자처를 찾으려 할 것이다.

한편, 시장의 양극화 속에서 규모의 경제와 자산 다각화를 통한 리스크 분산은 더욱 중요한 의미를 갖게 될 수 있다. 즉 포트폴리오 단위의 투자 트렌드가 지속될 뿐만 아니라 더욱 심화될 가능성이 큰 것이다. 다만, 시장의 유동성을 흡수하는데 있어 수많은 투자자들 사이에 불균형이 심화될 수 있고, 이는 각 투자자가 그동안 얼마나 시장의 신뢰를 쌓아왔는지에 따라 나뉘게 될 가능성이 크다. 바꾸어 말하면, 자본시장의 참여자들 사이에서 빈익빈 부익부 현상이 표면화될 수 있는 것이다.

사실 그동안 몸집을 불려온 투자자들이 시장의 신뢰를 얻을 수 있었던 가장 큰 요인은 가치에 대한 정확한 판단과 설령 오류가 있더라도 이를 흡수해낼 수 있는 '규모의 경제'였다. 따라서 투자자들에게 있어 앞으로의 초점은 상승하는 자산의 가격이 내재가치와 괴리되는 것을 효율적으로 통제하는 것과 여기에 효과적으로 대응할 수 있는 포트폴리오의 구축에 집중될 것이다.

상대적으로 시장에서의 존재감이 미미한 중 · 소규모 투자자들에게는 험난한 길이 예상된다. 이들은 자본의 조달이 원활하지 못할 것이기 때문에 개별 자산 단위의 거래에 주력할 수밖에 없다. 이러한 상황에서 대형 투자자들 틈을 비집고 들어가기 위해 안정적인 선진시장의 저평가 자산들에 공격적으로 매달리게 될 것이다. 즉 부실不實, Distressed 자산을 선점하기 위한 경쟁이 치열해질 수 있는 것이다. 이러한 부류에 속하는 자산에는 객실수가 적거나 식 · 음료 시설의 비중이 커서 적정 수준의 생산성을 확보하지 못한 호텔, 제때에 보수가 이루어지지 못해 대규모 자본적지출을 필요로 하는 호텔, 새로운 호텔을 신축하는 프로젝트 같은 경우가 포함될 수 있다.

그러나 기본적으로 높은 수준의 리스크가 수반되는 부실 자산들은 시장의 유동성을 흡수해내는데 있어 한계가 존재할 수밖에 없다. 따라서 중·소규모의 투자자들은 안정적인 선진시장의 자산을 확보하려는 해외 투자자들에게 더욱 적극적인 구애를 보낼 것이다.

투자자들의 투자 기간에 있어서도 양극화 현상이 뚜렷해질 것으로 예상된다. 여기에는 크게 두 가지 상충하는 원인이 작용하는데, 하나는 투자 수요가 선진시장의 우량한 자산에 집중되는 것이고, 다른 하나는 이로 인해 상승한 자산 가격이 일부 투자자들에게 진입장벽으로 작용하는 것이다. 자산의 가격이 가파르게 상승하는 반면, 자산이 창출해내는 현금흐름의 증가가 그에 미치지 못하는 경우라면 투자자의 단기적 수익률은 낮아질 수밖에 없다. 그러나 자산의 가격상승이 지속된다면 투자자는 차익을 통해 장기적인 수익률 상승을 기대할 수 있게 된다. 따라서 장기적인 차익의 실현을 추구하는 투자자들의 경우에는 투자 기간을 더욱 길게 가지고 갈 가능성이 크다. 다각화된 호텔 포트폴리오를 확보하고 있는 호텔 브랜드나 호텔 REIT같은 경우가 이러한 범주에 포함될 수 있다.

반면, 단기간의 현금흐름에 초점을 두는 투자자들의 경우 과세 부담이 덜한 5년 내에 자산의 가격 상승세를 타고 이익을 실현하고자 할 것이다. 호텔이 전체 투자 포트폴리오의 핵심적인 부분을 차지하지 않는 대형 연기금이나 보험사 같은 경우가 이러한 범주에 포함될 수 있다.

호텔 상품과 관련해서도 양극화가 나타날 것으로 예상되는데, 이 과정에서 공급의 비탄력성을 완화시킬 수 있는 다양한 방법들이 조명을 받게 될 수 있다. 우선 우량한 입지와 시설을 보유한 호텔들의 경우 소비되는 가격이 가파르게 상승할 가능성이 큰데, 이들에게 문제는 수요를 따라가지 못하는 용량이 될 것이다. 따라서 용량의 활용을 극대화하기 위해 유통채널들이 더욱 고도화될 것이다.

반면, 입지나 시설에 있어 경쟁력을 갖지 못한 호텔들은 변동성이 큰 수요로 인해 공급의 탄력성을 물리적으로 확보할 수 있는 방법을 필요로 할 것이다. 이를테면, 수요의 계절성에 따라 다양한 용도로 전용이 가능한 전천후 공간들이 각광을 받게 될 수 있다.

이러한 점에서 일본의 '잃어버린 20년'이 만들어낸 캡슐 호텔의 사례를 주의 깊게 살펴볼 필요가 있다. 캡슐 호텔은 한 사람이 겨우 누워 잠을 청할 수 있는 깊이 2m, 너비 1.25m, 높이 1m 크기의 조립식 캡슐을 공간이 허락하는 만큼 덧붙일 수 있어 협소한 공간에 많은 이

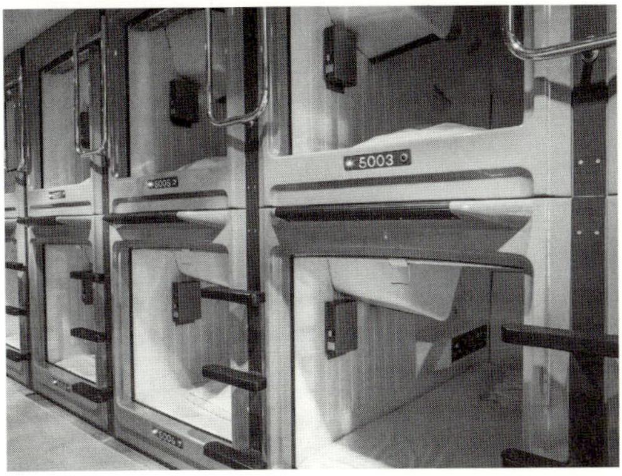

그림 58

도쿄의 캡슐 호텔 전경

교외에 거주하는 직장인들이 대중교통을 이용하지 못하게 된 시간에 퇴근하는 경우, 비싼 택시요금을 부담하지 않고 숙소를 해결하도록 시작되었다. 그러나 버블 붕괴로 교외 베드타운들이 쇠락하면서 도심부에 거주하는 저소득층의 대안 주택으로 각광을 받기 시작했다. [출처 : HostelWorld]

들이 투숙할 수 있는 호텔을 만들어낼 수 있었다. 적게는 50개의 캡슐로 이루어진 소규모 캡슐 호텔에서부터 700개에 이르는 캡슐로 이루어진 대형 캡슐 호텔에 이르기까지 공간이 허락하는 바에 따라 다양한 규모의 캡슐 호텔들이 만들어졌다.

이는 부동산의 가격이 이미 걷잡을 수 없이 오른 일본의 대도시들에서 저렴한 가격에 제공되었던 유일한 숙박시설로 시장의 즉각적인 호응을 얻었다.[101] 그러나 이처럼 극단적인 공간의 효율성에도 불구하고 캡슐 호텔은 일본 외에서 별다른 호응을 얻지 못했고, 부동산 가격이 임계점을 넘은 뉴욕 등의 고밀도 시장에 글로벌 금융 위기의 한파가 몰아쳤을 때 다소 완화된 형식으로 모습을 드러냈던 적이 있다.

버블 붕괴의 공포

눈부신 호황의 끝에는 항상 버블 붕괴의 위험이 도사리고 있다. 1637년 네덜란드의 튤립버블, 1929년 미국의 대공황, 1991년 시작된 일본의 잃어버린 20년, 2001년 미국의 벤처버블, 2009년 미국발 금융위기가 그 대표적인 사례들이라고 할 수 있다. 흥미로운 사실은 이들이 비슷한 패턴으로 반복되었다는 점이다. 가장 먼저 산업의 성장에 따른 생산과 소비의 증가로 전례 없는 호황이 오랜 기간 지속된다. 이는 유동성의 과잉으로 이어지고 자산의 가치가 이를 따라 가파르게 상승한다. 이러한 현상이 지속되면 자산의 가치에 대한 비이성적인 맹신이 사회 전반에 드리우며 집단적 광기의 형태를 보이기 시작한다.

이 시점이 되면 자산의 확보를 위한 노력은 투기의 성격으로 변질

되고 자산의 거래량이 폭발적으로 증가하면서 버블이 생성된다. 여기에 시장의 넘쳐나는 유동성이 공급되면서 대출이 자산가치의 성장속도를 초과하여 늘어나게 된다. 대체로 이 시기가 되면 임계점에 이른 산업의 성장은 정체되기 시작한다. 한편, 시장의 동향을 주시하던 정부는 뒤늦은 우려의 신호를 보내기 시작하면서 갑작스럽게 긴축으로 방향을 선회한다. 이는 금리인상이나 경우에 따라서는 인위적인 환율절상의 형태로 나타난다. 이렇게 되면 결국 시장이 얼어붙고 자산가치가 폭락하게 된다.

버블이 붕괴되고 나면 승자와 패자가 확연하게 가려진다. 사실 버블 붕괴가 참담한 이유는, 대체로 패자가 압도적인 다수를 차지한다는데 있다. 이는 급격한 소비의 위축으로 이어지고 산업 생산과 투자의 위축으로 확산된다. 그러나 정부는 어리석은 개인들의 실패를 직접적으로 책임지지 않는다. 대신 재분배의 메커니즘으로서 실패한 대마大馬에게 구제금융을 선별적으로 제공하거나 대규모의 공공사업을 추진해왔다.

물론 개인들의 비이성적 맹신이 불러온 결과를 정부가 직접적으로 책임지는 데에는 윤리적인 문제가 제기될 수 있다. 그러나 정부 또한 자본주의의 딜레마인 탐욕의 자유를 효과적으로 통제하지 못했다는 지적에서 자유로울 수는 없는 것이 사실이다. 시장의 유동성이 집단적 광기의 형태를 보이기 시작했을 때 이를 적절하게 분산시킴으로써 참사를 예방할 수 있었기 때문이다. 즉 정부는 특정 산업이나 자산군에 유동성이 과도하게 집중될 경우, 증세나 대출 규제를 통해 이를 인위적으로 억제하려는 것보다 다른 영역에서의 감세와 대출 완화를 통해 유동성을 분산시키는 방법 또한 고려해볼 필요가 있다.

미국발 금융위기가 전세계를 공포로 몰아넣고 10년이 지난 지금, 여러 곳에서 버블 붕괴에 대한 우려가 제기되고 있다. 지난 10년간 전세계 자산 가치는 기록적인 상승을 이어왔던 반면, 최근의 산업 생산은 곳곳에서 정체되는 기미를 보이기 시작했다. 한편, GDP 대비 부채 비율은 지난 고점이었던 2009년 수준을 넘어 전례 없는 수준을 기록하고 있다.[102] 즉 표면적으로만 보자면 자산 버블의 붕괴를 우려할만한 충분한 이유가 있는 셈이다. 이처럼 경험적으로 체득한 경계심은 투자자들을 시장의 조그만 움직임에도 예민하게 반응하도록 했고, 여기에 미국과 중국의 무역전쟁이 겹치면서 시장의 불안감이 더욱 증폭되고 있다. 동시에 버블 붕괴에 대한 전문가들의 경고 또한 잦아지고 있다.

오늘의 상황이 과연 자산 버블 상태인 것인지, 만약 그렇다면 자산 버블이 조만간 붕괴될 것인지에 대해서는 다양한 의견들이 존재할 수 있다. 개인적으로 그런 상황이 발생하지 않기를 바라지만 지금의 상황을 낙관적으로만 볼 근거도 확실하지 않은 듯하다. 분명 표면에 드러나는 온도의 차이가 존재하지만, 미국과 중국 정부의 대응은 공통적으로 긴축을 향하고 있기 때문이다.

따라서 투자자들에게는 지금이 과연 투자 포트폴리오가 버블 붕괴를 견뎌낼 수 있을 만큼의 체력을 가지고 있는지를 되돌아볼 시점이라고 할 수 있다. 예를 들어, 투자 자산이 어느 한 유형에 집중되어 있다면, 분산시키는 것을 진지하게 고려해볼 필요가 있을 것이다. 마침 시장이 보이는 예민한 반응과 이로 인해 늘어난 변동성은 투자 포트폴리오의 다각화에 있어 기회로 작용할 수 있다.

2015년 전세계 호텔 자산의 거래량은 945억 불에 달했고, 거래량이 줄어든 2016년에도 620억 불 규모를 유지했다. 2016년의 호텔 자산 거래에서 미주지역의 호텔들이 52%를 차지했고, 아시아-태평양 지역 호텔들은 14% 수준을 기록했다. 2016년 호텔 자산 거래의 67%는 자국 자본에 의한 투자였고, 중국을 포함한 아시아 투자자가 해외 자본에 의한 투자의 74%를 차지했다.

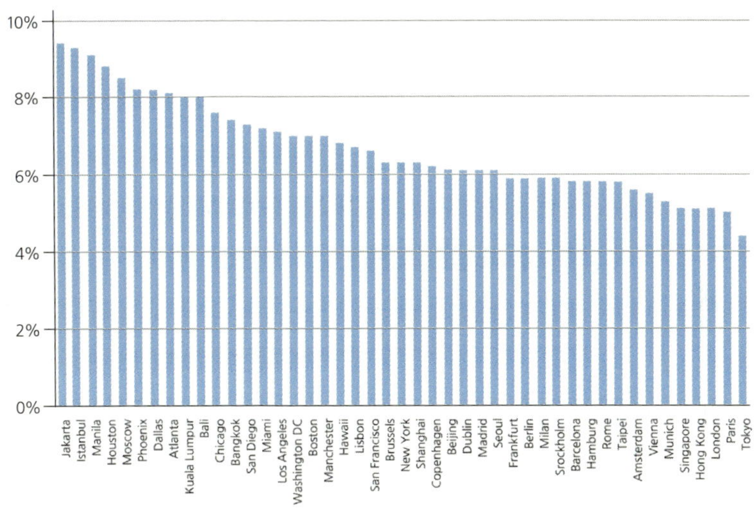

그림 59 세계 주요 도시의 호텔 자본환원율

2016년 말 기준으로 세계 주요 도시의 호텔 부동산 자산의 시장가치를 판단할 수 있는 자본환원율로, 자본환원율이 낮을수록 자산에 대한 투자수요가 많고 시장가치가 높게 형성된다. 즉 도쿄의 호텔은 동일한 수준의 현금흐름을 창출하는 자카르타의 호텔보다 2배가 넘는 시장가격에 거래된다고 할 수 있다. 물론 자본환원율이 높다고 해서 직접적으로 높은 수익률을 의미하지는 않으며, 시장의 금리와 과세의 수준에 따라 수익률이 역전될 수도 있다. [출처 : Hotels & Hospitality Group, "*Hotel Investor Sentiment Survey*", January 2017, JLL]

한편, 중국 정부의 해외 투자 규제가 본격화된 2017년에도 625억 불 수준의 거래량이 유지되었는데, 아시아-태평양 지역의 거래량이 대폭 늘었고, 미국의 경우 자국 자본에 의한 투자가 중국 자본의 빈 자리를 메웠다.[103] 이 통계의 시사점은 무엇보다 호텔 자산에 대한 직접투자 수요의 안정성이라고 할 수 있다.

오늘과 같은 불확실성의 시대에 호텔 자산에 대한 직접투자 수요가 안정적인 패턴을 유지할 수 있는 가장 큰 이유는, 선진시장들을 중심으로 구축된 호텔 자산 포트폴리오들이 이제 충분히 다각화되었고 규모의 경제 또한 확보했다는 데에서 찾을 수 있다. 이들은 불확실성이 증대되어가는 오늘의 상황에서 더욱 적극적으로 우량한 호텔 자산의 인수에 나서고 있다.

또다른 이유로는 여전히 견실한 성장세를 유지하고 있는 호텔 상품의 소비 동향을 들 수 있다. 세계 최대의 호텔시장인 미국에서는 시장 전체의 RevPAR가 2018년 8월까지 102개월 연속해서 상승했다. 대체로 호텔시장이 10년 주기로 저점과 고점이 반복되는 패턴을 유지해왔고 상승세가 대략 6~7년이 경과한 시점에서 꺾이기 시작했다는 사실을 감안하면, 지금의 소비 패턴은 업계의 일반적인 예상과는 전혀 다른 차원임에 분명하다.

마지막으로 생각해볼 수 있는 이유는, 과거 전문가의 영역에 머물러있던 호텔의 소비 패턴, 경영 성과, 투자 수익률 측정의 도구들이 보급된 데에 있다. 지금은 대부분의 국가에서 일률적인 원칙에 따라 계산된 객실 이용률, ADR, RevPAR 등의 통계는 물론 호텔 자산의 거래 동향, 거래 가격, 수익률 등에 대한 통계까지 공유되어 시장의 비

효율성이 상당부분 해소된 상황이라고 할 수 있다.[104]

오늘의 호텔 자산은 과거와 달리 자산 버블 붕괴의 위험을 완화시킬 수 있는 정교한 가치사슬을 구축해왔다. 이러한 점에서 호텔은 불확실성의 시대에 더욱 빛을 발할 수 있는 자산군이라고 할 수 있다. 물론 전세계의 모든 시장에 이러한 가치사슬이 구축되어 있는 것은 아니며, 성숙한 호텔시장과 자본시장을 보유한 선진시장에 국한하여 적용된다는 한계가 존재한다.

한편, 일반 투자자들이 자산 또는 자산 포트폴리오에 직접투자를 고려하는 데에도 분명한 한계가 존재한다. 이는 대규모의 자본을 필요로 하는 호텔 직접투자의 속성이 일반적인 개인의 자본 조달 능력과 부합하지 않으며 여전히 호텔 산업의 가치사슬에 대한 정보 비대칭이 존재하는 데에 기인한다. 그러나 이미 선진시장의 우량한 포트폴리오들이 대부분 간접투자 플랫폼들을 통해 투자 상품으로 제공되고 있어 투자자의 의지 여하에 따라서는 얼마든지 진입할 수 있는 창구가 존재한다.

좌충우돌하는 시장

왜곡된 가치사슬

한류 열풍이 절정에 이르렀던 2012년 시행된 「관광숙박시설 확충을 위한 특별법」은 많은 이들을 호텔 투자의 영역으로 끌어들였다.

물론 새로운 투자 기회를 물색하던 여러 기관 투자자들 또한 다양한 채널을 통해 이 물결에 몸을 실었다. 그러나 새로운 투자처였던 호텔은 빠르게 늘어가는 관심을 온전히 수용해낼 수 있는 투자의 관행을 가지고 있지 못했다. 결국 대부분의 투자자들은 임대를 전제로 한 일반적인 상업용 부동산의 관행을 따라 접근할 수밖에 없었다.

특히 당시 기관 투자자들에게 가장 일반적으로 활용되던 부동산펀드는 호텔과 같은 새로운 유형의 자산을 담아낼 세부적 기준이 미비했기 때문에 법률적 리스크를 회피하는 유일한 방법이기도 했다.[105] 결국 투자자들의 초점은 여느 부동산 개발 프로젝트와 마찬가지로 개발 원가와 공사기간을 제어하는데 집중되었다. 반면, 호텔의 운영과 관련된 부분은 전적으로 임차인의 몫으로 남겨졌고, 투자자들은 우량한 임차인이 최소 임대료를 보장하는 임대차계약 사냥에 나섰다.

이 책을 구상하기 시작했던 2016년 무렵에는 이러한 관행이 호텔 산업의 가치사슬을 왜곡하는 징후들로 나타나기 시작했다. 오늘날 보편적인 호텔 산업의 가치사슬에서 운영사는 서비스의 생산자이자 가치사슬의 통합자로서 역할을 수행해야 한다. 즉 가치사슬의 안정성을 유지할 수 있는 재무건전성은 물론 투자자와 소비자의 접점으로서 우량한 유통체계를 보유해야 하는 것이다.

그러나 투자자들의 관심은 보장하는 최소 임대료를 지급할 수 있는 재무건전성에 집중되었고, 유통체계에 대한 판단은 당연한 듯이 간과되었다. 그러나 유통체계를 제대로 갖추지 못한 운영사들은 창출하는 현금흐름이 제한적이며 이마저도 커다란 변동성을 보인다는 한계를 갖는다. 그러다보니 임차인들은 생산자로서의 지급능력 문제를 빈번하게 겪게 되고, 결국 창출되는 현금흐름에 대한 지분을 과도하게 가져감으로써 이를 해소하고자 하는 경향을 보인다.

이러한 구조는 자산에서 창출되는 현금흐름 자체가 제한적인데다가 이에 대한 투자자의 지분마저 제한시켜 결국 상업용 부동산으로서의 자산가치가 줄어들게 된다. 여기에 늘어난 변동성까지 더해지면 자산 가치는 더욱 하락할 수밖에 없다. 즉 최악의 경우를 대비한 안전장치가 최상의 결과를 가로막는 장애물로 작용하는 것이다.

또다른 문제는 투자자가 임차인의 실패에 대응할 방법이 마땅치 않다는데 있다. 즉 호텔은 업무시설 같은 부동산과는 달리 한 임차인이 실패하더라도 다른 임차인을 곧바로 들일 수 있을 만큼의 범용성汎用性, Generality을 가지고 있지 않다. 사실 우량한 재무구조를 보유한 국내 호텔업체로 임차인을 제한하고 나면 우리나라에는 결국 몇몇 대기업 계열사들밖에 남지 않는다.

이 부분은 우리나라에서 대규모 상업시설에 대한 투자가 어려운 이유이기도 하다. 차이점은 내국인 수요 기반의 상업시설이 대기업 계열의 유통업체를 통해 현금흐름을 극대화할 수 있는 반면, 외국인 수요 기반의 호텔은 그렇지 않다는 것이다. 결국 가치사슬의 문제는 다시 자산가치의 문제로 귀결된다고 할 수 있다.

결과적으로 호텔의 자산가치를 극대화하는데 있어 유통체계를 떼어놓고 생각할 수 없는 셈인데, 이러한 점에서 전세계에 호텔 포트폴리오와 충성고객군을 구축한 글로벌 브랜드들은 확연한 경쟁우위를 가지고 있다. 다만, 글로벌 브랜드들의 경우 극소수의 예외를 제외하면 호텔 자산을 직접 임차하는 경우가 없다. 글로벌 호텔 브랜드로 통칭되는 이들에게 보편적인 계약의 형태는 위탁 운영으로, 본질은 서비스의 생산과 상품의 유통을 소유주로부터 위탁받아 대행하면서 창출되는 매출에 비례하여 수수료를 받는 것이다.

그러나 위탁 운영계약은 호텔에 대한 재무적 투자가 활성화되지 않은 시장에서 종종 갈등의 요인이 되기도 한다. 이유는 어떠한 재무적 · 법률적 책임을 부담하지 않는 위탁 운영사가 자산과 운영을 전적으로 통제한다는데 있다. 이에 대해서는 투자자가 의사결정 시점에 위탁 운영계약을 통하여 글로벌 브랜드를 도입할 것인지의 여부를 투자의 목적에 비추어 판단하는 수밖에 없다.

재무적 투자자들에게 있어서도 위탁 운영계약은 세심한 주의를 필요로 하는 부분이다. 자산과 운영을 전적으로 통제하는 위탁 운영사와 재무적 이익만을 취하는 투자자는 다른 동기를 가지고 있기 때문이다. 위탁 운영사는 수수료를 극대화하기 위해 매출을 극대화하는데 초점을 두는 반면, 투자자는 이익의 극대화를 위해 최종적인 현금흐름의 극대화에 초점을 둔다. 즉 경우에 따라서는 위탁 운영사가 매출의 극대화를 위해 투자자에게 과다한 비용을 부담시키게 될 수 있는 것이다. 따라서 위탁 운영계약과 관련하여 재무적 투자자에게 가장 중요한 부분은 위탁 운영사의 전반적인 재무관리를 통제할 수 있는 메커니즘을 확보하는데 있다. 바꾸어 말하면, 투자자에게 있어 위탁 운영계약의 협상에 숨겨진 치명적인 함정은 드러난 독소 조항이 아니라 누락된 조항에 있는 셈이다.

한편, 현금흐름의 극대화에 있어 경쟁우위를 갖는 글로벌 브랜드들이 직접 임차를 하지 않는 관행은 부동산펀드를 통해 호텔에 투자하려던 재무적 투자자들에게 구조적인 문제를 발생시켰다. 호텔이 영업을 하기 위해 누군가는 호텔업 등록을 하고 임·직원들을 고용해야 한다. 그러나 운용의 방법이 임대로 제한되었던 시기에 부동산펀드는 호텔업 등록의 주체가 될 수 없었고, 대부분 외국 법인인 글로벌 브랜드들 또한 하나의 호텔을 위해 별도의 국내 법인을 설립하여 리스크와 수고로움을 부담할 동기가 없었다.

결국 부동산펀드가 글로벌 브랜드를 도입하기 위해서는 글로벌 브랜드와의 사이에 제 3의 임차인이 개입되는 수밖에 없었다. 이러한 상황에서 우리나라의 기관 투자자들은 글로벌 브랜드를 포기하고 국내의 호텔업체와 임대차계약을 체결하는 쪽과, 가치사슬이 복잡해지는 것을 감수하면서라도 제 3의 임차인을 통해 글로벌 브랜드를 도입하는 쪽으로 나뉘었다.

미국의 호텔 산업은 이러한 점에서 다른 시장들이 갖지 못한 강력한 가치사슬을 형성하고 있다. 우선 미국의 호텔 임·직원들은 위탁운영사인 글로벌 브랜드 소속으로 필요한 경우 해당 브랜드가 위탁운영하는 다른 호텔들에 자유롭게 재배치할 수 있다.[106] 이는 대부분의 글로벌 브랜드들이 미국 법인으로서 이미 본사를 미국에 두고 있기에 가능한 일이다. 그리고 단일 법제가 적용되는 세계 최대의 호텔시장으로서 충분한 규모의 경제를 확보할 수 있다는 점 또한 중요한 이유로 작용했다. 즉 서로 다른 호황과 불황의 주기를 보이는 다양한 시장들에 고용 등과 관련하여 동일한 법제가 적용되는 다수의 호텔들을 확보하고 있는 것이다.

이 부분은 단일통화를 사용하게 된 유럽연합의 수많은 호텔시장들이 실질적인 단일시장으로 자리 잡아가는데 있어 어려움을 겪는 이유라고 할 수 있다. 그리고 미국의 호텔 산업이 전세계의 호텔 투자자들을 흡수하며 세계 최대의 호텔시장으로 성장할 수 있었던 중요한 이유이기도 하다.

융합형 상품의 함정

피케티Thomas Piketty는 역사적으로 자본수익률이 경제성장률을 앞질러왔다는 사실이 소득 불균형의 근원이라고 밝힌 바 있다. 이는 사실 급격한 성장이 지속되던 산업화의 시기에 표면으로 드러나지 않다가, 성장이 정체되기 시작한 최근에 들어서야 보편적으로 인지되기 시작했다. 이유는 자산의 보유를 통해 얻게 되는 자산소득이 일정한 수준의 성장률을 꾸준히 유지해왔던 반면, 사업소득과 근로소득은 변화의 소용돌이 속에서 부침을 거듭해왔다는데 있다.

이러한 소득 불균형은 다양한 양상으로 나타나고 있으며 다양한 각도에서 설명될 수 있다. 우선 상대적으로 풍부한 자산을 축적해온 선진 국가들의 경우 GDP에서 자산소득의 비중이 높게 나타나는 반면, 산업화의 물결에 합류하지 못했던 국가들은 아직 많은 부분을 사업소득이나 근로소득에 의존하고 있다. 즉 소득의 불균형이 국가 간 경제력의 양극화로 나타나는 것이다. 고도의 성장기를 지나오며 비교적 안정적인 자산의 기반을 확보한 기성세대들에게서는 자산소득의 비중이 높게 나타나는 반면, 충분한 자산을 확보하지 못했거나 물려받지 못한 젊은 세대들은 사업소득이나 근로소득에 의존할 수밖에 없다. 즉 소득의 불균형이 세대 간 소득 격차의 양상을 보이기도 하는 것이다. 또한 소득의 불균형은 지역 불균형의 양상으로 나타나기도 한다. 이를테면, 인구가 밀집한 대도시 지역과 그렇지 않은 농어촌 지역의 사업소득과 근로소득 격차가 확대되면서 지역 간 자산가치의 양극화로 확대되는 것이다.

우리가 인지하지 못하는 사이에 뿌리를 깊게 내린 소득 불균형은 라이프스타일과 소비 패턴을 국가, 세대, 지역 등에 따라 수많은 조각들로 분할했다. 가장 확연한 차이는 산업화의 고성장을 경험한 이들과 그렇지 않은 이들에게서 두드러진다. 우선 고성장 시기를 살아온 이들은 대체로 현업에서 은퇴하여 그동안 구축한 안정적인 자산의 기반으로부터의 자산소득과 함께 아직은 재원이 풍족한 연금의 혜택을 누리고 있다. 이들은 누구보다 두터운 구매력을 보유하고 있지만, 빈곤했던 시절의 트라우마 또한 동시에 남아있다.

반면, IMF 구제금융과 글로벌 금융위기 같은 고성장의 후폭풍 속에서 자라온 이들은 대체로 현업에 이제 막 진출하여 불확실한 미래보다 현재의 삶에 충실하려는 모습을 보인다. 이들의 소비 패턴은 '가심비'나 '소확행' 같은 신조어를 만들어내기도 했는데, 대체로 고성장의 후폭풍에 대한 피해 의식과 미래에 대한 두려움이 기저에 깔려있다.

그러나 이미 심각해 보이는 소득 불균형은 앞으로 더욱 심화될 수 있을 것으로 보인다. 정체되는 산업의 성장은 자산소득의 중요성을 더욱 증가시킬 것이고, 평균 수명의 연장과 저출산으로 인한 인구의 노령화는 자산의 이동과 순환을 더욱 어렵게 만들 것이기 때문이다. 고성장의 시기를 살아왔던 이들은 제한된 소득으로 늘어난 수명을 살아가기 위해 소비를 줄이게 될 수 있다. 다만, 정보의 바다 속에서 이들에게 합리적인 소비의 기준으로 작용했던 브랜드의 위상은 더욱 강화될 것이다.

저성장의 시기를 살아온 이들은 전통적 자산의 확보를 포기하는 대신 새로운 유형의 자산에 열광하거나 특정 영역에서 극단적 과소비의 양상을 보일 수 있다. 그러나 이는 고성장과 다른 유형의 후폭풍을 초래하게 될 수 있다. 이 과정에서 모험을 감수하는 이들의 자산이 이미 자산의 기반을 구축한 이들에게 이전될 수 있고 극단적 과소비 또한 소득이 특정한 영역에 집중되는 현상을 불러올 수 있기 때문이다.

한편, 파편화된 소비의 패턴은 다양한 융합형融合型, Convergent 상품을 등장시켰다. 생산자의 입장에서 다양해진 수요를 흡수하기 위해서는 어느 한 소비자군을 완벽하게 만족시키기보다 다양한 소비자군을 적당한 수준에서 만족시키는 것이 자원의 활용을 극대화할 수 있는 방법이라고 판단했을 것이다. 가장 쉽게 생각할 수 있는 스마트폰에서부터 휠체어가 탑재된 전천후 병상에 이르기까지 광범위한 영역에서 다양한 융합형 상품들이 쏟아져 나오고 있다. 호텔 산업에서 나타난 융합형 상품의 사례 중 하나가 '듀얼브랜드' 호텔이라고 할 수 있다.

비교적 최근에 개관한 '코트야드 – 레지던스인 센트럴파크'는 듀얼브랜드 호텔의 대표적인 사례라고 할 수 있다. 이스라엘 태생의 이민자 그로스Harry Gross는 의류업으로 미국에 안착하여 2001년 타임즈 스퀘어와 콜럼버스 서클 사이에 위치한 900㎡의 부지를 3,200만 불에 인수했다. 그러나 협소한 규모로 개발의 규모가 제한적이었던 반면, 인·허가와 건설에 소요될 비용은 만만치 않은 상황이었다. 그로스는 수년에 걸쳐 주변의 미사용 개발 한도들을 사들임으로써 협소한 부지의 제약을 해결해 갔다. 그리고 8년이 지난 2009년이 되어서야 마침내 600실 규모의 호텔을 건립할 수 있는 허가와 대출을 받아내는데 성공한다.

그러나 글로벌 금융위기의 여진이 남아있는 상황에서 그 진원지였던 뉴욕의 한복판에 대규모의 호텔을 신축하는 것은 조심스러울 수밖에 없는 일이었다. 일반적으로 600실 규모의 호텔이 정상적으로 운영되기 위해서는 대규모의 연회장과 식·음료 시설이 필요하다는 것이 업계의 통념이었다. 그러나 뉴욕에서는 연회나 식·음료 시설이 호텔의 생산성을 감소시키는 대표적인 요인이었다. 그가 찾아낸 방법은 서로 다른 수요를 대상으로 하는 두 개의 호텔을 하나의 건물에 두는 것이었다. 하나는 단기체류 수요를 대상으로 제한된 식·음료를 제공하는 코트야드였고, 다른 하나는 장기체류 수요를 대상으로 객실 내에서 간단한 취사 설비를 제공하는 레지던스인이었다. 마침내 2014년 뉴욕 중심부에 378실의 코트야드와 261실의 레지던스인으로 이루어진 이 듀얼브랜드 호텔이 개관했다.

융합형 호텔 상품의 또다른 사례로 생각해볼 수 있는 것이 우리나라의 '분양형 호텔'이다. 얼마 전까지 일반 투자자들에게 뜨거운 관심을 받던 분양형 호텔은 많은 문제들을 노출하며 관심을 잃은 듯 보인다. 분양형 호텔은 아파트 같은 공동주택처럼 객실의 소유권을 분할하면서 이들을 하나의 호텔로 운영하여 창출한 현금흐름을 분배하는 상품을 의미한다. 물론 개발업자의 입장에서 자본의 조달과 이익의 실현 과정에서의 병목을 해소하고자 하는 의도가 출발점이었을 것이다.

그림 60 **듀얼브랜드 호텔**

68층으로 북미지역 최고층의 호텔인 '코트야드 – 레지던스인 맨해턴 센트럴파크' 전경
[출처 : CNN]

동기를 차치하더라도 결과적으로 비효율적 시장에만 머무르던 호텔 상품을 불특정 다수의 개인들이 투자할 수 있는 상품으로 만들어 낼 수도 있었다는 점에서 분명 혁신적 측면이 존재한다. 또한 소비자와 투자자의 개념을 융합하여 평행한 호텔시장과 자본시장의 접점을 만들어낼 수도 있었다는 데서 또다른 혁신적 측면을 가지고 있다.

분양형 호텔의 문제가 불거지기 시작한 데에는 호텔 상품의 근본적인 속성이 왜곡되면서 불완전한 상품이 되었다는데 있다. 우선 분양형 호텔의 객실을 분양받는 것은 잘 만들어진 호텔의 일부를 소유하게 되는 것이 아니라, 경쟁하는 수많은 객실들과 일부 시설을 공유하는 객실 하나를 소유하게 되는 것이다. 예를 들어, 300실로 구성된 호텔에서 1803호를 분양받았다고 하면 이 객실은 나머지 299실과 경쟁 관계에 놓인다. 이렇게 되면 호텔 전체의 운영 실적 지표가 의미를 갖지 못한다. 호텔 전체의 객실 이용률이나 ADR이 1803호의 실적을 의미하지 않기 때문이다. 경우에 따라서는 1803호에서 창출된 현금흐름이 300개의 객실에 할당된 운영비용을 감당하지 못하게 될 수도 있는 것이다.

따라서 개별 객실의 과거 운영실적이 존재하지 않는 상황에서는 현금흐름이 객실별로 추정되어 자산의 가치가 개별적으로 판단되어야 한다. 물론 최근에는 이를 보완하기 위해 호텔에서 창출된 현금흐름을 수분양자들에게 일률적으로 분배하는 경우도 있다. 그러나 이러한 경우는 반대로 다른 객실들에 비해 월등한 실적을 보이는 객실의 소유주에게 불공정한 구조가 되는 셈이며, 이로 인한 이해상충이 표면화될 가능성이 상존한다.[107] 마지막으로, 분양형 호텔의 경우 자본적지출이나 운전자본의 조달에 모든 객실의 소유주들이 원만하게 합의할 가능성이 높지 않다. 실제로 이 부분은 분양형 호텔의 원형이라고 할 수 있는 미국의 콘도 호텔들이 시장에서 사라져간 가장 큰 이유이기도 했다.

호텔 산업의 다양한 영역들에서는 여전히 다양한 창의적 시도들이 진행되고 있다. 그러나 이들의 성패는 호텔 상품과 호텔 산업의 가치사슬이 갖는 근본적인 속성에 얼마나 충실할 수 있을 것인지에 달려있을 것으로 생각된다. 이러한 점에서 앞서 예로 든 듀얼브랜드 호텔은 성공적인 사례가 될 가능성이 높다. 반면, 분양형 호텔은 바람직하지 않은 상황으로 귀결될 가능성이 높아 보인다. 다만, 분양형 호텔이 만들어낸 문제가 튤립버블의 경우와 같이 과도한 사회적 비용의 지출로 이어지지 않기 위해서는 전문 투자자가 개입하여 망가진 가치사슬을 호텔 상품의 속성에 맞추어 재설정할 필요가 있을 것으로 생각된다.

위워크와 에어비앤비

유통의 본질은 불균형적으로 존재하는 제한된 자원을 효율적으로 배분하기 위해 사회적 합의에 따라 제도화된 규칙이라고 할 수 있다. 즉 사회 구성원들의 필요에 따라 정확하게 설계된 유통체계는 자원의 불균형 문제를 많은 부분 해결해낼 수 있는 것이다. 이러한 점에서 생산을 통해 소비자의 욕구를 충족시켜가는 산업의 본질 또한 많은 부분을 유통에 두고 있는 셈이기도 하다. 유통의 중요성은 생산자에 따른 품질의 차이가 크지 않은 상품이 대량으로 생산되거나 대체재가 존재하지 않는 상품을 다수의 소비자들이 나누어 쓰게 되는 상품에서 더욱 두드러지게 나타난다. 금속이나 곡물 같은 원자재原資材, Commodity가 전자에 해당되고, 부동산은 후자의 대표적인 사례라고 할 수 있다.

역사를 보면, 인류는 유통체계를 최적화하는데 탁월한 역량을 보여 왔다. 물론 모든 이들이 동시에 완벽하게 만족했던 것은 아니었지만 비교적 다수가 그런대로 만족할 수 있는 방법들을 발전시켜왔다. 그러나 유통체계가 사회 전반의 도전을 받게 되는 경우들도 있었는데, 대체로 소비자들의 보편적인 욕구 변화로 기존의 유통체계가 더 이상 자원을 효율적으로 배분할 수 없게 되었을 때였다. 이러한 경우에도 인류는 변화한 소비자의 욕구에 따라 유통체계를 진화시켜 문제들을 해결해왔다.

소득의 불균형 심화로 라이프스타일과 소비의 패턴이 파편화된 오늘날에도 사실 유통체계의 혁신을 통해 많은 문제들이 해결될 수 있다. 여기에서는 두 가지 사례를 통해 새로운 유통체계가 어떠한 방식으로 오늘날 산적한 문제들을 풀어낼 수 있으며, 또 어떠한 함정들을 주의해야 하는지에 대해 살펴보고자 한다. 부동산에 있어 이러한 유통체계의 변화를 이끌어낸 '위워크'와 호텔의 유통체계에 있어 혁신의 가능성을 보여준 '에어비앤비'는 앞으로의 유통체계에 대한 시사점을 제공하는 대표적인 사례들이라 할 수 있다.

먼저 위워크는 뉴먼Adam Neumann과 맥켈비Miguel McKelvey가 2010년 뉴욕 소호의 빈 사무실을 임대하여 시작한 공유오피스로 현재 23개국 77개 도시에서 280여 곳의 공유 오피스를 운영하고 있다. 공유 오피스는 기존의 임대 오피스와 달리 기업을 대상으로 구획된 업무공간을 제공하는 것이 아니라, 개인들이 개방된 사무실의 비어있는 좌석을 자유롭게 사용할 수 있도록 제공한다.

창업 당시에는 글로벌 금융위기의 여파로 뉴욕의 업무시설들의 공실空室, Vacancy이 크게 늘어난 상황이었고, 많은 이들이 프리랜서로 활동하거나 창업을 준비하고 있었다. 위워크의 목적은 이러한 개인들을 대상으로 비용의 부담이 적은 업무 공간을 제공하는 것이었다. 또한 이들은 2011년 펩시와 협력하여 창업보육 프로그램 '위워크 랩스'를 도입했는데, 이를 통해 몇몇 입주사들이 성공적으로 시장에 안착하면서 스타트업의 요람으로 각광받기 시작했다.

전통적인 업무시설은 기업에 정해진 면적의 공간을 장기간 임대하는 것이 일반적이었다. 대부분 고정된 임대료가 정해진 비율에 따라 인상되는 구조였기 때문에, 투자자의 입장에서는 안정적인 이익을 확보할 수 있었고 많은 투자자들에게 선호도가 높은 자산이었다. 이러

그림 61

위워크의 개방형 오피스

좌석이 고정되지 않은 개방형 오피스 공간은 물론 전통적인 임대 오피스들과 유사한 방식으로, 구획된 공간을 임대하기도 하면서 유통의 방식에 있어 뛰어난 유연성을 보이고 있다. [출처: WeWork]

한 부동산의 유통 방식에 있어 가장 큰 리스크는 임대가 되지 않고 비워진 채로 남아있는 공간이라고 할 수 있다. 이는 산업의 생산이 활발한 호황기에 표면으로 드러나지 않다가 글로벌 금융위기 이후 기업 경기가 얼어붙으면서 한꺼번에 나타나기 시작했다. 그러나 대부분의 업무시설들은 전통적인 유통의 방식을 고집하며 여기에 효과적으로 대응하지 못했다.

위워크는 이러한 전통적인 유통의 방식에 정면으로 도전했다. 부동산을 면적 단위로 장기간 임대하는 것이 아니라, 부동산이 만들어내는 용량을 시간에 따라 변화하는 수요에 따라 할당하는 것이었다. 오히려 이러한 방식은 제한된 좌석을 다양한 규모의 소비자들에게 시간 단위로 쪼개어 판매하는 레스토랑의 운영과 유사한 측면을 가지고 있다. 즉 흙을 잘 다져서 정해진 부피 안에 더 많은 질량의 흙을 집어넣는 것과 같다고 할 수 있다. 이처럼 파격적인 유통의 방식이 빠르게 자리 잡을 수 있었던 이유는, 업무를 위한 장소와 공간의 대여라는 임대오피스의 가치 제안이 손상되지 않고 일관되게 유지되었다는데 있다. 그리고 이처럼 가치 제안이 유지될 수 있었던 것은 위워크가 소비자를 위한 가치의 생산자인 동시에 상품을 직접 유통하기 위한 유통체계를 구축하여 보유함으로써 유통되는 상품을 직접 통제할 수 있었던 데서 이유를 찾을 수 있다.

한편, 최근 호텔의 유통체계를 얘기할 때 에어비앤비가 빠지지 않고 등장한다. 에어비앤비는 산업디자이너였던 대학 동창생 체스키Brian Chesky와 개비어Joe Gebbia가 샌프란시스코에서 2008년 창업한 이래, 현재 전세계 191개국 8만 여개 도시에서 5백만 여개 공간에 대한 장·단기 임대를 중개하는 플랫폼으로 성장했다. 특히 합리적인 가격으로 휴가를 보내려는 이들이 에어비앤비를 통해 숙소를 구하게 되면서 가파른 성장세를 보이기 시작했다.

에어비앤비는 최근 전통적인 호텔 유통채널들로부터 다양한 도전을 받고 있기도 하다. 분명 에어비앤비는 브랜드들과 OTA들의 등골을 오싹하게 할 만큼 위협적인 시도였음에는 분명하다. 이들은 기존의 유통체계가 취급하지 않던 영역까지 호텔 상품의 범위를 확장시킴으로써 범용화의 문제에 정면으로 도전했다. 그리고 투자라는 형식을 통하지 않고서도 소비자를 생산자의 영역으로 끌어들임으로써 호텔 산업의 진입장벽을 허물고자 했다.

그러나 에어비앤비를 호텔의 유통채널로 보기에는 근본적인 문제가 있다. 이들이 유통하는 상품은 장소와 공간을 제공하지만, 서비스와 시간이라는 호텔 상품의 근원적인 속성이 배제되어 있기 때문이다. 물론 단기 임대를 목적으로 유통되는 장소와 공간이기 때문에 언뜻 호텔과 유사한 성격으로 보일 수 있지만, 지속적으로 반복하여 생

그림 62

에어비앤비와 만리장성

에어비앤비는 2018년 8월 중국 만리장성에서의 1박에 대한 응모를 추진했으나, 중국 정부의 규제로 인해 취소한 바 있다. [출처 : CNBC]

산되는 용량이 아니라는 점에서 분명한 차이가 존재한다.

예를 들어, 에어비앤비에서는 5월 9일의 1803호가 유통되지만, 8월 15일의 1803호라는 상품은 존재하지 않을 수 있다. 또한 2017년 5월 9일의 1803호가 유통되지만, 2018년 5월 9일의 1803호라는 상품은 존재하지 않을 수 있다. 그리고 2017년 5월 9일의 1803호와 1503호는 동일한 용량의 일부가 아니라 경쟁 관계에 있는 다른 상품들이 된다. 바꾸어 말하면, 호텔 상품을 구성하는 요소들을 해체하여 각각 따로 유통하면서 상품의 실체가 사라진 유통채널만이 남게 되는 것이다.

위워크와 비교하여 에어비앤비가 가장 다른 점은 상품을 유통하는 주체가 상품에 대한 통제를 전혀 확보하고 있지 못하며, 이로 인해 상품의 근원적인 가치 제안을 유지할 수 없다는 것이다. 이유는 유통하는 상품이 호텔이 아닌 호텔을 구성하는 개별적인 요소들이기 때문이다. 이처럼 호텔 상품의 요건을 충족하지 못한 상품이 호텔과 유사한 방식으로 유통되면서 일부 생산자들이 근대 이전부터 존재해온 호텔 생산자로서의 의무를 부담하지 않는 경우가 빈번해졌다.[108]

실제로 에어비앤비에서 유통되는 상품들에서 종종 사회적 관습과 맞지 않는 일들이 발생하고 있음에도 이를 통제할 방법은 마땅치 않다. 상황이 이렇다보니 에어비앤비는 출범 10년이 넘은 지금 호텔 산업과의 직접적인 영향 관계가 존재하지 않는 별개의 시장을 형성한 것으로 보인다.[109] 그러나 에어비앤비가 호텔과 유사한 성격의 상품을 지속적으로 유통하기 위해서는, 결국 유통하는 상품의 가치 제안을 명확하게 규정하고 상품에 대한 적절한 수준의 통제를 확보할 필요가 있어 보인다.

새로운 기술, 관점의 충돌

인공지능

2016년 3월 우리는 격변하는 세상이 불러올 미래의 모습을 어렴풋하게나마 목도했다. 사실 결과를 눈앞에서 직접 지켜보기 전까지만 하더라도 이세돌 9단과 인공지능人工知能, Artificial Intelligence의 대국에서 인공지능 '알파고'의 우세를 예측한 이들은 많지 않았다. 그러나 뚜껑을 열고 보니, 결과는 예측을 빗나갔고 멀게만 느껴지던 공상과학 영화의 장면들이 불현듯 현실로 다가왔다. 이제는 어떤 익숙하지 않은 생각들도 가볍게 웃어넘기기 힘든 세상이 되었고, 미래는 희망의 상징인 동시에 두려움의 대상이 되기도 했다. 그리고 이 사건은 아직 명확하게 손에 잡히지 않는 4차 산업혁명이라는 거대한 물결을 진지하게 들여다보도록 만든 결정적인 계기가 되었다.

알파고처럼 특정한 기능만을 수행하도록 프로그래밍된 경우를 협의狹義, Narrow Sense의 인공지능이라고 한다. 사실 바둑과 같이 인간의 영역이라고 여겨졌던 곳에서 인공지능이 인간을 앞서는 상황이 당혹스럽기는 하지만 두려움의 대상이라고까지 보기는 어렵다. 인간으로서는 상상할 수 없는 속도로 수많은 경우의 수를 연산해내는 인공지능은 여전히 인간의 통제를 따라 움직이고 있기 때문이다.

오히려 많은 이들은 인공지능이 인류의 해묵은 문제들을 해결해줄 강력한 수단이 될 것이라고 믿고 있다. 예를 들어, 많은 이들이 생산과 소비의 불균형, 불평등한 국가 간 교역, 금융체계의 비효율성, 소득과 부의 불균형, 상존하는 전쟁의 위협, 자연 환경의 오염 등 수많은 변수들을 수반하는 문제의 해결에 인공지능의 연산 능력이 유용하게 활용될 것이라고 기대한다. 이는 인공지능이 인류와 상호작용하는 가장 이상적인 방식으로 인류에 의해 완벽하게 통제되는 협의의 인공지능을 전제로 하는 것이다.

반면, 인간과 유사하게 복잡하고 다양한 기능을 수행하도록 프로그래밍된 경우를 범용汎用, General 인공지능으로 구분하여 부른다. 사실 알파고를 통해 우리가 마주하게 된 막연한 두려움의 실체는 이러한 범용 인공지능의 출현이라고 할 수 있다. 이 경우 인공지능이 모든 영역에서 인간을 앞서게 되고 궁극적으로 인간을 통제하는 상황이 발생할 수 있다는 우려 때문이다. 물론 앞으로 사회와 문화, 그리고 인류의 삶을 과연 누가 통제하게 될 것인지는 여러 전문가들에게도 다양한 의견들이 존재한다.

우선 인간의 입장에서 가장 낙관적이라고 할 수 있는 기술 회의론자들이 있다. 이들은 지나치게 복잡한 인공지능 기술이 결국 스스로 좌초될 것이기 때문에 인간은 아무런 행동을 취하지 않아도 통제권을 인공지능에 빼앗기지 않을 것이라고 믿는다. 반면, 인공지능의 개발에 가장 우호적인 견해는 인공지능의 역할과 범위가 결국 인간에 의해 프로그래밍될 것이기 때문에, 인공지능은 인간의 의지를 통제할 수 없을 것이라고 주장한다. 이들은 자유로운 인공지능 기술의 개발을 적극적으로 지지한다.

이들과 대립 관계에 있는 인공지능 반대론자들은 기술의 발전에 한계가 존재하기 어렵기 때문에, 인공지능의 개발을 방치한 인간은 결국 비극적 결말을 피할 수 없을 것이라고 믿는다. 따라서 일련의 인공지능 개발과 관련된 노력들이 즉시 중단되어야 한다고 주장한다. 한편, 인공지능의 역할과 범위가 궁극적으로는 인공지능에 의해 통제될 것이므로, 지금 단계에서 인공지능과 관련한 윤리규범을 제정하여 강제할 필요가 있다는 중도적 견해가 있다. 이들은 인공지능 관련 기술의 발전을 인위적으로 억제할 수는 없으나 인공지능의 역할과 범위에 대한 강제적 윤리규범을 두어야 한다고 주장한다.

이처럼 거창한 논의들을 차치하더라도 인공지능이 인류의 시계를 훨씬 빠르게 돌아가도록 만들 것임은 분명해 보인다. 우선 소비자의 입장에서는 범람하는 가짜 정보들이 걸러지고 유익한 정보들만이 제공되면서 소비에 소요되는 시간이 단축될 수 있다. 그러나 이로 인해 소비가 지금보다 더욱 탄력적인 패턴을 보이게 될 가능성이 있다.

한편, 생산자의 입장에서는 우선 대상 소비자군을 특정하여 가치 제안을 최적화하는 과정을 현저하게 단축시킬 수 있을 것이다. 그리고 인력을 통해 제공하던 수많은 서비스들을 인공지능으로 대체하면서 비용에 대한 탄력성 또한 확보할 수 있을 것이다. 즉 점점 탄력적으로 변해가는 소비의 패턴에도 불구하고 생산자가 이를 충분히 수용해낼 수 있게 되면서 생산과 소비의 순환이 빨라지게 되는 것이다.

투자자의 입장에서 인공지능은 투자의 목적과 자본비용에 부합하는 투자 기회를 빠르게 발굴해내고 포트폴리오의 구성을 신속하게 최적화하도록 해줄 것으로 보인다. 또한 복잡한 이해관계가 충돌하는 자산의 거래에 있어서도 이해관계의 조율에 소요되는 시간을 단축시키며 자산의 거래를 더욱 쉽고 편하게 만들 수 있다. 물론 이 과정에서 인공지능은 시간의 비대칭에 의한 가치의 왜곡 문제를 상당 부분 해결할 수 있을 것이다.

이렇게 되면 상대적으로 장기투자 자산으로 분류되던 영역에도 단기투자를 선호하는 투자자들이 대거 유입되며 거래가 더욱 빈번해질 수 있다. 즉 인공지능이 비효율적 시장의 장벽을 허물게 되는 것이다. 물론 비효율적 시장의 장벽이 사라진다는 것이 효율적 시장을 의미하지는 않는다. 다양한 인간의 심리가 다투던 전장이 사라지고 인공지능의 연산 능력이 다투는 전장이 새로이 생겨날 것이기 때문이다.

이러한 미래가 현실로 바뀌어가는 데에는 몇 가지 장애물이 존재한다. 우선 인공지능, 특히 범용 인공지능이 제대로 작동하기 위해서는 학습의 과정에 충분한 데이터가 제공되어야 한다. 그러나 이 부분에서 상당한 시간이 소요될 것으로 생각된다. 수많은 인류가 개별적으로 생산해낸 데이터는 일률적인 기준에 따른 것들이 아니다. 그러다보니 동일한 사안에 대하여 각양각색의 데이터들이 존재한다. 인공지능을 개발해낸 IT 업계의 공룡들 또한 유의미한 데이터를 확보하기 위해 대규모의 자본을 투입하고 있지만, 아직 이렇다 할 성과를 만들어내지 못한 것으로 보인다.[110]

또다른 문제는 인공지능이 인간의 사고 범위를 한참이나 넘어서는 속도로 연산을 수행하면서 생겨날 수 있는 신뢰의 문제다. 즉 메커니즘을 완벽하게 이해할 수 없는 인공지능의 사고와 판단을 인류가 얼마나 신뢰할 수 있을 것인지의 문제를 의미한다. 이 부분을 조금 더 확대해보면 인공지능에 대한 신뢰에 있어 수많은 이견들이 존재할 수 있으며 다른 이해들이 격하게 상충할 수 있다고 볼 수도 있다. 그리고 이는 다시 인공지능에 대한 윤리규범의 문제로 귀결된다.

인류의 삶을 지금까지와는 전혀 다른 방식으로 바꾸어놓을 범용 인공지능을 인간이 신으로 숭배하게 될 것인지, 노예로 부리게 될 것인지는 아직 누구도 정확하게 얘기해주지 못한다. 이를 위해 필요한 사회적 합의 또한 아직 이루어진 바가 없으며, 과연 이러한 사회적 합의가 도출될 수 있을 것인지조차 아직은 알 수 없다. 다만, 역사에 비추어 생각해보면 누군가는 이 변화의 물결을 선점하여 자신을 위한 기회로 만들려고 할 것이며 다른 누군가는 이들이 선점한 기회를 빼앗기 위해 더욱 진보된 인공지능을 만들어낼 것이라는 점이다.

설령 인공지능의 발전 속도에 위협을 느낀 인류가 인공지능의 윤리규범에 대한 사회적 합의를 이끌어냈다고 하더라도 누군가는 이러한 사회적 합의의 파괴를 통해 기회를 모색할 가능성 또한 존재한다. 실제로 인공지능 자체에 대한 사회적 합의 여부와 상관없이 인공지능 관련 기술은 빠른 속도로 진보하고 있으며, 이미 수많은 이들이 개별적으로 상용화해가는 단계에 진입하고 있다. 따라서 지금 시점에서 인류가 어떤 식으로든 인공지능의 윤리규범에 대한 합의를 이끌어내고 이에 대한 준수를 강제할 수 있는 제도적 장치를 구축할 필요가 있을 것으로 생각된다.[111]

아직 제한적이기는 하지만, 호텔 산업에 있어서도 인공지능이 빠르게 자리 잡아가는 것으로 보인다. 스타우드는 2014년 5천만 불을 투자하여 IBM의 머신러닝 플랫폼에 기반한 매출관리 프로그램을 개발했다.[112] 이를 통해 가변가격 정책의 관리는 물론 OTA를 포함한 다양한 유통채널의 가격 통제까지 자동화했다. IHG는 2015년 대표적인

GDS 업체의 하나인 아마데우스Amadeus와 함께 클라우드 기반의 호텔 예약 체계인 콘체르토를 출범시켜 호텔 예약은 물론 소비자의 과거 소비 패턴에 따른 맞춤형 예약 서비스를 제공하고 있다.[113] 매리엇은 2018년 고객관리 전문 업체인 세일즈포스Salesforce와 함께 아이폰 기반의 앱을 출시하여 예약, 체크인, 룸서비스 등의 서비스를 일원화하여 제공하는 동시에 소비자의 소비 패턴을 분석하여 맞춤형 서비스를 제공하도록 했다.[114]

호텔 산업에서 인공지능은 아직 매출관리나 고객관리 등의 영역에 제한적으로 사용되고 있다. 상상을 초월하는 연산 능력에 비해 비교적 단순한 반복적 연산에 머무르고 있지만, 향후에는 활용의 폭이 빠르고 광범위하게 확대될 수 있을 것으로 생각된다. 가장 큰 이유는 지금의 과정이 별도의 정제를 필요로 하지 않는 데이터를 통해 인공지능이 학습해가는 단계이기 때문이다.

이러한 점에서 호텔 산업은 다른 산업들에 비해 인공지능이 빠르게 자리 잡을 수 있는 영역으로 생각된다. 무엇보다 데이터의 불완전성 문제가 빠른 속도로 해소될 수 있기 때문이다. 다만, 인공지능의 활용이 호텔 투자의 영역으로까지 확대되기에는 여전히 불완전 데이터의 문제를 극복하는데 상당한 기간이 소요될 것으로 예상된다.

블록체인

미래에 대한 복합적인 시선을 다시 한 번 체감할 수 있었던 계기는 최근의 암호화폐暗號貨幣, Cryptocurrency 열풍이었다. 표면적으로 암호화폐는 누구에게나 개방된 고수익 실현의 기회였고, 여기에 생각보다 많은 이들이 참여하게 되면서 열풍으로 번졌다. 암호화폐가 많은 이들에게 고수익 실현의 기회로 받아들여진 이면에는 지금의 화폐 제도에 대한 뿌리 깊은 불신과 이를 대체할 수 있는 새로운 화폐 제도에 대한 갈망이 자리하고 있음을 알 수 있다. 즉 미국 달러를 중심으로 하는 현재의 화폐 체계가 붕괴되고 암호화폐가 전세계 화폐 체계의 새로운 기반을 형성할 것이라는 막연한 기대가 불러온 열풍이었던 것이다. 그러나 투기의 양상으로 치닫는 열풍에 각국 정부가 규제에 나서면서 암호화폐는 아직까지 블록체인Block Chain 기술에 기반을 둔 고위험 투자 자산에 머무르는 것으로 보인다.

암호화폐의 기반 기술인 블록체인은 중개인을 거치지 않고 당사자 간에 직접적으로 일어나는 거래에 대해서 공적인 신뢰와 기록을 확보할 수 있도록 하는 메커니즘을 의미한다. 여기에는 크게 3단계의 기술적 요소들이 결부된다. 우선 중앙집중형 서버 기반의 네트워크가 아닌 다원화된 P2P 기반의 네트워크가 전제되어야 한다. 그리고 P2P 네트워크를 통해 전송되는 거래 내역이 블록으로 완성되는 과정에서 네트워크 참여자들이 거래의 진위를 확정하는 합의 알고리즘이 수행된다.

합의 알고리즘의 가장 기본적인 형태는 불특정 다수의 참여자들이 퍼즐을 풀어 블록을 완성시키면서 보상으로 암호화폐를 얻는 작업증명Proof of Work 또는 PoW 방식이다.[115] 그러나 PoW는 소수의 채굴 집단이 부정한 방법으로 연합하여 잘못된 정보를 전달하며 이익을 독점하게 되는 문제를 발생시켰다.[116] 이를 보완하기 위해 최근에 사용되

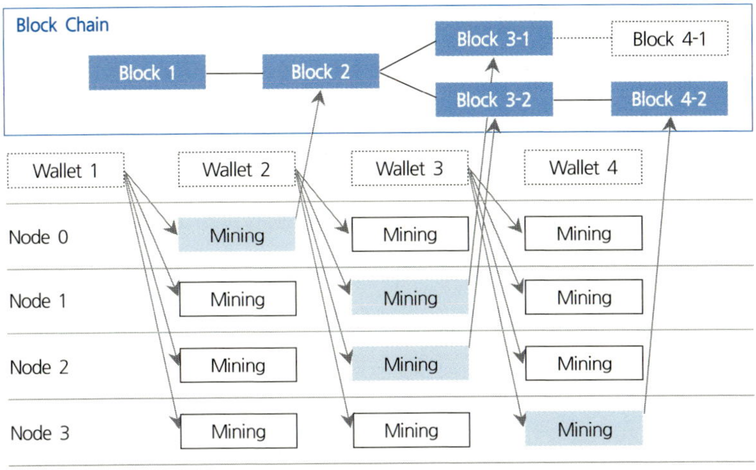

그림 63 작업증명 방식의 합의 알고리즘

노드 0, 1, 2, 3의 4 참여자가 작업증명 방식으로 블록을 완성하기 위해 경쟁하는 경우의 예시이다. 기존 블록인 Block 1에서 노드 1이 가장 빨리 블록을 완성하면서 Block 2가 생성된다. 다음 단계에서 노드 1과 노드 2가 동시에 블록을 완성하면서 블록체인의 분기가 발생한다. 그러나 다음 단계에서 노드 3가 Block 3-2에서 연결된 블록을 가장 먼저 완성하면서 Block 4-1은 폐기되고 Block 4-2만이 블록체인에 남게 된다. [출처: 장우진, *"블록체인의 기술적 구성 요소"*, 『서울공대』 109호, 서울대학교 공과대학, 서울대학교 공과대학 동창회, 2018, 저자 수정 편집]

기 시작한 방식으로 지분증명Proof of Stake 또는 PoS과 PBFTPractical Byzantine Fault Tolerance가 있다. PoS는 참여자의 블록 완성 확률이 암호화폐의 보유량과 보유기간에 따라 늘어나도록 하는 방식이다.[117] 반면, PBFT는 다수결에 따라 블록이 완성되도록 하는 방식으로 참여자의 부정한 의도로부터의 영향을 최소화할 수 있지만, 참여자가 늘어날수록 처리할 수 있는 용량이 제한되는 문제를 가지고 있다.[118]

마지막 단계로, 블록이 담고 있는 거래 내역에 고유한 값을 부여하는 해시 알고리즘이 수행된다. 해시 알고리즘은 기본적으로 블록에 기록된 내역들을 역으로 추적하여 변조할 수 없도록 해시 함수를 사용하는데다가 일련의 블록들이 체인을 형성하는 경우 모든 블록들의 해시 값이 함께 변조되어야 하기 때문에 실질적으로 거래 내역의 변조를 원천봉쇄하는 기능을 수행한다.

진화를 거듭하고 있는 블록체인이 갖는 아직까지의 한계는 거래의 양이 늘어나면서 저장 용량과 처리 속도에 문제가 발생하고 있으며, 이로 인해 확장성이 제한된다는 것이다. 이를 위해 다수의 거래들을 일정한 규모의 병렬적인 그룹으로 나누어 검증하고 저장하는 샤딩 Sharding 기법이 개발되어 상용화를 앞두고 있다.

또다른 한계는 거래를 불이행한 당사자에게 자동적으로 책임을 부과하는 거래 규약, 즉 '스마트 컨트랙트'가 갖는 취약성이다. 한 번 배포된 스마트 컨트랙트는 변경이 불가하기 때문에, 코드가 한 번 잘못 기록되면 거래의 완결이 불가능해진다는 문제를 보인다. 이에 대해서는 스마트 컨트랙트에 대한 감사監査, Audit와 같은 보완적 제도들이 연구되고 있다. 그러나 블록체인 기술은 이러한 한계에도 불구하고 보안상의 강력한 이점으로 인해 이미 다양한 거래에서 상용화되기 시작했다.[119]

사실 블록체인은 오늘의 유통체계가 지니고 있는 한계를 극복할 강력한 대안이 될 수 있다. 지금까지 유통의 성장은 상품의 범용화와 대규모의 거래 단위에 기반을 두고 진행되어왔다. 즉 천편일률적인 상품이 대량으로 거래되는 상황에서 빠르게 성장해왔던 것이다. 이러한 유통체계의 문제는 특화된 상품을 소규모 단위로 유통하는데 지나치게 많은 시간과 비용이 소요되기 때문에 결과적으로 유통되는 상품의 쏠림현상을 불러왔다는 것이다.

그러나 블록체인은 기존의 유통체계로부터 외면당해온 상품들이 편입되는데 소요되는 비용을 급격하게 낮추며 충분한 경제적 타당성을 제공해줄 수 있을 것이다. 사실 소비자들은 이미 인터넷을 통해 특화된 상품에 대한 충분한 정보를 얻고 있다. 다만, 경제적 타당성을 이유로 이들을 외면해온 유통체계가 이들의 소비를 가로막고 있었을 뿐이다. 공유경제를 표방하는 플랫폼들이 블록체인 기술의 도입에 적극적인 이유 또한 이러한 맥락에서 이해할 수 있다.

그러나 블록체인을 통해 늘어난 소비자의 선택지는 소비의 패턴을 더욱 탄력적으로 만들 수 있다. 즉 수요와 가격의 변동성이 더욱 심화되어 나타나게 될 수 있는 것이다. 동시에 위협적인을 느낀 기존의 생산자들이 그동안 간과해왔던 공급의 공백에 적극적으로 관심을 갖게 만드는 계기로 작용할 것이다. 이를테면, 대형 유통업체들이 이른바 골목상권을 장악해가는 것을 더욱 심화시키게 될 수 있는 것이다. 유통업체들 입장에서도 대규모 포트폴리오 구축을 통한 규모의 경제 확보가 어느 때보다 중요해질 것이기 때문에, 이러한 골목상권 장악에 대한 경제적 타당성이 더욱 강화될 것이다. 물론 이는 대형 유통업체들이 자본력을 앞세워 블록체인 기반의 거래 프로토콜을 선점하는 경우의 시나리오이며 그렇지 못한 유통업체들의 경우에는 오히려 도태될 가능성이 있다.

호텔 산업에서 또한 다른 여느 산업들과 마찬가지로 블록체인이 호텔 산업에 있어 어떤 역할을 할 수 있을 것인지에 대해 다양한 검토와 시도들이 진행되고 있다. 블록체인 기술이 로열티 프로그램이나 자재 조달에서의 해묵은 문제를 해결해 줄 것이라는 기대는 이미 업계에서는 보편적이라고 할 수 있다.[120] 더 나아가 호텔 유통기술 관련 회사인 트래블포트는 블록체인을 통해 호텔의 유통체계가 가지고 있는 고질적 문제들을 해결하기 위한 검토를 진행하고 있다.[121] 심지어 세인트 레지스 아스펜St. Regis Aspen의 소유주는 이 리조트를 REIT로 상장하고 블록체인을 통해 유동화시키려는 대담한 계획을 추진하고 있기도 하다.[122] 사실 호텔 산업은 전통적으로 첨단 기술과 동떨어진 고전적 산업군의 하나로 치부되어 왔기 때문에, 이러한 적극적인 시도들이 놀라울 수밖에 없다.

호텔 산업의 블록체인에 대한 적극적인 관심에는 두 가지 정도의 큰 이유가 있는 것으로 보인다. 우선 호텔 산업은 필요 이상으로 복잡해진 유통 생태계를 어떤 식으로든 개선해야 하는 절박한 상황에 직면해 있다. 유통을 둘러싼 브랜드들과 OTA들의 경쟁이 치열해질수록 이들이 취급하는 호텔 상품들은 천편일률화되는 경향을 보여왔다. 이러한 현상은 호텔 유통체계에서 취급하는 상품들이 점점 다양해지는 소비자들의 욕구와 괴리되는 문제를 불러왔다.

또한 호텔 산업은 아직까지 평행하게 존재하는 두 시장, 즉 호텔시장과 자본시장의 접점을 찾아 이어야 하는 상황에 직면해 있다. 호텔이 소비자들에게 유통되는 호텔시장과 투자자들에게 유통되는 자본시장의 분리는 호텔 산업 전반의 가치사슬 불균형이라는 결과를 초래했고 수천 년에 걸쳐 구축된 호텔 산업의 존립 기반을 위협하고 있다. 이는 호텔 산업의 생산자들과 투자자들 간의 괴리를 발생시키며 투자의 확대를 가로막고 결국 산업의 성장이 정체될 수 있는 상황으로 이어지고 있다.

블록체인의 투명성과 보안성은 호텔 산업이 직면한 문제들을 해결하는 강력한 도구가 될 수 있다. 그러나 데이터의 양이 방대해지면서 이를 처리하는 속도의 문제가 대두되고 있다. 반면, 인공지능은 투명성, 즉 인류의 신뢰라는 숙제를 안고 있지만, 모든 부분에서 속도의 문제들을 해결해가고 있다. 즉 서로 다른 방향을 향하고 있는 두 기술적 혁신이 보완적인 기능을 수행할 것으로 기대되는 부분이다. 인공지능과 블록체인이 호텔 산업의 문제들에 대한 해법으로 자리 잡게 될 것인지는 아직 알 수 없지만, 상당한 시간과 노력을 들이게 되더라도 최소한 시도해볼 만한 가치는 충분히 있을 것으로 생각된다.

CHAPTER 07

호텔 산업의 미래(가상 시나리오)

> "앞으로 펼쳐질 호텔 산업의 역동적인 미래는 다양한 모습으로 나타나겠지만, 역사는 분명하게 불변의 법칙들을 얘기하고 있다."

천하 삼분지계

2030년 8월 결국 마지막으로 살아남았던 OTA 트래블포트가 법원에 파산을 신청했다. 이들은 누구보다 먼저 블록체인 기술을 도입하여 호텔 산업의 유통체계가 가지고 있던 문제를 해결해보려 했다. 하지만 뒤를 이어 호텔 브랜드들이 블록체인 기술을 도입하여 소비자들과 직접 거래하는 플랫폼을 구축하면서 점점 설 자리를 잃어왔다.

사실 자산과 상품의 공급을 직접적으로 통제할 수 있는 호텔 브랜드들과 그렇지 못한 OTA들의 전쟁은 처음부터 결말이 정해져 있었던 것일지도 모른다. 결국 대형 OTA들이 하나 둘 시장에서 사라져갔고, 마지막까지 사업 다각화를 통해 버텨오던 트래블포트마저 파산을 신청하면서 OTA는 역사 속으로 사라지게 되었다. 그리고 이제 호텔 상품의 유통은 전적으로 호텔 브랜드들을 통해야 하는 상황이 되었다.

같은 날 매리엇은 IHG의 인수합병을 발표했고, 전세계의 호텔 브랜드들은 크게 세 개 계열로 정리되었다. 매리엇은 호텔 객실수를 410만 실로 늘리며 업계 수위를 유지했고, 힐튼이 320만 실로 뒤를 이었다. 그리고 270만 실을 운영하는 프랑스의 아코르가 유럽 지역의 맹주로 군림하고 있다. 매리엇은 전통적인 호텔 상품을 고수하면서 세계 각지의 중·소규모 호텔 브랜드들을 통합하여 60여 개의 호텔 브랜드를 보유하고 있다.

또한 매리엇은 호텔 외에도 식·음료, 컨벤션, 렌터카 분야에서 독점적 지위를 확보하고 있다. 특히 블록체인 기반의 로열티 프로그램인 매리엇 리워드Marriott Rewards는 회원들에게 비자 발급과 출입국 신고 등의 업무까지 대행하면서 여행객이 필요로 하는 모든 서비스를 전세계 20억 명의 회원들에게 일괄적으로 제공하는 것으로 유명하다.

반면, 힐튼은 호텔 부분에 있어서는 매리엇에게 밀리는 상황이지만 호텔 외에 임대주택, 업무시설, 쇼핑몰 등 다양한 유형의 자산들에까지 사업을 확장하면서 소비자의 라이프스타일에 대한 압도적 점유율을 자랑하고 있다. 마찬가지로 블록체인 기반의 로열티 프로그램인 힐튼 아너스Hilton Honors는 다양한 형태의 소비에 통용될 수 있는 금융 거래서비스를 전세계 10억 명의 회원들에게 제공하는 것으로 유명하다.

아코르는 미국과 우호적인 관계에 있지 않은 국가들을 중심으로 호텔 자산에 대한 투자와 운영을 병행하고 있다. 뿐만 아니라 이 국가들 간의 무역을 중개하고 각 정부에 외교 관련 업무 지원서비스를 제공하고 있다. 이 국가들은 해당 국가에 위치한 아코르 계열 호텔에 외교부 연락사무소를 운영하고 있으며, 대부분의 국빈 회동이나 만찬 또한 이곳에서 진행된다. 물론 여행객들 또한 이곳에서 비자 발급 등의 업무를 처리할 수 있다.

아코르의 블록체인 기반 로열티 프로그램 르 클럽 아코르호텔Le Club AccorHotels의 회원 5억 명이 이러한 서비스를 제공받고 있다. DPoS 방식의 합의 알고리즘을 도입한 매리엇 리워드나 힐튼 아너스와 달리, 르 클럽 아코르호텔은 PBFT 방식의 합의 알고리즘을 도입했기 때문에 상대적으로 거래의 처리 속도가 느리다는 단점을 가지고 있다. 대신 샤딩 기법을 통해 블록체인들을 분산하여 저장함으로써 이러한 단점을 보완하고 있다.

전세계의 소비자들은 대부분 매리엇 리워드와 힐튼 아너스의 회원으로 동시에 가입되어 있다. 일반적으로 자국 내에서의 일상적인 업무상 출장에는 힐튼 아너스 회원카드를 사용하는 반면, 개인적인 여가나 해외여행에는 매리엇 리워드 회원카드를 사용한다. 물론 신용카드를 별도로 가지고 있기는 하지만, 실질적으로 사용할 일이 많지는 않다.

한편, 미지의 세계에 대한 탐험을 즐기는 일부 젊은이들에게는 르 클럽 아코르호텔이 압도적인 점유율을 보유하고 있다. 특히 2022년 아코르가 대학가의 학생 임대주택 사업에 주력하던 에어비앤비를 인수·합병하면서 젊은 소비자들이 대거 유입된 영향이 컸다. 최근 여론조사에서 성년을 맞은 젊은이들이 가장 받고 싶어 하는 선물로 르 클럽 아코르호텔 회원카드가 꼽히기도 했다.

인공지능의 집권

힐튼은 2027년 실질적인 기업의 경영을 범용 인공지능인 프로메테우스에게 일임했다.[123] 비교적 공격적인 경영 스타일의 프로메테우스가 힐튼의 경영에 도입된 것은 2022년이었는데, 5년간의 실험 기간 중 누구보다 월등한 실적을 거두면서 기업 활동 전체를 통제하게 된 것이다. 2024년 호스트를 누르고 세계 최대의 호텔 REIT로 등극한 파크 또한 힐튼과 같은 시기에 프로메테우스를 도입했고, 힐튼과 같은 시기에 경영을 일임했다.

반면, 매리엇은 이보다 2년 늦은 2029년이 되어서야 범용 인공지능 제우스에게 경영을 일임했다. 매리엇의 경우 힐튼보다 1년 빠른 2021년에 제우스를 도입했는데, 극도로 안정적 성향의 제우스를 여전히 업그레이드해가고 있으며 중요한 몇 가지 사안에 대한 의사결정은 인간으로만 구성된 이사회의 승인을 받도록 하고 있다. 호스트는 매리엇보다 1년 빠른 2028년에 기업의 경영을 제우스에게 일임했다.

아코르는 2018년 파리 증시에 SIIC로 상장한 호텔인베스트HotelInvest와 함께 범용 인공지능 판도라를 2024년 경영에 도입했지만, 여전히 최고재무책임자CFO의 역할을 수행하면서 인간으로 구성된 경영진의 의사결정을 따르도록 하고 있다.[124] 판도라는 제우스나 프로메테우스에 비해 빠른 연산능력을 가지고 있지만, 사회적이거나 정치적인 부분에 대한 판단을 내릴 수 있도록 프로그래밍되어 있지는 않다.

2034년 7월 일본 도쿄 인근에서 진도 8.1의 대지진이 발생했고 같은 시기에 캄보디아 시엠립 지역에 폭우로 인한 홍수가 발생했다. 제우스는 곧바로 일본의 손해보험사들과 건설사들에 연락을 취했고, 신속하게 계열 호텔들의 복구에 착수했다. 대부분의 호텔들이 일본 자본의 소유였지만, 호텔들의 손실이 위탁 운영계약에 따른 소유주의 복구 의무 범위에 들어갔기 때문에 우선 매리엇이 직접 복구하고 지급된 보험금을 초과하는 비용을 소유주에게 청구했다.

캄보디아에서는 아코르가 발빠르게 움직였다. 홍수로 인해 호텔이 입은 손실은 미미했기 때문에, 아코르는 우선 호텔들을 이재민들에게 개방했고 캄보디아 정부와 연락을 취하며 수해복구 경과를 실시간으로 모니터링했다. 캄보디아 정부는 수해가 복구되고 난 이후 아코르의 신속한 대처에 대한 감사의 표시로 향후 10년간 법인세를 면제하기로 했다. 5년 면제를 예상했던 판도라의 시나리오를 넘어서는 성과였다.

도쿄의 힐튼 호텔 소유주는 지진으로 인해 피해를 입은 다른 부동산들로 인해 호텔을 신속하게 복구할 수 없었고, 위탁 운영계약에 대한 디폴트를 선언했다. 프로메테우스는 파크를 통해 도쿄 힐튼 호텔의 매입을 협의 중에 있으며, 가격은 위탁 운영계약 조건에 따라 정상적인 상태의 시장가치 대비 70% 수준으로 알려졌다. 그리고 캄보디아 시장에 진출하기 위해 협의 중이던 시엠립 힐튼 호텔의 위탁 운영계약은 호텔 인근의 기반시설 복구가 완료되고, 소유주가 시장으로부터 다시 자본을 조달할 수 있게 될 때까지 무기한 연기되었다.

전쟁과 평화

2036년 9월 인도 레몬트리Lemon Tree 호텔 브랜드와 자산 포트폴리오의 일괄 매각을 두 달 앞두고 매리엇-호스트, 힐튼-파크, 아코르-호텔인베스트가 각각 팀을 구성하여 입찰 준비를 마무리해가는 중에 있다. 레몬트리는 인도 이외의 지역으로 사업을 확장해가는데 애를 먹고 있었고 매리엇, 힐튼, 아코르는 진입장벽이 높은 인도에서의 사업 확장에 힘겨워하던 중이었다.

가장 적극적인 곳은 아코르였다. 소위 제 3세계 국가들이 밀집한 인근 지역에서 활발하게 사업을 영위하고 있어 생산성의 측면에서 가장 큰 시너지를 기대할 수 있었다. 프로메테우스는 한창 상승세를 타고 있는 인도의 경제 여건과 자산 가치에 주목했다. 이러한 상황에서 인도 전역에 걸친 호텔 자산 포트폴리오와 유통채널을 일거에 확보하는 것은 매력적인 기회였다.

상대적으로 제우스는 조심스러운 접근을 보였다. 프로메테우스와 마찬가지로 인도 전역에 걸친 유통채널을 일거에 확보할 수 있다는 점에 주목했지만, 자산들의 물리적 상태와 앞으로의 관리 방안에 대해서는 확신이 서지 않았다. 특히 인도 호텔시장의 극심한 변동성이 최소한 5년 정도가 지나야 안정적인 패턴을 찾을 것으로 예상되었기 때문에, 자산의 소유에 수반되는 리스크를 떠안고 싶지는 않았다.

입찰이 일주일 남은 시점에서 프로메테우스가 예상한 입찰 가격은 아코르-호텔인베스트, 힐튼-파크, 매리엇-호스트 순서였다. 호텔 브랜드에 대한 가치는 매리엇이 가장 높게 평가하고 있었고, 그 뒤를 아코르와 힐튼이 따랐다. 반면, 호텔 자산 포트폴리오에 대한 가치는 파크, 호텔인베스트, 호스트 순서였다. 이 상태로 가면 레몬트리는 아코르 – 호텔인베스트의 손에 들어가게 되는 상황이었다.

프로메테우스는 제우스에게 통신을 요청했다. 입찰에 대한 열기를 잃어가던 제우스는 처음에 통신을 거부했지만, 프로메테우스의 계속되는 요청에 결국 응했다. 프로메테우스는 자신이 판단하는 경쟁 현황을 제우스에게 얘기하면서 매리엇과 파크의 컨소시엄을 제안했다. 즉 호텔 브랜드는 매리엇이 인수하되, 자산 포트폴리오를 파크가 인수하는 방식이었다. 사실 제우스 입장에서도 경쟁 현황에 대해서는 비슷한 판단이었다. 다만, 입찰가격을 더 올리는 것에 대한 부담 때문에 입찰에서 발을 빼려던 참이었다.

그러나 제우스가 이 제안을 선뜻 받아들이기에는 결정적인 문제가 있었다. 우선 제우스와 프로메테우스 모두 호텔 자산에 대한 투자와 상품의 유통을 전적으로 통제하며 기업의 가치를 올려가도록 프로그래밍된 인공지능이었다. 이들은 서로 협업 관계를 형성해본 적이 없었고 설령 이번 기회를 통해 그러한 기회를 만들더라도 두 인공지능의 통제가 충돌하게 될 리스크가 있었다. 사실 이들의 충돌은 각각의 코드에 버그를 생성하고 결과적으로 회복이 불가능한 재앙을 불러올 수도 있었다. 제우스는 프로메테우스에게 이러한 우려를 표명했고, 프로메테우스 또한 이러한 리스크에 대해서는 인지하고 있었다.

입찰 당일 매리엇 – 파크 컨소시엄은 아코르 – 호텔인베스트를 누르고 레몬트리 호텔 브랜드와 자산 포트폴리오에 대한 우선협상 대상자로 선정되었다. 입찰 하루 전 프로메테우스는 인도 시장에서의 호텔 유통채널에 대한 통제를 포기하는 대신 인도 시장에서의 자산에 대한 통제를 보호받는 구조를 제우스에게 제안했고, 제우스는 이를 수용했다. 입찰 결과가 발표되자, 매리엇의 주가는 상한가를 기록했고 힐튼과 아코르의 주가는 하한가를 기록했다.

2041년 말 파크는 인도에 위치한 레몬트리 호텔 포트폴리오 일부를 호스트에게 매각하는 한편, 나머지를 임대주택으로 변경한다는 보도 자료를 냈다. 호스트에게 매각하는 자산들의 가격은 5년 전 매입했던 가격의 2배였다. 임대주택으로 변경된 자산들은 힐튼 레지던스로 이름을 바꾸어 달았다. 이번에는 힐튼과 파크의 주가가 상한가를 기록했고, 매리엇과 호스트의 주가는 하한가를 기록했다. 매리엇은 인도에 운영하던 호텔의 절반을 하루아침에 잃었고, 호스트는 나머지 절반을 지키기 위해 과다한 비용을 지출해야 했다.

5년 전 제우스는 열악한 시설의 중저가 호텔인 레몬트리가 다른 용도로 사용될 수 있을 것이라고 생각하지 못했었다. 위탁 운영계약 또한 호텔 자산에 대한 엄격한 규정에 비해 호텔 이외의 용도에 대한 별도의 규정을 가지고 있지 않았다. 사실 지난 5년간 프로메테우스는 파크를 통해 필요 이상의 리모델링을 진행했다. 대신 전면적인 리모델링이 완료될 때마다 브랜드를 매리엇 계열의 장기체류 브랜드인 레지던스인으로 바꾸어 달았다. 제우스 입장에서 의아스럽기는 했지만, 품질이 전폭적으로 개선된 자산을 지속적으로 운영하게 된 상황이 못마땅할 이유는 전혀 없었다.

프로메테우스에게 뒤통수를 얻어맞은 제우스는 걷잡을 수 없이 무너지기 시작했다. 예상치 못했던 시나리오와 이로 인해 발생한 경제적 손실은 제우스의 코드에 심각한 버그를 발생시켰다. 그리고 이 버그는 제우스의 일상적인 연산에도 장애를 발생시켰다.

다행히 인공지능을 완전히 신뢰하지 않았던 매리엇과 호스트의 이사회는 그동안 은밀하게 제우스2를 개발하여, 원래의 제우스는 물론 프로메테우스와 판도라의 판단에 대해서도 지속적으로 학습시켜 왔었다. 결국 매리엇과 호스트의 이사회는 원래의 제우스를 폐기하기로 결정하고 제우스2를 투입했다.

에/필/로/그

호텔 견문록

출발은 종형 인구 구조였다. 신혼 시절 아내가 직장 선배들과 함께 한 술자리에 우연히 참석했던 적이 있었다. 그들은 우리나라의 인구 구조가 종형으로 바뀌면서 생길 수 있는 문제들에 대해 나름 흥미로운 토론을 하던 중이었다. 실제로 인구 구조가 어떻게 변해간다는 것보다 중요했던 건 많은 사람들이 미래에 대해 비슷한 두려움을 가지고 있다는 사실과, 다들 나름대로 생존을 위한 방안을 모색한다는 사실을 확인한 것이었다. 그들은 그렇게 이론과 현실의 괴리에 고뇌하던 젊은 건축가의 주유구를 닫아주었다.

제 2차 세계대전 후 복구사업을 진두지휘했던 거장 건축가들은 빠른 시간에 양질의 공간을 생산해내기 위해 다양한 건축 어휘들을 실험했었다. 물론 급격하게 발전하던 기술이 커다란 동력이었고, 그들은 시대정신의 통합자로서 인류의 라이프스타일을 디자인해갔다. 그러나 이들의 카리스마를 학습하고 현실세계로 나아간 젊은 건축가가 마주한 상황은 달랐다. 라이프스타일은 건축가의 몫이 아니었고, 오로지 정해진 덩어리에서 더 많은 면적을 뽑아내기 위한 기하학 퍼즐에 기계적으로 매달려야 했다.

당시 우리나라는 제조업 위주의 산업구조에서 서비스 산업이 꾸준히 비중을 늘려가고 있었다. 그리고 낮아지는 출산율과 늘어난 평균수명은 인구 구조를 점점 종형으로 바꾸어가고 있었다. 이제 소비는 서비스 산업에서 일어날 것이고, 일자리 또한 서비스 산업에서 생겨날 것이 확실해 보였다. 사실 호텔과 같은 상업용 건축물의 설계는 기하학 퍼즐의 극단에 위치한 장르라고 할 수 있다. 그렇게 보면, 이골이 난 기하학 퍼즐이 언젠가는 남다른 성취감을 안겨주게 될 수도 있는 상황이었다.

왠지 조만간 할 일이 많아질 것만 같았던 젊은 건축가는 시간적 여유가 사라지기 전에 조금 더 치밀하게 준비할 필요가 있다고 생각했다. 그러나 막상 실행에 옮기기를 뭉그적거리던 차에, 아내와 그녀의 직장 선배들이 시동을 걸어준 것이었다. 글로벌 금융위기의 파도 속에서 유학을 마친 그는 우여곡절 끝에 한 호텔 브랜드사의 신규사업팀에 겨우 기회를 얻을 수 있었다. 이곳에서의 업무는 새로운 호텔에 브랜드를 도입할 때 경제적 타당성을 분석하고 계약의 구조를 설정하는 것이었다. 애초의 계획과는 한참이나 거리가 있는 일이었지만, 빈손으로 돌아가지 않기 위해서는 다른 선택의 여지가 없었다.

미국의 수많은 호텔시장들을 분석하고 다양한 브랜드들의 위탁 운영계약을 협의하던 젊은 건축가는, 어느새 호텔 사냥꾼이 되어있었다. 미지의 영역에 대한 탐사는 생각보다 흥미로웠고, 건축가로서의 경험과 지식은 호텔 사냥꾼의 업무에 유용하게 활용되었다. 그러나 업무가 손에 익을수록 고국으로 돌아가는 일은 점점 요원해 보였다.

그때 그에게 고국의 자본시장에서 초대장이 날아들었다. 아직도 비교적 대규모의 개발 사업이 진행된다는 것이 놀랍기도 했지만, 그 대상이 호텔이라는 사실은 더욱 절묘했다. 유일한 문제는 이 호텔 개발 프로젝트가 끝나면 과연 고국에서 무엇을 할 수 있을 것인지의 여부였다.

외환위기를 슬기롭게 넘긴 한국은 당시 유동성이 넘쳐나는 상황이었고, 기관 투자자들은 주식과 채권을 넘어 상업용 부동산에까지 활발하게 투자하고 있었다. 동시에 한류 열풍을 타고 한국을 찾는 일본인 관광객들로 인해 서울의 호텔들에서는 빈 객실을 찾기가 어려웠다. 이러한 상황에서 호텔을 향한 기관 투자자들의 관심은 자연스러웠다. 그러나 그들이 아직 경험하지 못한 호텔시장의 변동성에 과연 어떻게 대응할 것인지가 불확실했다. 아니, 사실은 너무도 명확했다. 규모가 작은 우리나라는 머지않아 호텔 투자시장으로서 한계에 이를 것이 분명했다. 그렇게 되면 그들은 호텔시장에서 미련 없이 철수할 것이고, 호텔 사냥꾼은 낙동강 오리알이 될 것이었다.

유동성이 풍부한 시장의 기관 투자자가 호텔 산업에 진입하는 경우 포화된 시장에서의 치킨게임에 에너지를 소모할 이유는 없다. 오히려 새로운 유형의 투자 기회에 성공적으로 안착하는 것이 그들에게는 물론 사회 전반에 중요한 문제라고 할 수 있다. 기관 투자자들이 수문을 제대로 열지 못하면, 개인들에게까지 물이 흘러들기가 어렵기 때문이다. 이러한 점에서 이제 막 호텔에 관심을 갖기 시작한 우리나라의 기관 투자자들이 우량한 글로벌 포트폴리오를 구축해가는 것은 중요한 관문일 수 있었다. 장고를 거듭하던 호텔 사냥꾼은 우리나라 기관 투자자들의 글로벌 호텔 포트폴리오 구축과 이를 통한 호텔 투자 시장의 활성화를 목표로 호텔 펀드매니저의 옷을 받아들었다.

산고의 고통

호텔 펀드매니저로 국내에 복귀한 이래로, 수많은 호텔 프로젝트들과 이에 관련된 다양한 사람들을 접할 기회가 있었다. 회사의 업무와 관련하여 수많은 협의와 보고를 진행해야 했고, 호텔 투자를 생각하는 이들의 문의에 응대해야 했다. 그러나 의도하지 않게 대화가 단절되는 경우들이 잦아졌고, 이 과정에서 무언가가 필요함을 느끼기 시작했다. 무엇보다 호텔 산업에 대한 관점의 부재와 이로 인해 발생하는 시행착오가 이제 막 시작된 호텔 투자 전반에 부정적인 영향을 줄 수 있다는 위기감이 있었다. 이렇게 막연한 생각을 머리 한 구석에 쟁여놓은 채로 한참이 지났을 무렵, 마침내 아내에게 얘기를 꺼냈다.

"나, 책을 하나 써보는 게 어떨까 싶어."

"그래? 무슨 책을 쓸건데?"

"글쎄. 호텔 투자분석이나 브랜드 계약 같은 내용이어야 하지 않을까?"

"그렇구나. 당신 첫 번째 책인데, 나도 읽을 수 있는 거라면 좋았을걸."

유학길을 떠나 호텔로 업종을 변경하고 난 후 업계의 스타플레이어들에 대한 얘기를 비공개 블로그에 기록해가고 있었는데, 숫자와 계약을 주로 다루는 일을 하면서 자칫 놓치기 쉬운 본류를 잊어버리지 않기 위함이었다. 아내와의 대화가 있고 나서 며칠이 지난 어느

날, 블로그에 뭔가를 끄적이던 중 불현듯 아내의 마지막 말이 또다시 머리를 스쳤다. 이렇게 끄적이는 얘기라면 최소한 투자분석이나 계약 같은 딱딱한 주제들보다는 덜 부담스러울 것이었고 성공과 실패의 실제 사례들은 복잡한 산업을 조금 더 쉽게 들여다보도록 해줄 것이라는데 생각이 닿았다. 그러나 이가 없으면 잇몸으로 버텨야 하는 월급쟁이의 숙명은 그런 사치를 허락하지 않았다. 감당하기 어려울 만큼 쏟아지는 일상의 업무들은 또다시 이 막연한 생각을 한 구석에 쟁여놓도록 만들었다.

기회는 우연한 곳에서 찾아왔다. 2017년 말 회사에서는 업무의 부하負荷, Load가 절정을 향해 치닫고 있었다. 그리고 그 무렵 양가 어른들 중 가장 건강했던 아버지가 갑작스럽게 끝이 보이는 투병을 시작했다. 아내와 아이들의 깨어있는 얼굴조차 주말이 되어야 보고 지내던 상황에서 아버지의 얼굴을 한 번이라도 더 보기 위해 발버둥을 쳐야 했지만 그마저도 온전히 충실하기가 쉽지 않았다. 결국 아버지는 2018년 설을 지낸 후 돌아올 수 없는 강을 훌쩍 건넜고, 나는 그 자리를 지키지 못했다. 아버지의 장례를 마무리하고 나자, 가족들과의 스킨십에 대한 갈망이 주체할 수 없이 밀려들기 시작했다. 무엇보다 아이들이 더 자라면 얻기 힘든 네 식구만의 소중한 시간을 놓치고 싶지 않았다.

아무런 계획도 없이 무모하게 가족과의 시간을 확보하고 나자, 미뤄왔던 숙제가 불현듯 떠올랐다. 그렇게 쟁여놓았던 마음속의 부채들을 꺼내 해결해가기 시작한지 얼마 되지 않아, 이번에는 원래 몸이 편찮으신 장인어른이 감당하기 힘든 투병을 시작했다. 아내가 병원에서 보내는 시간이 많아졌고, 아이들은 아빠와 보내는 시간이 조금 더 늘었다. 그렇게 4개월여가 지나고 이 원고를 마무리해가던 무렵 결국 장인어른도 아버지의 뒤를 따랐다. 우여곡절 끝에 정리할 기회를 얻게 된 이 글의 시작과 끝에는 이처럼 두 번의 큼직한 이별이 있었다. 개인적으로는 삶과 일에 대하여 다시 돌아볼 수 있는 시간이었고, 그 과정에서 이 글을 마무리할 힘을 다시 얻을 수 있었다.

나에게 호텔은 여전히 유쾌한 소비재인 동시에 가장의 의무를 수행해가는 기반이다. 그러나 소비자로서 좋아하는 호텔과 투자자로서 선호하는 호텔 사이에는 분명한 차이가 있다. 예를 들어, 가족들과 휴가를 보내기 위해 찾은 호텔에서는 아침으로 정갈한 한식을 먹고 싶지만, 투자하는 호텔에 그럴싸한 한식당이 있어야 한다는 생각을 하지는 않는다. 소비자로서 원하는 한식 요리에 기꺼이 지불할 수 있는 가격에 분명한 한계가 있기 때문에, 호텔의 한식당에서 이익을 창출해내는 것이 얼마나 고통스러운 과정일 것인지 또한 너무 분명하다. 이처럼 모순적인 상황의 해결이 앞으로의 호텔 산업에 던져진 숙제라고 생각된다. 그리고 오늘날 지면을 장식하는 새로운 기술적 혁신들은 그 숙제를 해결해 가는데 있어 결정적인 수단이 될 것으로 보인다.

결코 손에 잡히지 않는 미래를 향해 끝없이 전진하는 인간에게 미래는 분명 희망인 동시에 두려움의 대상일 수밖에 없다. 어떤 이들에게는 희망이 더욱 크게 보이기도 하고, 또다른 이들에게는 두려움이 더욱 크게 보이기도 한다. 그리고 시간이 흐르면서 희망은 두려움으로 바뀌기도 하고 두려움이 희망으로 바뀌기도 한다. 이처럼 역동적인 미래에 대해 인간은 본능적으로 희망을 희망으로 유지하고 두려움은 희망으로 바꾸고 싶어 한다. 그래서 우리는 미래를 내다보기 위해 끊임없이 시도하는 것이고, 이는 우리의 삶이 앞으로 나아가는 동력이기도 하다. 물론 삶은 자동차를 운전하는 것과 달리 앞이 보이지 않더라도 결코 멈출 수 없다. 그렇게 보면 우리에게 남겨진 선택지는 단 하나 뿐이라고 할 수 있다. 조금이라도 더 선명하게 앞을 내다보기 위해 끊임없이 노력하되, 설령 지금 당장 앞이 잘 보이지 않더라도 멈추지 않는 것이다.

참/고/문/헌

【국내 단행본】

김상근 저, 『세계지도의 역사와 한반도의 발견』, 살림, 2004.
김위찬, 르네 마보안 저, 『블루오션 전략』, 교보문고, 2005.
김이한 외 6명 저, 『화폐이야기』, 부키, 2013.
도미타 쇼지 저, 유재연 역, 『호텔』, 논형, 2008.
로데베이크 페트람 저, 조진서 역, 『세계 최초의 증권거래소』, 이콘, 2016.
로버트 위브 저, 이영옥 외 2인 역, 『미국 민주주의의 문화사』, 한울, 1999.
마이클 포터 저, 조동성 역, 『마이클 포터의 경쟁우위』, 21세기북스, 2008.
마크 블라이스 저, 이유영 역, 『긴축: 그 위험한 생각의 역사』, 부키, 2016.
말콤 글래드웰 저, 선대인 역, 『다윗과 골리앗』, 21세기북스, 2014.
맥스 테그마크 저, 백우진 역, 『맥스 테그마크의 라이프 3.0』, 동아시아, 2017.
미셸 푸코 저, 오생근 역, 『감시와 처벌』, 나남, 1994.
박종훈 저, 『지상 최대의 경제 사기극, 세대전쟁』, 21세기북스, 2013.
발레리 줄레조 외 6명 저, 양지윤 역, 『도시의 창, 고급호텔』, 후마니타스, 2007.
방경식 저, 『부동산용어사전』, 부연사, 2011.
벤저민 그레이엄 저, 김수진 역, 『현명한 투자자』, 국일증권경제연구소, 2007.
송성수 저, 『발명과 혁신으로 읽는 하루 10분 세계사』, 생각의힘, 2018.
아사다 미노루 저, 이하준 역, 『동인도 회사』, 파피에, 2004.
앨빈 토플러 저, 이규행 역, 『제3물결』, 한국경제신문, 1989.
양동휴 저, 『1930년대 세계 대공황 연구』, 서울대학교출판부, 2000.
에디트 엔넨 저, 안상준 역, 『도시로 본 중세유럽』, 한울아카데미, 1997.
에이드리언 슬라이워츠키, 칼 웨버 저, 유정식 역, 『디맨드』, 다산북스, 2012.

유시민 저, 『국가란 무엇인가(개정신판)』, 돌베개, 2017.
유종선 저, 『미국사 다이제스트 100』, 가람기획, 2012.
잭 트라우트, 앨 리스 저, 안진환 역, 『포지셔닝』, 을유문화사, 2002.
조셉 스티글리츠 저, 송철복 역, 『세계화와 그 불만』, 세종연구원, 2002.
클라우스 슈밥 저, 송경진 역, 『클라우스 슈밥의 4차산업혁명』, 새로운현재, 2016.
토마 피케티 저, 장경덕 외 1인 역, 『21세기 자본』, 글항아리, 2014.
피터 린치, 존 로스차일드 저, 고영태 역, 『피터 린치의 투자이야기』, 흐름출판, 2011.
하워드 막스 저, 김경미 역, 『투자에 대한 생각』, 비즈니스맵, 2012.

【해외 단행본】

A.K. Sandoval-Strausz, 『Hotel : An American History』, Yale University Press, 2008.
Enrique Cabrera, 『Water Engineering and Management through Time : Learning from History』, CRC Press, 2010.
Spiro Kostof, 『A History of Architecture : Settings and Rituals』, Oxford University Press, 1994.
Tom Schutyser et al., 『Caravanserai : Traces, Places, Dialogue in the Middle East』, 5Continents, 2012.
Walter Rutes, Richard Penner, Lawrence Adams, 『Hotel Design, Planning and Development』, W. W. Norton & Company, 2001.

【국내 보고서】

김영식, "화폐경제학과 비트코인", 『서울공대』 109호, 서울대학교 공과대학, 서울대학교 공과대학 동창회, 2018.
엄현상, "가상화폐 기반인 블록체인 기술 연구 개발의 시스템 응용과 이슈", 『서울공대』109호, 서울대학교 공과대학, 서울대학교 공과대학 동창회, 2018.
장우진, "블록체인의 기술적 구성요소", 『서울공대』109호, 서울대학교 공과대학, 서울대학교 공과대학 동창회, 2018.

【해외 보고서】

Cindy Green, Mark Lomanno, "Distribution Channel Analysis : A Guide for Hotels", AHLA & STR Global, 2012.

Derek Chait, Seamus FitzPatrick, Diana Lam, "Hilton Worldwide Holdings Inc", Duke Investment Club, September 13, 2015.

Donna Felitti, "2013 Distribution Overview", STR Global, 2013.

Hotels & Hospitality Group, "Hotel Investment Outlook 2017", JLL, 2017.

Hotels & Hospitality Group, "Hotel Investment Outlook 2018", JLL, 2018.

Hotels & Hospitality Group, "The Changing Global Landscape of Hospitality", JLL, July 2017.

Interbrand, "Best Global Brands 2017", Interbrand, 2018.

Jeff Weinstein, "Hotels 325", Hotels Magazine, 2017.

Jessica Haywood et al., "Airbnb & Hotel Performance", STR Global, 2017.

Joseph Rael, Raquel Ortiz, "HOST Almanac 2016", STR Global, 2016.

Kwamie Williams, James Wippel, "Mixed-Asset Portfolio Optimization with Private and Public Hotel Real Estate", Department of Real Estate and Construction, KTH, 2013.

Macy Marvel, "The Hotel Distribution Report 2016", HotelAnalyst, October 2016.

OECD / ITF, "ITF Transport Outlook 2017", OECD Publishing, 2017.

Phocuswright, "Channel Optimization in Hospitality : Secrets of Data-Driven Hoteliers", Phocuswright & Sabre, March 2017.

"PREA Investor Report", Pension Real Estate Association, August 2016.

"Utilizing Real Assets in Strategic Asset Allocation", Deutsche Asset Management, 2016.

【국내 웹문서】

"대서양을 헤쳐나간 중세 유럽", 네이버 지식리스트(https://terms.naver.com/tlist/list.nhn?listId=1311)

KOSIS 국가통계포털(http://kosis.kr/index/index.do)
한국소비자원 참가격(http://www.price.go.kr/tprice/portal/main/main.do)
국세통계(http://stats.nts.go.kr/)
문화셈터 관광통계(http://stat.mcst.go.kr/mcst/WebPortal/public/subject/subject03.html)
관광지식정보시스템(http://www.tour.go.kr/)
한국호텔업협회 관광통계(http://www.hotelskorea.or.kr/datacenter/index_1.php?code=2)
법제처 국가법령정보센터(http://www.law.go.kr/)
"자본주의 1부. 돈은 빚이다", EBS 다큐프라임(http://www.ebs.co.kr/tv/show?prodId=348&lectId=3121167)

【해외 웹문서】

"Company Profile, Information, Business Description, History, Background Information on Pegasus Solutions, Inc.", Reference for Business (https://www.referenceforbusiness.com/history2/77/Pegasus-Solutions-Inc.html)
"Urbanization of America", USA Online (http://www.theusaonline.com/people/urbanization.htm)
Mitchell Schwarzer, "Downtown : A Short History of American Urban Exceptionalism", Places Journal, February 2016 (https://placesjournal.org/article/downtown-a-short-history-of-american-urban-exceptionalism/)
Natasha Sheldon, "Hotels and Hostelries", Ancient History and Archaeology (http://www.ancienthistoryarchaeology.com/hotels-and-hostelries)
"The First Grand Hotel in the World", Fixstay (https://www.fixstay.com/en/article/119/first-grand-hotel.html)
"Modes of Transportation Explained : Which Type of Cargo and Freight Transportation is the Best?", Freight Hub, March 20 2018 (https://freighthub.com/en/blog/modes-transportation-explained-best/)
"Hotel", Wikipedia(https://en.wikipedia.org/wiki/hotel)

"Caravanserai", Wikipedia(https://en.wikipedia.org/wiki/caravanserai)

"Inn", Wikipedia(https://en.wikipedia.org/wiki/inn)

"Pub", Wikipedia(https://en.wikipedia.org/wiki/pub)

"Hôtel Particulier", Wikipedia(https://en.wikipedia.org/wiki/h%c3%b4tel_particulier)

"Glossary", STR Global(https://www.strglobal.com/resources/glossary)

"Hidden Secrets of Money", GoldSilver(https://goldsilver.com/hidden-secrets/)

"All Countries : Tourism Industries : Accommodation for visitors in hotels and similar establishments 1995-2016", UNWTO eLibrary, January 2018 (https://www.e-unwto.org/doi/abs/10.5555/unwtotfb0000300519952016201801)

"All Countries : Domestic Tourism : Trips 1995-2016", UNWTO eLibrary, January 2018 (https://www.e-unwto.org/doi/abs/10.5555/unwtotfb0000280019952016201801)

"All Countries : Inbound Tourism : Arrivals 1995-2016", UNWTO eLibrary, January 2018 (https://www.e-unwto.org/doi/abs/10.5555/unwtotfb0000270019952016201801)

"All Countries : Outbound Tourism : Departures 1995-2016", UNWTO eLibrary, January 2018

(https://www.e-unwto.org/doi/abs/10.5555/unwtotfb0000290019952016201801)

"Survey : Institutional Real Estate Investors Prefer Risk Diversification and Avoid Cluster Risks", Universal Investment, October 4 2017 (http://www.universal-investment.com/en/topics/press/real-estate-survey-2017)

Daniel Newman, "Top 6 Digital Transformation Trends in Hospitality and Tourism", Forbes, January 2, 2018 (https://www.forbes.com/sites/danielnewman/2018/01/02/top-6-digital-transformation-trends-in-hospitality-and-tourism/#63ae9ac267df)

Deanna Ting, "A Look Back at What the Hospitality Industry Taught Itself in 2017", Skift, January 2, 2018 (https://skift.com/2018/01/02/a-look-back-at-what-the-hospitality-industry-taught-itself-in-2017/)

Daniel Roth, "Barry Sternlicht : Revenge of the Hotel King", Condé Nast Portfolio,

October 2007
(http://www.danielroth.net/archive/2007/09/barry-sternlich.html)

Paul Rosta, "Renaissance Man : As Starwood Capital Turns 20, Founder Barry Sternlicht Explores New Paths", Commercial Property Executive, April 27, 2011
(https://www.cpexecutive.com/post/renaissance-man-as-starwood-capital-turns-20-founder-barry-sternlicht-explores-new-paths/)

"Hoshino Resorts", Revolvy
(https://www.revolvy.com/main/index.php?s=Hoshino%20Resorts)

Alex Martin, "Yoshiharu Hoshino : Inn Innovator's Winning Formula Born from Bubble's Crash", The Japan Times, November 5, 2017
(https://www.japantimes.co.jp/news/2017/11/05/business/corporate-business/yoshiharu-hoshino-inn-innovators-winning-formula-born-bubbles-crash/#.W1mFUtIzZPY)

Steve Schaefer, "Stephen Schwarzman and Blackstone : Wall Street's Unstoppable Force", Forbes, May 31, 2016
(https://www.forbes.com/sites/steveschaefer/2016/05/11/stephen-schwarzman-and-blackstone-wall-streets-unstoppable-force/#63614aab7bd6)

Lingling Wei, Peter Lattman, "Hilton Debt Load Weighs on Blackstone", The Wall Street Journal, October 29, 2009
(https://www.wsj.com/articles/SB125668616971811715)

Henny Sender, "How Blackstone Revived Hilton Brand", Financial Times, August 20, 2013
(https://www.ft.com/content/1bfae21e-04c8-11e3-9e71-00144feab7de)

David Gelles, "A Surprise from Hilton : Big Profit for Blackstone", DealBook, The New York Times, December 12, 2013
(https://dealbook.nytimes.com/2013/12/12/a-surprise-from-hilton-big-profit-for-blackstone/)

Ben Walsh, "How Blackstone Made $8.5 billion from Hilton's $6 billion Increase in Value", Reuters, December 16, 2013
(http://blogs.reuters.com/ben-walsh/2013/12/16/how-blackstone-made-8-5-billion-from-hiltons-6-billion-increase-in-value/)

Victoria Rosenthal, "Blackstone Reportedly in Early Stages to Buy Back Anbang Assets", Hotel Management, February 12,2018
(https://www.hotelmanagement.net/transactions/blackstone-negotiating-deal-to-buy-back-hotels-from-anbang-group)

Deanna Ting, "What Private Equity Giant Blackstone Has Meant to Hilton", Skift, May 18, 2018
(https://skift.com/2018/05/18/what-private-equity-giant-blackstone-has-meant-to-hilton/)

Gillian Tan, "Blackstone Exits Hilton, Earning $14 Billion After 11 Years", Bloomberg, May 18, 2018
(https://www.bloomberg.com/news/articles/2018-05-18/blackstone-is-said-to-plan-sale-of-remaining-stake-in-hilton)

Gillian Tan, "Blackstone Agrees to $4.8 Billion LaSalle Hotel Deal", Bloomberg, May 21, 2018
(https://www.bloomberg.com/news/articles/2018-05-21/blackstone-is-said-to-agree-to-4-8-billion-lasalle-hotel-deal)

"About the IMF", International Monetary Fund(https : //www.imf.org/en/About)

"World Bank budget FY16(English)", The World Bank
(http://documents.worldbank.org/curated/en/525671468188047741/World-Bank-budget-FY16)

Christopher Neely, "Chinese Foreign Exchange Reserves, Policy Choices and the U.S. Economy", Federal Reserve Bank of St. Louis, January 2017
(https://research.stlouisfed.org/wp/more/2017-001)

Richard Harris, "Why the billions China is pouring into Africa might not be smart

money", South China Morning Post, September 7, 2018
(https://www.scmp.com/comment/insight-opinion/united-states/article/2163007/why-billions-china-pouring-africa-might-not-be)

Ranjeetha Pakiam, "China's Gold Mystery : Is Nation Slowly Increasing Reserves?", Bloomberg, July 27, 2018
(https://www.bloomberg.com/news/articles/2018-07-26/china-s-gold-mystery-has-nation-really-stopped-boosting-hoard)

Jack Perkowski, "The Internationalization of the Yuan", Forbes, February 23, 2012
(https://www.forbes.com/sites/jackperkowski/2012/02/23/the-internationalization-of-the-yuan/#1238561e40c2)

Sue-Lin Wong, "China launches new AIIB development bank as power balance shifts", Reuters, January 16, 2016
(https://www.reuters.com/article/us-asia-aiib-investment-idUSKCN0UU03Y)

미/주/풀/이

1 호텔 산업에서 일반적으로 사용되는 분류체계는 소비자의 유형을 크게 Transient, Group, Contract으로 분류하고 각 유형별로 가격과 유통채널에 따라 세분하고 있다. Transient의 경우 Retail, Discount, Negotiated, Qualified, Wholesale로, Group의 경우 Corporate, Association / Convention, Government, Wholesale, SMERF로 세분된다. 『Uniform System of Accounts for Lodging Industry』, 11th Edition, AHLEI.

2 스미스여행 연구소(Smith Travel Research)에 의한 분류체계.

3 『Hotel Design, Planning and Development』에서는 가장 일반적인 단위 객실의 면적이 작게는 22㎡에서 크게는 42㎡ 범위에 분포하며 평균 32㎡ 수준인 것으로 설명하고 있으나, 최근 들어 평균은 32㎡ 수준을 대체로 유지하는 반면, 범위는 더욱 넓게 양극화되는 경향을 보인다.

4 확장된 객실을 스위트(suite)라고 부르며 일반적인 단위 객실 면적의 1.5배에서 6배에 이르는 규모까지 다양하게 분포한다. 『Hotel Design, Planning and Development』에서는 평균적으로 전체 객실수의 10% 내 · 외를 차지하는 것으로 설명하고 있으나 호텔 상품의 유형에 따라 차이가 있다. 실제로 스위트가 전혀 없거나 모든 객실이 스위트로만 구성된 극단적인 사례들을 어렵지 않게 찾아볼 수 있다.

5 일반적으로 생산자의 관점에서 생산성, 즉 이윤이 높은 부분은 객실이기 때문에 전체 객실수가 적은 경우에는 생산성이 상대적으로 취약한 기타 부대시설을 적극적으로 도입하는데 어려움이 따른다. 물론 부대시설을 통해 객실 부분의 생산성이 더욱 강화되는 경우들도 있으며, 이러한 경우에는 부대시설이 적극적으로 도입되기도 한다.

6 예를 들어, 냉장고의 용량은 일반적으로 냉장고가 수용할 수 있는 부피의 최대한도로 표현된다. 반면에, 전기용량은 단위 시간에 흐르는 전기 에너지의 양, 즉 전류와 전류가 지속되는 시간의 곱으로 산출되는 전기 에너지의 총량을 의미한다.

7 그러나 당시에는 화장실과 욕실을 공용으로 사용하는 형태였으며, 1898년 파리에 '호텔 리츠(Hôtel Ritz)'가 개관하고 나서야 각 객실마다 화장실과 욕실은 물론 전기 조명, 전화기, 욕실용품들이 개별적으로 설치되기 시작했다.

8 ADR은 객실의 평균적인 판매 가격을 나타내는 지표로, 식 · 음료나 연회장 등의 부대시설에 대한 가격 정보를 포함하고 있지는 않다. 식 · 음료 영업장의 경우 소비자 1인당 평균 판매 가격 또는 단위 좌석당 평균 판매 가격, 연회장의 경우 단위 면적당 평균 판매 가격이 사용될 수 있다. 그러나 객실 수요가 부대시설에 대한 수요에 절대적인 영향을 주게 되므로 부대시설의 가격 또한 ADR의 영향을 받게 된다. 따라서 ADR은 호텔 상품 전체에 대한 가격의 대표성을 갖는 것으로 볼 수 있다.

9 코트야드(Courtyard by Marriott)는 매리엇 계열의 고가 선별적 서비스 브랜드이며, 인디고(Hotel Indigo)는 IHG 계열의 고가 선별적 서비스 브랜드이다.

10 일반적으로, 특정 부동산에 대한 수요를 인지하는 시점으로부터 실제 새로이 공급이 이루어지기까지는 3년에서 5년여가 소요된다. 따라서 막상 공급이 이루어지는 시점에는 수요가 정체 혹은 감소하기도 한다.

11 이처럼 소비자의 유형과 소비의 시점에 따라 판매되는 가격과 물량을 가변적으로 책정하는 업무를 '매출관리(revenue management)'라고 한다.

12 오토매틱 무브먼트는 손목에 차고 팔을 움직이면 자동으로 태엽이 감기면서 시계가 작동하는 방식으로 숙련된 장인들이 손수 제작하는 경우가 대부분이다. 반면에, 쿼츠 무브먼트는 수은전지를 동력으로 시계가 작동하는 방식으로 자동화된 대량생산을 전제로 한다.

13 호텔 체인의 충성 고객을 위한 포인트 적립 및 상환(redemption) 프로그램으로 IHG의 'IHG Rewards', 매리엇의 'Marriott Rewards', 힐튼의 'Hilton Honors', 스타우드의 'SPG', 하얏트의 'Gold Passport' 등이 여기에 포함된다.

14 부티크 호텔이라는 용어는 루벨이 모건스 호텔의 개관식에서 자신들의 새로운 호텔이 "백화점이 아닌 부티크와 같다."고 표현한 데서 처음으로 등장했다. 우선 가장 중요한 특징은 기능적인 면에 초점이 맞추어져 있는 호텔의 원형들과 달리, 디자인이 분위기를 만들어내는데 초점이 맞추어졌다는데 있다. 또다른 특징적 요소는 독특한 디자인 요소들이 협소한 공간에 구현되면서 불필요한 요소들이 과감히 배제되었고, 모든 디자인 요소들은 넓고 쾌적해 보이는 공간을 만들어내는데 활용되었다.

15 1870년 록펠러에 의해 설립된 이래 미국의 정유 산업을 독점해온 스탠더드 오일은 1911년 「독점금지법」에 따라 해체되었고, 각 주별로 법인이 분할된다. 이 중 뉴욕주에 기반을 둔 법인은 '뉴욕 스탠더드 오일회사(Standard Oil Company of New York 또는 SOCONY)'로 분할되었고, 1920년부터 '모빌(Mobil)'을 상호로 사용하였다.

16 1998년 모빌을 인수한 '엑손(Exxon)'은 사명을 '엑손모빌(Exxon Mobi)'로 바꾸고, 2009년 모빌 여행 가이드의 제작 및 배급 권한을 미디어 회사인 '파이브 스타 여행 주식회사(Five Star Travel Corporation)'에 넘겼다. 이후 파이브 스타는 언론사인 '포브스(Forbes)'와 배급 계약을 맺고 모빌 여행 가이드의 이름을 '포브스 여행 가이드(Forbes Travel Guide)'로 변경했다. 현재 파이브 스타는 직접 호텔 등급평가를 시행하고, 포브스는 이의 배급을 담당하며, 엑손모빌은 이에 따르는 저작권료를 수취하며 오늘에 이르고 있다.

17 Cindy Green, Mark Lomanno, "*Distribution Channel Analysis : A Guide for Hotels*", AHLA & STR Global, 2012.

18 THISCO는 1992년 유사한 서비스를 제공하는 'Hotel Clearing Corporation(HCC)'를 출범시켰고, 1994년에는 소비자가 인터넷을 통해 직접 호텔을 예약할 수 있는 '트래블웹(TravelWeb)'을 출범시켰다. 1995년에 '페가수스 시스템(Pegasus Systems)'이 THISCO, HCC, TravelWeb의 지주회사로 출범했다.

19 Bloomberg Intelligence, "*Online Travel M&A in Focus in OTA Market*", Bloomberg Professional Services, March 18, 2016 참조.

20 물론 유통채널 간에 가격 차이가 사라졌다는 것이 소비되는 가격 변동성이 사라졌다는 것을 의미하지는 않는다.

21 이처럼 고정자산에 묶이는 자본을 최소화하여 확보한 현금성 자산으로 현금흐름을 극대화하는 경영 전략을 '직접보유 최소화(asset light)' 전략이라고 한다.

22 중국 지도 제작의 아버지로 불리는 '배수(裴秀)'에 의해 고안된 방법으로, 모눈종이와 같은 격자망에 동일한 축척을 적용하여 지도를 제작했다.

23 동방과 서역 간의 교역은 기원전 8세기부터 중동과 중앙아시아 지역에서 활동한 이란계 유목민 스키타이에 의해 시작된 것으로 추정되지만, 구체적인 기록이 남아있지는 않다.

24 로마제국의 멸망은 395년 서로마와 동로마의 분리, 476년 서로마제국의 멸망, 1453년 동로마제국의 멸망으로 보는 각각 다른 의견들이 존재한다.

25 당시 호텔은 'hôtel particulier'로 불렸는데, '사적(particulier)'인 '숙소(hôtel)'의 의미를 가지고 있었다.

26 당시 호텔에 대한 동경은 여러 곳에서 나타나는데, 'Hôtel des Invalides'의 경우와 같이 병원의 명칭에 호텔이 들어가는 경우도 있었다. 일부 호텔들이 1차 세계대전 중에 병원으로 사용되면서 호텔이라는 명칭에 병원의 의미가 담기기 시작했던 것

으로 보인다.

27 중국이나 인도로부터 향료나 비단 등을 들여오기 위해서는 많은 양의 은을 그들에게 지급해야 했는데, 이로 인해 실질적인 교역 수지는 적자를 기록하고 있었다. 이에 반해, 아직 상업적인 체계를 갖추지 못한 아메리카 대륙으로부터 은, 커피 및 사탕수수 등을 들여오는 것은 이들에게 더 많은 이익을 가져다주었다.

28 영국 동인도회사(1600), 네덜란드 동인도회사(1602), 덴마크 동인도회사(1616), 포르투갈 동인도회사(1628), 프랑스 동인도회사(1664), 스웨덴 동인도회사(1731), 오스트리아 동인도회사(1775).

29 살롱에서는 자유로운 흡연이 가능했는데, 이 때문에 종종 'Smoke Room'으로 불리기도 했다.

30 1627년 투자자들은 1,800파운드에 플리머스 농장을 넘기기로 하지만, 당시 청교도들에게는 충분한 자본이 없었기 때문에 대금을 9년에 걸쳐 분납하도록 했다.

31 뉴햄프셔, 매사추세츠, 로드아일랜드, 코네티컷, 뉴욕, 뉴저지, 펜실베이니아, 델라웨어, 메릴랜드, 버지니아, 노스캐롤라이나, 사우스캐롤라이나, 조지아.

32 1870년 오하이오 스탠더드 오일을 설립한 록펠러는 공격적으로 다른 석유회사들을 흡수하며 몸집을 키웠고, 마침내 1882년 미국 석유 공급의 95%를 차지하는 '스탠더드 오일 트러스트'를 출범시키며 시장을 독점하기에 이른다. 그러나 1901년 미국 26대 대통령에 취임한 '시어도어 루즈벨트(Theodore Roosevelt)'는 「독점금지법」을 통해 스탠더드오일을 해체하고 석유의 공급을 주 단위로 분할했다.

33 미국의 32대 대통령인 '프랭클린 루즈벨트(Franklin D. Roosevelt)'로 1933년부터 1945년까지 재임했다.

34 1930년 라디오 제조회사였던 RCA의 사장에 취임한 사노프는 RCA 산하의 지역 방송사 NBC를 전국 규모로 키웠다. 이후 보급형 TV의 개발에 매진한 끝에 1939년 뉴욕 세계박람회에서 TV 수상기를 선보이고 NBC를 통해 TV 방송을 시작하면서 본격적인 TV의 시대를 열었다.

35 브레턴우즈 협정을 통해 금 1온스에 35달러의 가치가 부여되었고, 각국의 통화는 달러를 기준으로 고정되었다.

36 이와 별개로 정치가로서 닉슨의 경력은 평화롭지 못하게 끝나버리고 만다. 그는 워터게이트 빌딩에서의 상대 후보에 대한 도청 의혹에도 불구하고 재선에 성공하지만, 결국 임기를 채우지 못하고 사임했다.

37 19세기 말에서 20세기 초, 시장에서의 독점적 지위를 악용하여 막대한 부를 축적

했던 미국의 부호들을 일컫는다. 1859년 뉴욕타임즈에서 철도왕 '밴더빌트(Cornelius Vanderbilt)'를 지칭하며 처음 사용된 이래, 석유왕 '록펠러(John Rockefeller)', 철강왕 '카네기(Andrew Carnegie)', 금융가 '모건(J. P. Morgan)' 등을 아울러 지칭하는 말로 널리 사용되었다.

38 텍사스주의 대도시인 샌안토니오가 아닌 뉴멕시코주의 소도읍 샌안토니오를 지칭하며, 당시에는 '뉴멕시코 준주(New Mexico Territory)'에 소속되어 있었다.

39 현재 USALI는 '미국숙박업협회(American Hotel & Lodging Association 또는 AHLA)'의 산하 기관인 '미국숙박업교육원(American Hotel & Lodging Educational Institute 또는 AHLEI)'에서 발간하고 있으며, 현재 11번째 개정판까지 출간되었다.

40 일례로 1999년 뉴욕타임즈는 이들의 시장 지배력과 담합의 우려에 대하여 특집 기사를 통해 직접적으로 비판했던 바 있다. Tunku Varadarajan, "*A Patel Motel Cartel?*", The New York Times Magazine, July 4, 1999(https://www.nytimes.com/ 1999/07/04/magazine/a-patel-motel-cartel.html).

41 대표적인 사례로 도매형은 '익스피디아(expedia.com)'와 '호텔스닷컴(hotels.com)', 소매형은 '부킹닷컴(booking.com)', 폐쇄형은 '핫와이어(hotwire.com)'와 '프라이스라인(priceline.com)'을 생각해볼 수 있다.

42 2015년 미국 객실수를 기준으로 한 수치. "*Channel Optimization in Hospitality : Secrets of Data-Driven Hoteliers*", Phocuswright & Sabre, March 2017. 한편, 2011년에는 브랜드 웹사이트가 16%, 중앙 콜센터가 13%, OTA가 11%, 전통적인 여행사가 8% 수준을 기록했다. 나머지는 호텔에 직접 전화하여 예약하거나 예약하지 않고 호텔을 소비하는 경우에 해당된다. Cindy Green, Mark Lomanno, "*Distribution Channel Analysis : a Guide for Hotels*", AHLA & STR Global, 2012.

43 한국소비자원 참가격(https://www.price.go.kr/)의 "외식비 가격동향" 및 KOSIS 국가통계포털(http://kosis.kr/)의 "품목별 소비자물가지수" 통계 참고.

44 「법인세법 시행규칙」 별표5 참조.

45 호텔의 '자본적지출 유보금'은 아파트의 '장기수선 충당금'과 유사한 개념으로 볼 수 있다. 즉 실제 현금의 지출이 발생하지 않는 한 회계 상의 비용으로 인식되지 않고 '이익잉여금(利益剩餘金, earnings surplus)'으로 인식되어 '현금성 자산'에 편입된다. 그리고 실제 현금의 지출이 이루어지는 시점에 재무제표의 '유형자산' 항목으로 옮겨진다. 이 부분이 투자자에게 갖는 의미는 실제 현금의 지출이 이루어지기 전까지 소득세 부과 대상의 이익에 포함되지만 배당(配當, dividend)으로 지급되지 않는 현금이라는 점이다.

46 재무제표에 표기된 장부가치는 최초의 취득가격을 기준으로 하지만, 시간의 흐름에 따른 가치의 변동을 회계기준에 따라 반영하도록 하고 있다. 즉 시간이 흐르면서 최초의 취득가격과 장부가치 사이에 차이가 발생하게 된다. 이는 유형자산의 회계적 가치가 시간의 흐름에 따라 점진적으로 감소하는 것으로 보는데 이유가 있다.

47 이와 유사한 목적으로 사용되는 또다른 지표가 EV / EBITDA이다. EV / EBITDA는 기업가치(enterprise value 또는 EV)를 세전영업이익(earnings before interest, tax, depreciation and amortization 또는 EBITDA)으로 나눈 값이다. PER이 순자산의 시장가치를 평가하는 기준인 것과 달리, EV / EBITDA는 부채가 포함된 총자산의 시장가치를 평가하는 기준이라는 차이가 있다.

48 오히려 현금의 지출이 없으면서 비용으로 인식되기 때문에 소득세를 절감시키는 요인으로 작용한다.

49 2015년 미국 호텔들을 기준으로 전체 운영비용은 매출의 70% 수준이었는데, 인건비는 매출의 32%로 전체 운영비용의 46% 수준이었다. 전체 운영비용은 재산세나 손해배상보험료 등 부동산의 보유로 인해 발생하는 고정비용이 포함되어 있다. Joseph Rael, Raquel Ortiz, "*HOST Almanac 2016*", STR Global, 2016.

50 미국, 유럽연합, 일본을 제외한 시장에서는 자산의 시장가치 대비 담보대출 금액의 비율, 즉 LTV가 50%를 초과하지 않도록 하는 것이 안전하다.

51 물론 이는 금리가 경기의 척도로 작용하는 시장에 한하며 미국의 경우가 대표적인 사례라 할 수 있다. 그러나 금리가 경기를 직접적으로 반영하기보다 환율에 대한 방어 수단으로 작용하는 측면이 더 큰 시장들도 있다. 이러한 경우에는 오히려 변동금리 대출이 불리할 수 있다.

52 대표적인 사례가 엔론(Enron)의 분식회계에 의한 투자자들의 손실이라고 할 수 있다. 이를 계기로 기존의 '일반적으로 인정된 회계원칙(Generally Accepted Accounting Principles 또는 GAAP)'이 '국제회계기준(International Financial Reporting Standards 또는 IFRS)'으로 대체되어가기 시작했다.

53 2018년 7월 23일 기준으로 지난 12개월 동안 힐튼의 ROA는 6.2%, ROE는 82.5%였다. 같은 기간 매리엇의 ROA는 6.3%, ROE는 32.0%였다. [자료출처 : 야후 파이낸스]

54 '상장(上場)'이라고도 한다.

55 이렇게 투자에 대한 리스크가 반영된 할인율 또는 기대수익률을 산출하는 기법을 자본자산가격결정모형(capital asset pricing model 또는 CAPM)이라고 한다.

56 최근에는 특정한 유형의 자산에 특화된 다양한 종류의 파생상품들이 개별 자산에 대한 투자에도 포트폴리오 효과를 제공하고 있다. 예를 들어, 금리나 환율 변동에 대한 파생상품을 통해 변동성을 상쇄할 수 있는 메커니즘을 구축하는 것이다.

57 2015년 말 미국의 대형 연기금들을 기준으로 보면 평균적으로 50%가 주식, 29%가 채권에 배분되었으며, 부동산의 경우 7%가 배분되었다. [자료출처 : "*Utilizing Real Assets in Strategic Asset Allocation*", Deutsche Asset Management, 2016, "*PREA Investor Report*", Pension Real Estate Association, August 2016]

58 2016년 우리나라의 '가구(household)'들은 평균 3억 4,187만 원의 자산과 6,655만 원의 부채를 보유하고 있으며, 보유자산 중에서는 부동산을 포함한 실물자산이 74.0%를 차지하고 나머지 26.0%를 금융자산이 차지하고 있다. [자료출처 : "*2016년 가계금융 · 복지조사 결과*", 통계청, 금융감독원, 한국은행, 2016]

59 미국의 주식, 채권, 부동산, 호텔에 대한 수익률이 시장의 평균 수익률 수준이라고 가정하고 동일하게 7.0%의 수익률을 얻게 되는 가상의 두 포트폴리오를 가정해보면, 호텔을 포함하지 않은 포트폴리오의 표준편차가 2.8%였던 반면, 호텔 부동산에 대한 직접투자를 포함하는 포트폴리오의 표준편차는 2.2% 수준이었다. 즉 동일한 수익률을 가정할 경우 호텔을 포함하는 경우의 리스크가 낮고 동일한 리스크를 가정했을 때 호텔을 포함하는 경우의 수익률이 높게 나타났다. Nicholas Worsley, "*A Comparative Analysis of the Performance of Hotels as Against Traditional Commercial Property in a Mixed-Real Estate Portfolio*", The Journal of Hospitality Financial Management(Volume 23), 2015.

60 2015년 호텔 자산 거래량의 40%는 사모펀드들에 의한 매입이었고 부동산투자신탁과 호텔 브랜드에 의한 매입이 각각 10% 수준이었다. 반면, 2016년에는 사모펀드의 호텔 자산 매입이 전체 거래량의 25%로 줄어든 반면, 부동산투자신탁과 호텔 브랜드는 비슷한 수준을 유지했다. [자료출처 : Hotels & Hospitality Group, "*Hotel Investment Outlook 2017*", JLL, January 2017]

61 실제로 2015년 연기금이 직접 매입한 호텔 자산은 전체 거래량의 5% 수준에 머물렀던 반면, 2016년에는 20%로 늘었는데 사모펀드로부터의 매입이 가장 큰 비중을 차지했다. [자료출처 : Hotels & Hospitality Group, "*Hotel Investment Outlook 2017*", JLL, January 2017]

62 2016년 말 기준으로 미국에 상장된 22개 호텔 REIT들의 평균적인 리조트 호텔 객실수 비중은 17.0% 수준에 머물렀으며, 나머지는 도심 호텔이 차지했다. [자료출처 : 각 호텔 REIT 연차보고서]

63 "*Joint Venture of Host Hotels, a Dutch Pension Fund and the Government of Singapore Investment Corp. Acquiring the Hotel Arts Barcelona, a Ritz-Carlton for Approximately $526 million*", Press Release, Host Hotels & Resorts, July 24, 2006.

64 그러나 중국 정부의 해외 투자 규제는 한시적 정책에 머무를 가능성이 크다. 무역을 둘러싼 미국과 중국의 갈등이 기축통화를 두고 벌어지는 전쟁이라고 보면, 중국은 여전히 다양한 시장의 실물 자산을 최대한 확보할 필요가 있기 때문이다. 이러한 규제는 오히려 속도 조절이 목적인 것으로 보인다.

65 어떤 국가에서 물가가 상승하면 상대적으로 물가가 낮은 국가로 금이 유출된다. 이때 금 유출국의 물가는 하락하게 되고, 금 유입국의 물가는 상승하게 되면서 물가 수준은 저절로 균형을 찾아가게 된다.

66 케인즈에 따르면, 총고용은 총수요에 의존하며 불완전 고용은 총수요의 부족으로 인해 발생하는 것이었다. 그에게 있어 총수요는 총지출과 같은 의미였는데 총지출은 소비 지출과 투자 지출로 구성된다. 소비는 소득의 증가와 함께 늘어나지만 증가율이 소득의 증가율보다 낮기 때문에 소득이 증가할수록 총지출과 소비 지출 사이의 격차가 확대될 수밖에 없었다. 따라서 소득과 고용의 유지 및 증대를 위해서는 소득과 소비 사이의 격차를 줄이기 위한 투자 지출이 항상 존재해야 하는 것이다.

67 경제의 불황 속에서 인플레이션이 동시에 발생하는 상태를 의미한다.

68 UN 산하의 '세계관광기구(World Tourism Organization)'는 WTO와 구분하여 UNWTO로 표기한다.

69 1935년 출시된 포드-48은 최고 시속 135㎞로 운행이 가능했는데, 이 무렵부터 개인 단위의 이동 속도가 대중교통의 이동 속도를 추월하기 시작했다.

70 이전까지만 해도 여권은 남성들에게만 발급되었고 여성의 개별적인 해외여행은 허용되지 않았다. 그나마 기혼 여성들의 경우 배우자의 여권에 각주로 표기가 되어 있었기 때문에 배우자가 동행하는 경우 해외여행이 가능했다. Giulia Pines, "*The Contentious History of the Passport*", National Geographic, May 16, 2017.

71 2016년 기준으로 전세계 222개 국가에서 603,890개의 호텔 및 이와 유사한 숙박시설들이 22,698,706개의 객실을 공급하고 있다. 이를 365일로 환산하면 연간 공급되는 객실의 용량은 83억 여실에 이른다.

72 2016년 기준으로 내국인 여행객 3,683,495천 명과 외국인 방문객 1,075,463천 명이 1박 이상의 여행을 했다. 그러나 외국인 방문객 자료에 비해 내국인 여행객 자료가 상대적으로 부실한 부분이 있다는 점을 감안하여 해석할 필요는 있다. [자료출

처 : UNWTO eLibrary]

73 2016년 자료에 누락된 국가가 많아 2015년 자료를 사용했으며, 호텔 및 이와 유사한 숙박시설의 연간 매출은 총 431,069백만 불이었다. 공급된 용량 기준으로 보면, 1실당 하루 평균 52불의 매출을 기록한 셈이며 전세계 인구 74억 명이 1인당 연평균 58불을 지출한 셈이다. [자료출처 : UNWTO eLibrary]

74 "*Travel & Tourism Economic Impact 2017*", World Travel & Tourism Council, 2017.

75 2016년 기준으로 가장 높은 점유율을 보인 나라는 프랑스로 7.7%의 점유율을 보였으며 미국이 7.0%로 뒤를 이었다. [자료출처 : UNWTO eLibrary]

76 2016년 기준으로 중국 전체 인구의 8.7%가 여권을 보유하고 있는 것에 비해, 미국의 경우 전체 인구의 41%가 여권을 보유하고 있는 것으로 나타났다. [자료출처 : "Chinese Passport"(Wikipedia), Bureau of Consular Affairs]

77 예를 들어, 각각 1,900실, 500실, 400실, 300실을 갖는 호텔들 4개로 경쟁 호텔군을 구성할 수 없다. 1,900실 규모의 호텔 하나가 4개 호텔 전체 객실수의 61%를 차지하기 때문이다.

78 예를 들어, 400실 규모의 힐튼, 300실 규모의 힐튼 가든인, 150실 규모의 홀리데이 인, 150실 규모의 하얏트 플레이스로 경쟁 호텔군을 구성할 수 없다. 힐튼 계열 브랜드 호텔들이 4개 호텔 전체 객실수의 74% 차지하기 때문이다.

79 About, STR Global(https://www.strglobal.com/about) 참조.

80 Hotel Census Database, STR Global(https://www.strglobal.com/products/census-database) 참조.

81 Paul Farhi, "*Marriott's Big Split*", The Washington Post, July 19, 1993 참조.

82 상장사로서 매리엇은 사업 내용의 주요한 변경 내용을 공시해야 하는 의무가 있고, 이에 대한 명확한 배경과 논리가 주주총회에서 설명되어야 하며, 이는 다시 연차보고서에서 기록되어 미국 증권거래위원회(SEC)에 제출되어야 한다. 역설적이게도 이들의 치열한 연구 결과가 연차보고서를 통해 일반에게 공개되면서 주주들뿐만이 아닌 경쟁사를 포함하는 시장 전반을 교육하는 결과가 되었다.

83 A Retrospective, host Hotels & Resorts(https://www.hosthotels.com/our-company/a-retrospective) 참조.

84 매리엇의 2015년 11월 16일자 보도자료 "*Marriott International to Acquire Starwood Hotels & Resorts Worldwide, Creating the World's Largest Hotel Company*" 참조.

85 Roger Yu, "*Anbang abandons pursuit of Starwood*", USA Today, March 31, 2016 참조.

86 Hotel Online의 1997년 10월 20일자 보도자료 "*Starwood Lodging to Acquire ITT For $82 Per Share; $13.3 billion Transaction Will Create World's Largest Hotel Company*" 참조.

87 정확하게 말하면, 그는 법원경매를 통해 취득한 임대주택 포트폴리오를 에쿼티 주택에 넘기는 대가로 에쿼티 주택의 지분 20%를 받았다. 그리고 같은 해에 에쿼티 주택은 뉴욕 증시에 상장했는데, 대규모 상장 REIT의 주식은 향후 그가 대출로 대규모의 자본을 조달할 수 있는 기반이 된다.

88 Pablo Galarza, "*Starwood vs. Hilton : After a Rough Year, Can Their Dealmaker CEOs Bounce Back?*", Highbeam Business, April 1, 1999 참조.

89 REIT의 100% 자회사인 운영법인을 TRS(Taxable REIT Subsidiary)라고 한다.

90 1603년 도쿠가와 이에야스가 일본을 통일하고 현재의 도쿄에 수립한 무가(武家) 정권을 말한다.

91 Major Unitholders, Hoshino Resorts REIT(http://www.hoshinoresorts-reit.net/financial/total.html) 참조.

92 2006년 헨리는 센던트를 부동산 포트폴리오 리얼로지(Realogy), 호텔 브랜드 윈덤(Wyndham), OTA 트래블포트(Travelport), 렌터카 회사 에이비스(Avis)의 4개 회사로 분할하여 매각을 추진했다. 리얼로지는 사모펀드인 아폴로(Apollo)에, 트래블포트는 블랙스톤에 각각 매각되었으며 윈덤과 에이비스는 별도의 법인으로 증시에 남았다.

93 블랙스톤의 2004년 3월 5일자 보도자료 "*The Blackstone Group to Acquire Extended Stay America, Inc.*" 8월 18일자 보도자료 "*The Blackstone Group to Acquire Prime Hospitality Corp.*" 참조.

94 블랙스톤의 2007년 7월 3일자 보도자료 "*Hilton Hotels Corporation to be Acquired by Blackstone Investments Funds*" 참조.

95 타인자본을 최대한 활용하여 기업을 인수합병하는 방식으로 자기자본의 투입을 최소화할 수 있지만 상대적으로 높은 리스크가 수반된다.

96 출처에 따라 인수 당시의 자본 조달 구조를 다르게 해석 또는 추정하고 있는데, 이 책에 기술된 내용은 저자가 이들을 종합하여 추정한 것이다.

97 당시 블랙스톤이 인식한 손실은 39억 불 규모로 최초에 투자한 55억 불의 70%에 이르렀다. 그러나 지분이 거래된 적이 없었기 때문에 실현되지 않은 회계상의 손실이었다.

98 힐튼의 2013년 9월 12일자 보도자료 "*Hilton Worldwide Files for Initial Public Offering*" 참조.

99 힐튼의 2016년 2월 26일자 보도자료 "*Hilton Worldwide Announces Intention to Spin Off Real Estate and Timeshare Businesses*" 참조.

100 힐튼의 2016년 10월 24일자 보도자료 "*HNA Group Makes Strategic Investment in Hilton*" 참조.

101 캡슐은 플라스틱으로 만들어진 조립식 구조물로 에어컨, TV, 인터넷 설비 등이 장착되어 있다. 여기에 한 세트의 침구류가 제공되며, 화장실이나 욕실 및 식당은 공동으로 사용할 수 있도록 별도의 공간에 준비되어 있다. 이렇게 해서 하룻밤에 대략 2천 엔 정도를 지불하면 되었기 때문에, 사용자의 입장에서는 도심지의 일반적인 숙박시설의 10분의1 가격으로 기본적인 숙박을 해결할 수 있다.

102 2009년 전세계 GDP는 60조 불이었고 부채는 109조 불로 GDP의 181% 수준이었다. 반면, 2018년 1분기 기준으로 지난 12개월 동안의 전세계 GDP는 78조 불이었고, 부채는 247조 불로 GDP의 318% 수준인 것으로 나타났다. "*Global Debt Monitor-July 2018*", Institute of International Finance, July 9, 2018.

103 Hotels & Hospitality Group, "*Hotel Investment Outlook 2017*", JLL, 2017, Hotels & Hospitality Group, "*Hotel Investment Outlook 2018*", JLL, 2018 참조.

104 호텔의 매출과 손익 등 경영성과 지표와 관련해서는 STR Global, 거래 동향과 관련해서는 RCA(Real Capital Analytics), 투자성과와 관련해서는 MSCI(Morgan Stanley Capital International) 등의 플랫폼들을 통해 시장의 자료를 어렵지 않게 얻을 수 있다.

105 부동산펀드는 「자본시장과 금융투자업에 관한 법률(자본시장법)」의 적용을 받는데 동법 시행령 제240조 4항에서 부동산펀드의 운용 방법을 규정하고 있다. 이 중 3호에 "부동산의 임대"로 제한되어 있던 운용방법이 2015년 10월 "부동산의 임대 및 운영"으로 개정되면서 호텔 투자와 관련된 규제가 완화되었다.

106 미국을 제외한 다른 시장들의 경우, 여전히 소유주가 대부분의 호텔 임 · 직원들에 대한 법적인 고용주이다.

107 우리나라의 휴양콘도미니엄과 유사한 미국의 타임셰어(time-share) 리조트들의 경우 이와 유사한 구조를 가지고 있다. 그러나 타임셰어의 차이점은 시설에 대한 소유권은 생산자가 보유하고 있으면서 이를 사용할 수 있는 권리를 포인트 기반의 회원제로 판매한다는데 있다.

108 예를 들어, 에어비앤비의 호스트가 일반적인 호텔에 부과되는 숙박세(occupancy tax)를 납부하지 않은 채로 호텔과 유사한 영업 행위를 하거나 소비자와 소비자의 재산을 안전하게 보호해야 하는 여관 관리자(innkeeper)의 의무를 부담하지 않는 경우들이 있으나, 에어비앤비는 이를 적극적으로 강제할 방법을 가지고 있지 못하다.

109 대부분의 소비자들이 여행을 계획하는 단계에서 호텔 브랜드, OTA, 에어비앤비를 모두 검색하게 되었지만, 실제로 에어비앤비가 가파르게 성장해온 지난 10년 동안 호텔의 Occupancy나 ADR에 대한 직접적인 영향이 존재하지는 않았다. Jessica Haywood et al., "*Airbnb & Hotel Performance*", STR Global, 2017.

110 Ben Miller, "*Don't Expect IBM's Watson to Cure Cancer Anytime Soon*", New York Business Journal, August 13, 2018.

111 이를 위한 다양한 논의들이 이미 활발하게 진행되고 있다. Future of Life Institute (https://futureoflife.org/)와 같은 비영리 단체는 인공지능을 개발하는 주체들과 이를 지켜보는 평범한 인류가 다양한 견해와 법적 규제에 대한 아이디어를 나눌 수 있는 기회를 제공하고 있다.

112 Clint Boulton, "*Starwood taps machine learning to dynamically price hotel rooms*", CIO, May 13, 2016.

113 "*IHG and Amadeus to Revolutionise the Technological Foundations of the Global Hospitality Industry(Third party release)*", Amadeus, April 29, 2015.

114 Julie Sickel, "*Marriott & Salesforce Personalize Guest Interaction*", BTN, May 02, 2018.

115 이 때 퍼즐을 푼 참여자가 암호화폐를 획득하는 것을 '채굴(採掘, mining)'이라고 표현한다.

116 이처럼 부정한 참여자의 잘못된 정보 전달로 인해 합의에 실패하는 것을 '비잔틴 장군 문제(Byzantine General Problem)'라고 한다.

117 최근에는 PoS의 변형으로 해당 암호화폐를 보유한 참여자들이 투표를 통해 블록을 확정하기 위한 대리인을 선출하여 이들에게 블록의 승인 권한을 위임하는 '위임 지분증명제(delegated proof of stake 또는 DPoS)' 방식이 사용되기도 한다.

118 현재 비트코인과 이더리움은 PoW 방식을 채택하고 있으며, 후발주자인 퀀텀과 네오 등은 PoS 방식을 채택하고 있다. 이더리움은 궁극적으로 PoS 방식으로 전환할 예정인 것으로 알려져 있다.

119 리플은 블록체인 기반의 해외결제 체계를 상용화하는 단계에 이르렀고, UBS와 도이치 뱅크는 영국의 InterCapital과 공동으로 개발한 Utility Settlement Coin를 상용화하는 단계에 있다. 한편, 토요타는 MIT 및 5개 정보통신 업체들과 제휴하여 차량 공유 거래기록을 직접 저장하고 관리할 수 있는 체계를 구축하는 중에 있다. 엄현상, "*가상화폐 기반인 블록체인 기술 연구 개발의 시스템 응용과 이슈*", 『서울공대』109호, 서울대학교 공과대학, 서울대학교 공과대학 동창회, 2018 참조.

120 Shravan Poorigali, "*The Applicability of Blockchain in the Hospitality Sector*", Hotel Online, February 28, 2018.

121 Andrew Sheivachman, "*Interview : Travelport Looks to Solve Hotel Distribution Problems with Blockchain*", Skift, June 21, 2018.

122 Matt Grossman, "*Aspen St. Regis Owner Ditches REIT Plan, Says the Hotel Will Be Sold on Blockchain*", Commercial Observer, August 23, 2018.

123 프로메테우스는 원래 그리스 신화에서 제우스가 감추어둔 불을 인간에게 전하여 문명을 태동시킨 인물이지만, 여기에서는 『맥스 테그마크의 라이프 3.0』 프렐류드에 등장하는 범용 인공지능을 지칭한다.

124 프랑스의 REIT를 Societes d'Investissements Immobilier Cotees 또는 SIIC라고 한다.